Mathias Wais

Individualität und Biographie

Innere Entwicklungsdynamik
und Eigengesetzlichkeit
in den Biographien
von

Camille Claudel

Belá Bartók

Alexej Jawlensky

August Macke

Urachhaus

Die Deutsche Bibliothek – CIP-Einheitsaufnahme

Wais, Mathias:
Individualität und Biographie: innere
Entwicklungsdynamik und Eigengesetzlichkeit
in den Biographien von Camille Claudel,
Belá Bartók, Alexej Jawlensky, August Macke /
Mathias Wais. – Stuttgart: Urachhaus, 1994

ISBN 3-8251-7015 2

© 1994 Verlag Urachhaus GmbH, Stuttgart.
Alle Rechte, auch die des auszugsweisen Nachdrucks
und der photomechanischen Wiedergabe, vorbehalten.
Umschlaggestaltung: Bruno Schachtner, Dachau.
Fotos: Interfoto München (Claudel und Jawlensky);
Bildarchiv Preußischer Kulturbesitz (Macke und Bartók)
Satz: F. Kröner, Heidelberg
Druck: PDC, Paderborn

Inhalt

Belá Bartók

August Macke

Vorwort

In der beruflichen Tätigkeit als Lebensberater hat sich die Biographiearbeit als eine zeitgemäße Grundlage erwiesen, im partnerschaftlichen Gespräch den Blick des Klienten für die innere Dynamik der Ereigniszusammenhänge im Lebenslauf zu schulen. Liegt das Individuelle einer Biographie doch nicht darin, daß man hier einen Schicksalsschlag erleidet oder dort eine entscheidende Begegnung hat; es ergibt sich vielmehr erst aus der Zusammenschau des Lebens. In der zeitlichen Entfaltung der Ereignisse zeigt sich, wie Biographie gestaltet ist. Da klingen Themen und Motive an, die deutlich machen, wie der geistige Wesenskern des Menschen, sein Urbild, sich bis in die scheinbar nebensächlichsten Ereignisse zu verwirklichen sucht.

Mit den hier vorgelegten biographischen Studien möchte etwas davon gezeigt werden, wie weitgehend die geistige Individualität des Menschen sein Leben und Schaffen ergreift und der individuellen Biographie ihr Gesetz aufprägt. Werk und Leben eines Künstlers sind besonders geeignet, deutlich zu machen, wie das Inhaltliche – hier das Werk – mit dem Lebenslauf in Einklang steht. Das läßt sich in jeder Biographie finden, wenn man den Blick dafür schult. Mit besonderer Deutlichkeit tritt dieses Urbildliche da in Erscheinung, wo der Mensch ringt, wo er anstößt, an sich selbst, an Lebensumständen, an Menschenbegegnungen, aber auch da, wo er zu verzweifeln meint und sich dennoch wieder aufrichtet.

Ausgangspunkt der biographischen Betrachtung ist dasjenige, was über das Leben des Betreffenden bekannt ist, sei es durch Selbstäußerungen oder durch Darstellungen bzw. Berichte von anderen, um dann in dem vorhandenen Material den individuellen Gestaltungswillen zu finden.

Dabei zeigt sich, daß entgegen anfänglicher Vermutungen keineswegs nach einem gültigen Schema verfahren werden kann. So finden sich bei einigen Biographien beispielsweise auffallende Zahlenstrukturen, deren Deutung nach alter Tradition mit den Lebensthemen übereinstimmt. Bei anderen fallen vollkommen andere Gesetzmäßigkeiten ins Auge. Selbst die Siebenjahresrhythmen sind heute bei zunehmender Individualisierung der einzelnen Lebensläufe nicht immer offensichtlich. So hat jede Biographie ihren individuellen Charakter.

Gleichsam als Material für die Beschäftigung mit Biographien erarbeitet, sind die vorliegenden Beiträge zu unterschiedlichen Zeiten und Anlässen entstanden und nicht unter dem Gesichtspunkt, interessante Lebensläufe zu veröffentlichen. Man könnte sie als »Arbeitsberichte aus der Werkstatt eines Biographieforschers« bezeichnen, die zum übenden Umgang mit der Betrachtung von Menschenschicksalen anregen möchten.

So beabsichtigen diese Untersuchungen auch nicht, das Werk des Künstlers zu interpretieren oder psychologisch zu deuten. Die Entwicklung des Schaffens wird genauso übergreifend einer Gesamtschau unterzogen wie die Berichte und Zeugnisse über den Lebensgang, um zu einem Verständnis der inneren Folgerichtigkeit zu gelangen. Die Werkinterpretation wäre eine kunstwissenschaftliche Aufgabe, die ebenso wie die Frage der stilistischen Bezüge zum Schaffen anderer Künstler nicht Inhalt und Ziel der vorliegenden Arbeit sein kann.

Bücher haben auch eine Biographie. Diese ist nicht nur mit der des Autors verbunden, sondern sie entfaltet sich auch in der Begegnung mit den Schicksalen anderer Menschen und mit den Wegen von Institutionen und Unternehmen. So möchte ich ganz besonders herzlich Frau Roswitha von dem Borne und Herrn Johannes Mayer vom Verlag Urachhaus danken, die sich als echte Biographiehelfer für dieses Buch eingesetzt haben.

Dortmund, Frühjahr 1994 Mathias Wais

> »Eines Tages fand Vater Kanwa, ein indischer Brahmane,
> im Wald ein kleines, verlassenes Mädchen.
> Die Vögel des Waldes hatten für es gesorgt. Vater Kanwa nahm es auf
> und gab ihm den Namen ›Shakuntala‹, Vögelchen.
> Shakuntala wuchs zu einer schönen jungen Frau heran.
> Als sich eines Tages der junge König Dusjanta
> auf der Jagd verirrte, traf er Shakuntala und verliebte sich in sie.
> Doch ein Fluch trennte die beiden ...«[1]

Camille Claudel
(1864–1943)

Einleitung

Es ist so etwas wie ein Siegelzeichen, daß wir über den Lebensgang der Bildhauerin Camille Claudel recht wenig Material vorfinden. Für eine biographische Studie bleibt man angewiesen auf Zeugnisse Dritter; einige wenige Briefe von ihrer Hand sind erhalten. Im Musée Rodin in Paris liegt ein Umschlag, auf dem, in Rodins Handschrift, »Camille Claudel« steht. Er ist leer. So spricht sie unmittelbar selbst nur durch ihre Werke. Diese aber blieben lange in Vergessenheit. Sie waren nur der engsten kunstwissenschaftlichen Fachwelt bekannt, wobei »bekannt« auch übertrieben ist. Camille Claudel galt, wie schon zu ihren Lebzeiten, als Mätresse Rodins, günstigstenfalls als eine seiner Schülerinnen. Und es ist ein weiteres Siegelzeichen ihres Lebens, daß sie in dem Jahr geboren wird, 1984, als Auguste Rodin seiner Lebenspartnerin Rose Beuret begegnet. Als Bildhauerin konnte sie an seiner Seite nicht berühmt werden, und für sie als Frau war an seiner Seite letztlich auch kein Platz.

Dieser Lebensweg, seine Vorbereitung in der Kindheit und sein schreckliches, unendliches Ende laden nun sehr zu einer dramatisierenden Darstellung ein. Sie verleiten dazu, die Kenntnislücken und das Fragmentarische des biographischen Materials aus eigenem Engagement an diesem Frauenschicksal mit dramatisierender Phantasie zu schließen. Solche, dem Zug ins Dramatisch-Romantische folgenden Darstellungen können durchaus ihre Berechtigung und innere Stimmigkeit haben. Insofern sind die beiden Romane über Camille Claudel von Anne Delbée (»Der Kuß«) und von Barbara Krause (»Ein Leben in Stein«) mit großem Gewinn zu lesen. Auch der Film »Camille Claudel« ist ein künstlerisches Werk in sich. Und neuerdings liegt eine bezaubernde Ausarbeitung der Biographie von Camille Claudel in Form eines Bilderbuches vor, das knapp, aber schlüssig ein stimmiges Bild der Künstlerin entwirft.[2]

Für die vorliegende biographische Studie mußte der genannten Versuchung widerstanden werden. Es ist im Gegenteil eine gewisse Nüchternheit angebracht, gerade weil so wenig konkretes Material vorzufinden ist, wenn man die Eigengesetzlichkeit einer solchen Biographie herausarbeiten will. Der Ausgangspunkt dafür sind die bekannten Tatsachen und realen Vorgänge, soweit sie rekonstruierbar sind. Deshalb wird dieser Studie eine Darstellung des äußerlich feststellbaren Lebensganges vorangestellt. Im zweiten Teil sollen dann die Zusammenhänge zwischen den einzelnen Tatsachen und Vorgängen aufgezeigt werden mit dem Ziel, daraus ein Bild der inneren Entwicklungsdynamik dieser Individualität, ein Bild ihres Urbildes, herauszuarbeiten.

Um die bildhauerischen Werke von Camille Claudel, auf die hier Bezug genommen wird, vor Augen zu haben, ist dem Leser empfohlen, eines der folgenden Werke heranzuziehen:

Paris, Reine-Marie: Camille Claudel, Frankfurt/M. 1989.

Berger, Renate (Hrsg.): Camille Claudel. Skulpturen Gemälde Zeichnungen. Berlin / Hamburg ²1990.

Die vorliegende Studie ist hervorgegangen aus einem kontinuierlichen Gespräch mit meiner Kollegin Rosi Buschulte über Camille Claudel, ihr Schicksal und die Natur ihrer Beziehung zu Rodin.

Die hier vorgetragenen Gesichtspunkte und Überlegungen haben wir gemeinsam entwickelt. Rosi Buschulte hat deshalb ebenso wie der Schreibende die Autorenschaft über diese Darstellung. Ich danke ihr herzlich für diese Zusammenarbeit. Daß wir uns mit Camille Claudel beschäftigt haben, geht überhaupt auf ihre Anregung zurück.

Der Lebensgang

Kindheit und Jugend

Die Familie Claudel legte Wert darauf, als eine Familie von Rang gesehen zu werden. Ein Element von Überlegenheit, etwas Herrscherliches, sozial über der ländlichen Umgebung Stehendes wurde gepflegt, obwohl andererseits der Horizont dieser Familie durchaus im bürgerlichen Rahmen blieb. Der Vater war ein Provinzbeamter, Leiter einer Registratur; die Mutter stammte aus akademischem Milieu, wird aber selbst als bäuerlich in ihrer Denkweise geschildert. Sie hatte die Ländereien in die Familie eingebracht und bezog daraus einen großen Teil ihres Selbstbewußtseins. So residierte man stolz und verschlossen in dem kleinen Örtchen Fère-en-Tardenois und später in Villeneuve-sur-Fère.

Im Juni 1862 verlor das Ehepaar Louis Prosper und Louise Claudel einen Sohn, das erste Kind, 16 Tage nach der Geburt. Die Mutter, nach wenigen Monaten erneut schwanger, wünschte sich sehnlichst wieder einen Sohn. Aber am 8. 12. 1864 wurde ein Mädchen geboren. Es erhielt den Rufnamen Camille, der sowohl einen Jungen wie ein Mädchen bezeichnen konnte: Camille Rosalie Claudel. Die Mutter muß von Anfang an ein prekäres Verhältnis zu diesem Kind gehabt haben. Eine ablehnende, strenge Kühle scheint das prägende Element in dieser Beziehung gewesen zu sein. Zärtlichkeiten und Umarmungen hat es, jedenfalls von seiten der Mutter, wohl kaum gegeben. Die Tochter erlebte sich ihrerseits aber sehr stark in ihrer Körperlichkeit, ihrer Kraft und Willenskraft, wenn sie draußen bei den Steinen war, wenn sie aus der Erde mit den Händen erste Gebilde formte, wenn sie Hölzern, die sie im Wald fand, schnitzend erste Formen aufprägte. So fiel Camille schon als Kind auf durch ihre Willenskraft und den Eigensinn, mit denen sie sich mit Erde, Holz und Stein auseinandersetzte. Noch vor der Einschulung modellierte sie aus Ton Köpfe; alle Familienmitglieder und das Hauspersonal mußten als Modelle herhalten.

Dieses »männliche« Gebaren ihrer Tochter scheint die Mutter noch verschlossener und kühler ihr gegenüber gemacht zu haben. Es galt als ganz unmöglich, daß ein Mädchen sich in dieser Weise herumtrieb, sich schmutzig machte und sich exponierte. Einen Jungen hätte man für das gleiche Tun zärtlich lächelnd getadelt.

Der Vater hatte mehr Verständnis für die Tochter, ja, er förderte das Kind zunehmend, auch später. Die Mutter verwarf es um so mehr. Sie hatte kein Verständnis für die schon früh geäußerten bildhauerischen Ambitionen ihrer Tochter. Um so mehr wandte sie sich der zweiten Tochter, Louise, zu, 1866 geboren. Louise entsprach in ihrer Entwicklung dem, was man sich von der Tochter einer landadeligen Familie erwarten durfte; sie war ein »richtiges«, ein gefälliges Mädchen.

Schließlich kam auch der Bruder Paul, 1868 geboren, in den Genuß, von seiner Mutter anerkannt zu werden, wenngleich sich ihr Bild von ihm wiederum etwas trübte, als sich ein enges Verhältnis zwischen Camille und Paul herausstellte. Camille spannte ihren Bruder, kaum daß er laufen konnte, für ihre Leidenschaften ein. Paul mußte für seine Schwester Steine und Hölzer anschleppen. Und sie nahm ihn mit, wenn sie sich draußen in die Formenwelt der Felsen einlebte, jeden erreichbaren Stein durch ihre Hände führte und mit den Steinen sprach.

Die fünf Mitglieder der Familie Claudel lebten nun keineswegs in einer Atmosphäre, die man harmonisch nennen könnte. Der Vater, die Mutter und Camille waren aufbrausend von Natur; jeder stritt hier mit jedem; jeder fühlte sich in seinem Rang und konnte deshalb keinesfalls nachgeben; besonders Camille scheint aufreizend selbstbewußt gewesen zu sein, vor allem was ihre Begabung als Bildhauerin betraf. Nicht nur mit dem jungen Bruder ging sie herrisch um, durchaus auch mit den Eltern.

Diese lebten wiederum in ständigem Ehezwist, und jeder der beiden versuchte, die Kinder als Schiedsrichter oder Partei in den Streit hineinzuziehen. Die beiden Schwestern gifteten sich an. Lediglich zwischen Camille und Paul scheint es eine Art von Harmonie gegeben zu haben; dies aber offenbar nur, weil er ihrer Herrschsucht nichts entgegenzusetzen hatte.

Sucht man nach einem liebevollen Element in Camilles Kindheit, so stößt man auf den Großvater Athanasius Cerveaux, an dem sie sehr hing. Camille ging in Bar-le-Duc – die Familie mußte wegen des Berufes des Vaters öfter umziehen – in eine Klosterschule. Es sind keine Dokumente darüber aufgetaucht, wie sie sich dort eingefügt hat. Jedenfalls bekam sie mit 12 Jahren einen Hauslehrer, Monsieur Colin, als man nach Nogent-sur-Seine übersiedeln mußte, und fortan besuchte sie keine Schule mehr. Trotzdem war sie ein belesenes und gebildetes Kind; ihr Interesse galt besonders den Figuren der Antike und den Herrschergestalten aus allen Jahrhunderten, deren Büsten sie schon bald modellierte.

Der Vater, der die Begabung der Tochter erkannte und bejahte, brachte sie 1879 mit Alfred Boucher zusammen, einem Bildhauer. Dieser stellte das fünfzehnjährige Mädchen und seine Plastiken dem Direktor der Pariser Ecole des Beaux Arts, Paul Dubois, vor. Dubois betrachtete sich die Arbeiten und fragte: »Hatten Sie Unterricht bei Rodin?« Camille hatte aber bis dahin den Namen noch nie gehört. Sie hatte überhaupt bei niemandem Unterricht gehabt. Sie hatte sich alles selbst beigebracht.

Mit siebzehn Jahren, 1881, als auch der Großvater gestorben war, setzte Camille es durch, daß die Familie (außer dem beruflich gebundenen Vater) nach Paris übersiedelte. Sie wollte dort Bildhauerei studieren und sich ein Atelier aufbauen. Die Mutter scheint sich zähneknirschend gefügt zu haben, der Vater sicherte das Abenteuer finanziell ab.

Und tatsächlich war es ein Abenteuer, als Frau sich der Bildhauerei zu verschreiben. Staatliche Kunstakademien waren für Frauen nicht zugänglich, es kamen lediglich einige private Kunstschulen in Betracht, die Frauen-Klassen unterhielten. So besuchte Camille die

Akademie Colarossi ab 1882. Zusammen mit zwei Freundinnen baute sie ihr erstes Atelier auf. Eine von ihnen, Jessie Lipscomb, blieb ihr zeitlebens verbunden.

Auf das Jahr 1882 geht die früheste erhaltene Plastik zurück: »Die alte Helene«. Die achtzehnjährige Bildhauerin schuf hier das Bildnis einer alten Frau, ein Motiv, das hier zum ersten Mal auftaucht. Später wird sie Plastiken schaffen, in denen die alte Frau und die junge Frau gleichzeitig »anwesend« sind. Im zweiten Teil der Studie wird darauf zurückzukommen sein.

Begegnung mit Rodin

Im August 1883 begegnete Camille Claudel Auguste Rodin. Er war dreiundvierzig Jahre alt, liiert mit Rose Beuret; Camille war neunzehn. Sie muß eine eindrucksvolle und schöne Frau gewesen sein. Ihr Bruder Paul beschrieb die Neunzehnjährige später aus der Rückschau: Sie hatte eine »herrliche Stirn über wundervollen Augen, von jenem Dunkelblau, wie man es fast nur in Romanen findet …, dieser große, mehr noch stolze als sinnliche Mund, diese mächtige, kastanienbraune Haarmähne …, die ihr bis auf die Hüfte fiel. Eine ungeheure Ausstrahlung von Mut, Offenheit, Überlegenheit, Fröhlichkeit. Jemand, der reich beschenkt worden ist.«[3]

Camille arbeitete weiterhin im Atelier von Alfred Boucher, der eine Reihe von Akademieschülerinnen dort betreute. Im Sommer 1883 gewann Boucher einen Preis, der ihn für einige Monate nach Rom führte. Um deswegen das Atelier nicht schließen zu müssen, bat er Auguste Rodin, ihn dort zu vertreten, und empfahl Camille seiner besonderen Aufmerksamkeit.

Nun würde man an dieser Stelle gern ausführlicher aus Dokumenten und Briefen zitieren, die den ersten Moment und die Entwicklung dieser Begegnung in ihrer frühen Dramatik belegen könnten. Solche Unterlagen fehlen jedoch. Vor allem fehlen sowohl für die Anfangszeit wie für die späteren Phasen dieser Beziehung Belege dafür, daß Camille Claudel den gerade in die Berühmtheit eintretenden Rodin geliebt hat. Sicher ist andererseits, daß sie sich existentiell mit ihm auseinandergesetzt hat. Rodin arbeitete bereits seit zwei Jahren am »Höllentor«. Camille wechselte schon wenige Wochen nach der ersten Begegnung in Rodins Atelier. Sie arbeitete vom ersten Moment an mit einer ungeheuren Intensität mit ihm, für ihn, bei ihm. Sie stand ihm teilweise Modell für einige Figuren aus dem »Höllentor«, teilweise modellierte sie selbst daran (ihre besondere Stärke sind Hände und Füße).

Sicher ist auch, daß ihre Begegnung nicht nur ein gegenseitiges Erkennen in der bildhauerischen Kompetenz war, sondern daß dieses Erkennen auch körperlich gelebt wurde. Das Leibliche war für beide *das* Element ihrer Welt- und Menschenbegegnung. Auseinandersetzungen mit der Leiblichkeit war die Grundlage ihres Schaffens, Ausgangspunkt und Ziel ihrer Reflexion. Für Rodin war es selbstverständlich, seine Modelle auch leiblich zu kennen. Camille hatte schon immer ein sinnliches Verhältnis zu aller Körperlichkeit überhaupt, auch wenn dies vor und nach Rodin von ihr nicht mit anderen Männern ausgelebt wurde. Diese beiden Bildhauer haben in ihrer persönlichen Beziehung die gleiche Cholerik, Leidenschaft und Körpernähe gelebt, die auch ihre Beziehung zum Stein, zur Plastik gekennzeichnet haben. Und eine Trennung der künstlerischen von der persönlichen Auseinandersetzung mit dem anderen wäre nicht möglich gewesen, hätte beiden Seiten die Kraft genommen.

Camille war eine Herrscherin, und Rodin war ein Herrscher. Ein jeder war Herrscher über den Stein und Herrscher über den anderen. Etwas von Kampf lag in ihrer Beziehung, so wie etwas von Kampf im Ringen mit dem Stein, aber auch in der Geburt der künstlerischen Intuition liegt.

Die Begegnung von Claudel und Rodin eine Liebesaffäre zu nennen, greift, falls es überhaupt greift, zu kurz. Man hat es hier nicht mit der Romanze zwischen einer begabten jungen Bildhauerin und ihrem berühmten Meister zu tun. Dies wird hier deswegen betont, weil man es damals eben so gesehen hat: Nachdem die Beziehung bis 1888 geheimgehalten worden war – was bedeutet, daß man in Paris davon wußte, aber nicht darüber sprach –, machte Camille sie anläßlich eines Besuches bei den Eltern öffentlich und zog aus der elterlichen Wohnung aus. Schon im Jahr davor hatte sie das gemeinsame Atelier mit den Freundinnen aufgegeben; sie war seit 1885 ganz offiziell Rodins Gehilfin. Nun aber galt sie als Rodins Mätresse. Sie trat jetzt auch bei gesellschaftlichen Anlässen mit ihm zusammen auf und lernte durch ihn die Berühmtheiten und Honoratioren der Zeit kennen. Immer wieder verreisten beide nach Schloß Islette in der Tourraine, um in der Zurückgezogenheit gemeinsam arbeiten zu können.

Bei der Frage nach der Art ihres Verhältnisses muß im Auge behalten werden, daß sie niemals zusammengelebt haben und daß sich Rodin niemals von Rose Beuret, mit der er zusammenlebte, getrennt hat. Und zwei Jahre nach der ersten Begegnung hatte Camille ein von ihrer Seite wahrscheinlich eher freundschaftlich gemeintes Verhältnis mit Claude Debussy. Auch die Natur dieser Beziehung ist nicht aufgrund von Dokumenten zu klären. Debussy jedenfalls haßte Rodin. Und als Camille von den Eltern wegzog, legte sie Wert darauf, in eine eigene Wohnung zu ziehen. Es scheint nicht erwogen worden zu sein, zusammenzuziehen. Dies sind Gegebenheiten und Entschlüsse, die kaum als Beleg für die Verliebtheit eines jungen Mädchens in einen älteren Künstlerkollegen herangezogen werden können. Sie scheinen im Gegenteil vielmehr für ein früh empfundenes Abgrenzungsbedürfnis zu sprechen.

Auch der erstaunliche Vertrag zwischen Camille und Rodin vom Oktober 1886 spricht kaum für eine leidenschaftliche Verliebtheit, dafür aber spricht er, wenn er denn ernst gemeint war, von ihrem Schutzbedürfnis. Er hat eher den nüchternen Charakter eines Verhandlungsergebnisses als eines aus dem verliebten Gefühl heraus geschriebenen Versprechens:

»12. Oktober 1886

Ab heute, dem 12. Oktober 1886, werde ich als einzige Schülerin Mlle Camille Claudel behalten und künftig nur sie mit allen Mitteln unterstützen, die mir durch meine Freunde, die auch die ihrigen sein werden, zur Verfügung stehen, vor allem meine einflußreichen Freunde.

Ich werde keine weiteren Schüler annehmen, so daß nicht durch

Zufall rivalisierende Talente entstehen, obgleich ich nicht vermute, daß man häufig solchen von Natur aus begabten Künstlern begegnet.

In der Ausstellung werde ich bezüglich der Plazierung und der Zeitungen mein Möglichstes tun.

Ich werde nicht mehr unter irgend einem Vorwand zu Mme … gehen, sie nicht weiterhin in der Bildhauerei unterrichten.

Nach der Ausstellung im Mai werden wir nach Italien fahren und dort mindestens 6 Monate bleiben, der Beginn einer unauflöslichen Beziehung, nach welchem Mlle Camille meine Frau sein wird.

Ich wäre glücklich, falls Mlle Camille sie annehmen möchte, ihr eine Marmorfigur schenken zu dürfen. Während vier oder fünf Monaten, ab jetzt bis Mai werde ich mich mit keiner Frau einlassen, falls doch, sind dadurch die Bedingungen ungültig geworden.

Wird mein Auftrag in Chile ausgeführt, werden wir statt nach Italien nach Chile fahren.

Ich werde mit keinem der weiblichen Modelle, die ich gekannt habe, Kontakt aufnehmen.

Es wird eine Fotografie bei Carjat angefertigt werden, die Mlle Camille in dem Kleid, einem Stadtkleid zeigt, das sie bei der ›académie‹ trug, und vielleicht eine im Abendkleid.

Mlle Camille wird bis Mai in Paris bleiben. Mlle Camille verspricht, mich bis Mai 4mal im Monat in ihrem Atelier zu empfangen.

Rodin«[4]

Camille hatte diesen erstaunlichen Text aufgesetzt, Rodin unterschrieb ihn wie einen Brief.

Auch in sein Verhältnis zu ihr scheint sich schon bald ein gewisses Abgrenzungsbedürfnis eingeschlichen zu haben. Sicher hat *er sie* geliebt, aber sicher ist auch, daß er Momente hatte, da er ihrer »schrecklichen Kraft«[5] entfliehen wollte. In einem anderen Brief nennt er sie »unseren lieben Dickkopf, der uns dirigiert«. Mit großer Wahrscheinlichkeit war er durch ihre Kraft und ihr Genie nicht nur beschenkt, sondern auch bedrängt.

In manchen bildhauerischen Belangen scheint sie ihm überlegen gewesen zu sein. Zahlreiche Werke, die unter Rodins Namen an die Öffentlichkeit kamen, waren auch durch ihre Hände gegangen. So stammt Rodins »Galatea« sehr wahrscheinlich im wesentlichen von Camille. Rodin arbeitete nicht gern mit Marmor und überließ dies häufig seinen Gehilfen, besonders ihr, die hierin eine große Meisterschaft hatte.

Der berühmte Rodin ließ sich also von seiner »Mätresse« und »Schülerin« in manchem helfen und in der Thematik seiner Werke auch inspirieren. Das muß ihn leise beunruhigt haben. Er wurde berühmt mit Werken, an denen sie zumindest mitgearbeitet hatte. Sie aber war nicht annähernd so berühmt als Bildhauerin, sondern allenfalls als seine attraktive Mätresse. Man blickte auf ihr Geschlecht, nicht auf ihre Kunst.

Selbstverständlich hat Camille andererseits von der Auseinandersetzung mit Rodin entscheidend profitiert, sie hat wichtiges Handwerk bei ihm gelernt, und sie wurde durch ihn mindestens ebenso inspiriert wie er durch sie. Da sie in die Beziehung zu ihm, wohl erstmals in ihrem Leben, eine gewisse Bereitschaft zur Unterordnung, zum Zurücktreten hineingebracht hat, hat sie das Bild, das man in der Öffentlichkeit von beiden hatte, verstärkt.

Durch diese Mehrdeutigkeiten kam eine gewisse Unausgeglichenheit in diese zunächst sehr kraftvolle und kämpferische Beziehung. Rodin spürte, daß er auf Camille angewiesen war, sie spürte, daß sie an seiner Seite niemals als eigenständige Künstlerin anerkannt würde.

Möglicherweise – ist es ein Gerücht oder geht es auf Dokumente zurück? – haben sich weitere Komplikationen dadurch ergeben, daß es um das Jahr 1891 herum zu einer Fehlgeburt oder einem Schwangerschaftsabbruch gekommen ist. Falls es sich hier um eine Tatsache handelt, dürfte dies Camilles Gefühl der Schwachheit an Rodins Seite, ein Gefühl der Ungesichertheit verstärkt haben. Sie fand sich auch als Frau in einer zunehmend unterlegenen und unsicheren Position vor. Auf jeden Fall wurde aus dem leidenschaftlichen und kämpferischen Element ihrer Beziehung etwas Rechthaberisches. Ein Zerren, Sich-Abgrenzen, Sich-Sichern machte sich breit.

Ein zentrales Werk, »Shakuntala«, formuliert Camilles Sehnsüchte, formuliert das, was aus ihrer Sicht in dieser Beziehung angelegt war. Wahrscheinlich schon zum Zeitpunkt der Ausarbeitung dieses Ausdrucks einer Begegnungsinnerlichkeit, die das Körperliche eigentlich unbegreiflich erhöht, stand ihr die Unrealisierbarkeit ihrer Sehnsüchte vor Augen. In dieser von Camille auch »Hingabe« genannten Plastik drückt sich auch ein Hauch von Verklingen aus.

Camilles zunehmende Verunsicherung über ihre Situation als Frau und die Tatsache, daß sie als Künstlerin in ihrer Eigenständigkeit einfach nicht wahrgenommen wurde, mögen sie zu dem Entschluß geführt haben, Rodin um die Heirat zu fragen. Es liegt etwas Resignatives darin. Und mit diesem Heiratswunsch, vermutlich 1891 oder 1892 geäußert, tritt sie schon in die Sphäre der Trennung. Rodin lehnt ab.

Trennung und Einsamkeit

Erst unmerklich, dann immer deutlicher tritt nun eine andere Seite dieser Frau hervor: Leidenschaft und Lebensfreude, ihr Stolz trocknen aus, verhärten. Camille wurde immer mißtrauischer, sie zog sich immer weiter aus den beruflichen und freundschaftlichen Kontakten zurück. Rodin muß schon 1892 empfunden haben, worauf alles hinauslief: Von 1892 stammt die Plastik »Der Abschied«. Es ist Camilles Kopf, kurz vor dem Versinken in einen großen Stein; vor dem unteren Teil ihres Gesichtes ihre Hände, in größter Spannung an den oberen Fingergliedern aneinandergedrückt. Jeden Moment kann die Spannung sich befreien aus der Geste; und dann wird alles abstürzen in das Steinmeer, das sie schon bis zum Kinn umgibt. Und die Hände werden nichts mehr ausrichten können; sie werden keinen Halt geben. Dies ist eine Arbeit aus prophetischer Intuition. Camille war zu diesem Zeitpunkt existentiell genau an diesem Punkt angelangt. Sie konnte sich eben noch halten durch eine äußerst angespannte Führung ihrer Arbeit und ihres Lebens; aber im nächsten Moment sollte der Wahn ausbrechen, und sie sollte in diese Situation hineinversinken. Das Hinsinken,

das in »Shakuntala« noch Sehnsucht und Hoffnung ist, beantworte-
te Rodin vier Jahre später mit dem nüchternen Blick auf ihr Absin-
ken in die Hilflosigkeit.

Ende 1892, Anfang 1893 eskalierten die Konflikte zwischen Rodin
und Camille. Sie stritten über Berufliches. Camille scheint ihm
vorgeworfen zu haben, daß er sie für seine Werke benutze, aus-
nutze. Mitte 1893 beschloß Camille, sich beruflich und privat von
ihm zu trennen. Im gleichen Jahr entstand »Klotho«, die Schick-
salsgöttin, eine alte Frau geworden, verstrickt sich selbst in die
Schicksalsfäden. Das Motiv der alten Frau taucht hier wieder auf.
Etwas später entstand ein anderes zentrales Werk, »Das reife
Alter« mit der selbständigen Teilplastik »Die Flehende«. Hier treten die junge und die alte Frau zueinander in Beziehung. Die
Zeit der jungen Frau ist jetzt vorüber, und mit dem Trennungsbeschluß beginnt die Sphäre der alten Frau. Die Vitalität der
Jugend und der Verfall der zweiten Lebenshälfte begegnen einander in diesen Jahren. Camille blieb zunächst nicht konsequent bei
ihrem Trennungsbeschluß. Sie besuchte Rodin hin und wieder,
holte sich seinen Rat in künstlerischen Angelegenheiten. Erst fünf
Jahre nach dem ersten Trennungsversuch brach sie die Kontakte
ganz ab.

Sie versuchte unmittelbar nach der Trennung, in der Bildhauerei
eine eigenständige Richtung zu finden. Besonders markant für ihren neuen Stil sind »Die Schwätzerinnen«, ebenso »Die Badenden«
und auch »Traum am Kaminfeuer«. Ihre Figuren sind jetzt fast alle
bekleidet, sie machte keine Paare mehr, die Plastiken sind sehr
klein, und den Figuren ist immer etwas sie zugleich Schützendes
(Wand, Welle), aber auch leise Bedrohendes mitgegeben. Die Su-
jets sind nur scheinbar harmlos. Etwas Destruktives kann jeden
Moment eintreten: die Welle kann die Badenden erschlagen; und
was bergen und verbergen die Mauern, hinter denen die Schwätzerinnen tuscheln? Und die Frau, die vor dem Kamin kniet, könnte
sich in Verzweiflung ins Feuer stürzen.

In Briefen an ihren Bruder schlägt sich diese leise Bedrohtheit
auch nieder. Man findet dort erste Andeutungen auf eine wahn-
hafte Verarbeitung der Situation, erste Hinweise auf angebliche

Plagiate Rodins, auf Diebstahl. Der spätere Wahninhalt kündigt sich schon an. Camilles Mißtrauen nimmt zunehmend groteskere Formen an. Sie beschuldigt auch ganz Außenstehende, Handlanger Rodins zu sein.

Sie verschanzte sich in ihrem Atelier. 1895 nahm sie die Besuche in Rodins Atelier wieder auf. Wenig später ließ sie ihn durch einen Freund bitten, daß er sie nicht mehr besuchen möge. 1896 nahm sie dann wieder brieflichen Kontakt mit ihm auf.

In den Monaten nach den Trennungsversuchen schlich sie nachts um Rodins Haus; Rose Beuret stöberte sie auf im Gebüsch und verjagte sie unter Flüchen und Verwünschungen.

Camille mußte mit ansehen, wie Rodin immer berühmter wurde, immer erfolgreicher, und dies mit Werken, die zumindest durch ihre Hände gegangen waren, während ihre Arbeiten keine Resonanz fanden und sie selbst auch gar nicht das Geschick hatte, ihre Plastiken zu präsentieren. Ihr Versuch nach der Trennung, der Kritik zu zeigen, daß sie eine eigenständige Künstlerin war, scheiterte. Während Rodin finanziell immer erfolgreicher wurde, verarmte sie zusehends. Verbissen arbeitete sie weiter, lebte oder eher: verelendete wie eine Einsiedlerin, mitten in Paris. Ihre Fensterläden waren ständig geschlossen. Die seltenen Besucher verprellte sie durch Mißtrauen und vergiftete Tiraden über Rodin und seine »Bande«, die angeblich ihre Skulpturen stehlen wollen.

Nur ihrem Verleger und Galeristen Eugène Blot vertraute sie noch. Er organisierte auch noch einmal eine Ausstellung für sie. Sie selbst ging gar nicht hin. Auch ihren Bruder Paul ließ sie innerlich an sich heran. Räumlich war er aber weit entfernt. Als Diplomat lebte er zeitweise in fernen Ländern.

Finanziell wurde sie heimlich von Vater und Bruder etwas unterstützt. Die Mutter durfte nichts davon merken. Auch Rodin versuchte, ihr Geld zukommen zu lassen, was sie aber ablehnte. Ihre früher gerühmte Schönheit versank in einem aufgedunsenen Körper. Sie trank, schien kaum zu schlafen.

Wie man erst 1983 entdeckt hat, scheint sie auch gemalt zu haben in dieser Zeit: Das Bild »Mädchen mit Tauben« zeigt ein entweder totes oder schlafendes Mädchen, von weißen Vögeln umflattert. Seltsam starr ist das Bild »Junge Frau auf dem Sofa«.

Auch an Rodin kann man in diesen Jahren erkennen, daß es nicht einfach um das Ende einer Liebesaffäre ging. Auch er wirkte zunächst wie entwurzelt. Seine Plastiken griffen Themen auf, die sich aus der Zusammenarbeit mit Camille ergeben hatten, und variierten sie. Andere Plastiken entstanden, die den Eindruck erwecken, daß er nach neuen Themen suchte (»Hand Gottes«, »Kathedrale«). Dazwischen arbeitete er am »Höllentor« weiter und immer wieder am »Balzac«, den er viele Jahre hindurch überarbeiten mußte. Man kann den Eindruck haben, daß er nach der Trennung zumindest nicht ohne weiteres wieder Anschluß an seine Schaffenskraft fand.

Unmittelbar nach dem endgültigen Ende (1898) begann er ein Verhältnis mit einer exaltierten Amerikanerin, die bis ins Alltägliche hinein großen Einfluß auf ihn gehabt haben soll, ihn aber künstlerisch offenbar nicht befruchten konnte. Ein Hauch von Verfall liegt über seinem weiteren Leben.[6]

Schon 1884, also ein Jahr nach der ersten Trennung, schrieb er an Camille: «Camille, meine trotz allem Geliebte, trotz des aufkommenden Wahnsinns, den ich verspüre und der Ihr Werk sein wird. Falls dies alles anhält. Warum glaubst Du mir nicht? Ich gebe meine Skulptur auf, den Dalou. Wenn ich nur irgendwo hingehen könnte, aber einen solchen Ort gibt es nicht. In manchen Momenten glaube ich, offen gesagt, daß ich Dich vergessen werde. Aber dann, in einem einzigen Augenblick spüre ich Deine schreckliche Kraft. Habe Mitleid, Bösartige. Ich kann nicht mehr, ich kann nicht mehr einen Tag überstehen, ohne Dich zu sehen. Falls nicht: entsetzlicher Wahnsinn. Es ist zu Ende, ich arbeite nicht mehr, bösartige Gottheit, und dennoch liebe ich Dich leidenschaftlich …«[7]

Und in einem wahrscheinlich etwas später geschriebenen Brief lesen wir: »Ich bedaure nichts. Auch nicht das mir tödlich erscheinende Ende, mein Leben wird in einen Abgrund gestürzt sein. Doch meine Seele hat ihre Blüte gehabt, leider spät. Ich mußte Dich kennenlernen, und damit hat sich alles in unentdecktes Leben verwandelt, meine trübe Existenz ist aufgeflammt in einem

Feuer des Glücks. Danke, denn Dir verdanke ich alles, das Stück Himmel, das ich in meinem Leben bekommen habe ...«[8]

Das Ende vor dem Ende

Das Bild des Verfalls, das oben von Camille Claudel skizziert wurde, ist zunächst nur die eine Seite. Trotz dieser Entwicklung entstanden noch weitere Werke aus ungebrochenem Können: »Perseus und die Gorgo« (ab 1899 mehrere Fassungen); »Niobe« (1906); »Die Schwätzerinnen« (ab 1897 mehrere Fassungen); »Traum am Kaminfeuer« (1902); schließlich das Porträt ihres Bruders (1910). Sie schrieb durchaus geordnete Briefe an ihren Bruder. Man zögert – das gilt auch für die Jahre der Internierung –, von einer Geisteskranken zu sprechen. Dennoch: Sie wurde ungenießbar im Umgang. Sie selbst, ihre ganze Lebenssituation standen vor einer Eskalation. Auch andere haben das empfunden. So ist nicht nur Rodins »Der Abschied« prophetisch in seinem Hinweis auf einen drohenden Untergang. Auch Ibsen hat geradezu hellsichtigerweise ein Drama geschrieben, »Wenn wir Toten erwachen«. Ibsen hörte von der Liaison zwischen Claudel und Rodin, kannte beide zwar nicht persönlich, ließ sich aber durch das, was er erfuhr, inspirieren zu diesem Theaterstück, das eine düstere Prophezeiung auf Camilles spätere Zukunft ist. Ibsen sah den geistigen Verfall Camilles, sogar den zentralen Inhalt ihres Wahnes richtig voraus: daß Rodin ihr die Seele genommen habe.

Auch die Menschen in ihrer Umgebung müssen etwas von der drohenden Implosion gespürt haben. Man zog sich von ihr zurück. Sie war eine Irre vom Hinterhof mit den geschlossenen Fensterläden, undurchsichtig, unheimlich, unnahbar.

Lediglich zwei Männer hielten zu ihr in Freundschaft: der Kritiker Mathias Morhardt und ihr Galerist Eugène Blot.

Wahrscheinlich 1905 kam es zu einer weiteren Stufe der Eskalation: Vielleicht weil sie sich gegen die gefühlsmäßig erwartete eigene »Versteinerung« zur Wehr setzen wollte, vielleicht aber auch, um Rodins »Bande« kein Material zu bieten für deren Beutezüge, fing sie an, ihre eigenen Werke zu zertrümmern. Andererseits schuf sie, zwischen den Scherben und Bruchstücken stehend, 1906 noch so eine Skulptur wie die »Niobe«, die eine Shakuntala ist ohne den Mann, der sie auffing oder stützte, eine ins Herz getroffene Shakuntala, die jeden Moment zusammenbrechen kann. (Im Mythos versteinert Niobe, als ihre Kinder getötet werden.)

Es ist nicht im einzelnen bekannt, wie Camille die letzten Jahre vor der Zwangsinternierung verbracht hat. Ihre Berührungen mit anderen Menschen können nur noch Fragmente menschlicher Begegnung gewesen sein. Die äußere Verelendung und die innere Verzweiflung darüber, nicht wahrgenommen zu werden, nicht als eigenständige Künstlerin anerkannt zu sein, scheinen durch niemanden aufgefangen worden zu sein. Sie war sich nahezu selbst überlassen, sich immer mehr verstrickend in weitergehende Vermutungen über Rodins »Bande«.

Die Internierung

Am 2. März 1913 starb Camilles Vater, der sie bis zuletzt zumindest finanziell gestützt hatte. Camille wurde vom Tod des Vaters nicht verständigt, sie war bei der Beerdigung nicht dabei. Unmittelbar danach besorgte ihr Bruder Paul, dem sie immerhin noch vertraute, ein ärztliches Attest über die Unumgänglichkeit ihrer Zwangseinweisung. Am 10. März 1913, wenige Tage nach dem Tod des Vaters, wurde sie von zwei Pflegern, für sie völlig überraschend und gegen ihren Widerstand, gewaltsam in die Irrenanstalt von Ville-Evrard verbracht.

Diese Einweisung diente offensichtlich dem Selbstschutz der Familie, die sich diesen Schritt nun erlauben konnte, nachdem der Vater gestorben war. Objektiv dürfte keine Notwendigkeit zur Zwangseinweisung vorgelegen haben. Es gibt jedenfalls keine Hinweise darauf, daß Selbstgefährdung oder Fremdgefährdung vorlag. So wurde Camille etwa zur selben Zeit, als Rodin einen Schlaganfall erlitt, von der Familie abgeschoben, der diese Tochter, schon als sie noch gesund war, und erst recht jetzt, da sie ein komischer Kauz geworden ist, ständiger Anlaß von Ärgernis und Schande war.

Das prophetische Element, dem wir in Camilles Lebensgang schon begegnet sind und das uns auch noch in Zusammenhang mit ihren Werken beschäftigen wird, trat nun bei ihr selbst in Gestalt eines Briefes in Erscheinung, den sie drei Wochen nach der Einweisung an einen Vetter schrieb: »Erinnerst Du Dich an den armen Marquis de Sauvencourt? Er ist soeben erst gestorben, nachdem er dreißig Jahre lang eingesperrt war! Das ist schrecklich. Man kann es sich gar nicht vorstellen.« Tatsächlich sollte sie nun selbst bis an ihr Lebensende, also dreißig Jahre lang in der Anstalt verwahrt bleiben. Und in der Tat kann man es sich kaum vorstellen, daß diese ehemals so energische, tatkräftige, ständig schöpferisch tätige Frau von nun an völlig untätig, ohne noch einmal Ton oder Gips oder Stein in die Hand zu bekommen, ohne jemals wieder einen Meißel anzusetzen, dreißig Jahre lang gänzlich isoliert und vergessen einfach absitzen mußte.

Diese dreißig Jahre sind weniger durch einzelne Ereignisse zu charakterisieren als durch einen Zustand. In den ersten Jahren hoffte Camille wohl noch, doch wieder aus der Anstalt herauszukommen; später nahm sie diese Hoffnung zurück auf den Minimalwunsch, wenigstens in der Nähe der Familie interniert zu werden. Danach ermattete sie. Sie lehnte sich nicht mehr auf gegen die Internierung, die forderte nichts mehr. 1914 wurde sie in die Anstalt von Montdevergues verlegt. Man wußte dort nichts davon, daß sie einmal eine Bildhauerin gewesen war. Sie galt als die verelendete Schwester des inzwischen berühmten Dichters Paul Claudel, so wie sie früher als Schülerin und Mätresse des berühmten Rodin gegolten hatte.

Psychiatrisch gesehen lag bei Camille Claudel ein Verfolgungs- und Vergiftungswahn vor. Sie fühlte sich von Rodin drangsaliert, beklagte, daß er ihr ihre Werke gestohlen habe bzw. seine »Bande« darauf angesetzt habe, diese demnächst zu stehlen. Diese »Bande« breitete sich, wie das bei solchen paranoiden Selbstverstrickungen oft der Fall ist, schnell aus: Auch das Klinikpersonal war in ihren Augen von Rodin gekauft; man wolle sie vergiften, damit Rodin ihre Werke als die seinen ausstellen könne. Lange Jahre bestand sie deshalb darauf, sich ihr Essen selbst zuzubereiten, was ihr auch zugestanden wurde.

Die psychiatrische Sichtweise ist nur die eine. Auch wenn sie berechtigt ist, so gibt es auch noch diese Sichtweise: Camille hatte im Kern recht. Tatsächlich war Rodin ja auch durch ihre Kraft, ihren Einsatz, ihr Können und ihre Inspiration zu den Werken gekommen, mit denen er nun weithin berühmt wurde. Daß Camille überhaupt relativ wenige Werke geschaffen hat, liegt daran, daß sie ihre Arbeitskraft hauptsächlich Rodins Projekten zur Verfügung gestellt hatte. Insofern hat er ihr tatsächlich etwas von ihrem Werk »genommen«. Die Rodin-»Bande« – das sind die Kunstkritiker, das ist die Kunst-Schickeria, die allein Rodin zujubelte, wo es auch um Camilles Verdienst gegangen wäre.

Camilles innere Verstrickung in den Wahn nahm niemals solche Formen an, daß ihr nicht bis zu ihrem Ende ihr tragisches Schicksal selbst bewußt gewesen wäre. Es gab auch einige wenige Berührungen mit der Außenwelt: Paul, der im Ausland im diplomatischen Dienst war, besuchte sie in Abständen von mehreren Jahren. Die Mitstudentin aus dem Pariser Atelier, Jessie Lipscomb, besuchte sie ebenfalls zwei- oder dreimal während der dreißig Internierungsjahre und unterhielt einen regelmäßigen Briefwechsel mit ihr. Darüber hinaus gab es noch den allerdings immer spärlicher werdenden Briefwechsel mit ihrem früheren Galeristen Eugène Blot.

Mutter und Schwester dagegen haben sie niemals in der Anstalt besucht. Sie schickten Päckchen, haben sie aber nicht nur nicht besucht, sondern gezielt jeden Versuch, sie wieder zu entlassen, vehement zurückgewiesen. Wenn die Ärzte die Wiederaufnahme in den Kreis der Familie vorschlugen, reagierte die Mutter eisig. So schrieb sie 1915 auf eine entsprechende Anfrage an den Leiter der Anstalt von Montdevergues:

»Ich werde sie keinesfalls bei Ihnen herausholen, wo sie sich vor kurzem noch wohlfühlte. Ich kann sie doch nicht alle sechs Monate in einem anderen Heim unterbringen, und sie zu mir zu nehmen oder wieder in ihre alte Wohnung zu bringen, daß sie dort wieder wie früher haust, kommt nie und nimmer in Frage. Ich bin 75 Jahre als und kann mich nicht mit einer Tochter belasten, die die absonderlichsten Ansichten hat, uns gegenüber die übelsten Absichten hegt, uns verabscheut und nur darauf lauert, uns so viel wie möglich zu schaden. Wenn ein Zuschlag zu zahlen ist, damit sie etwas

mehr komfortabel (*sic*) hat, so ist mir das nur recht, aber ich flehe
Sie an, behalten Sie sie. In ihrer Wohnung hat sie gehaust wie eine
Elendskreatur, seit zehn Jahren keine Menschenseele mehr sehen
wollen und sich von jedem, der ihr was zu essen verkaufte, ausneh-
men lassen. Türen und Fenster waren mit Ketten und Vorhänge-
schlössern verrammelt, und das Essen stellte man ihr in einer Kiste
auf die Fensterbank. Sie selbst und ihre Wohnung waren in grauen-
erregendem Zustand. Sie tat überhaupt nichts anderes mehr, als
Briefe an Taugenichtse und Denunziationen zu schreiben. Kurz-
um, sie hat alle Laster, ich will sie nicht wiedersehen, sie hat uns
schon zu viel angetan.«[9]

Camille war keineswegs so »verrückt«, daß sie unbedingt hätte
in einer Anstalt bleiben müssen. Anfangs bat sie selbst auch die
Familie öfter, sie wieder aufzunehmen. Da ihre Bittbriefe auch
Vorwürfe enthielten und ihre paranoiden Ideen auch hier durch-
brachen, hatte es die Familie auch wieder leicht, sich vor ihr zu
verschließen. Die Mutter schrieb ihr zum Beispiel:

»Liebe Tochter,

vor mir liegt Dein letzter Brief, und ich kann mir immer noch
nicht vorstellen, daß Du Deiner Mutter derartige Abscheulichkei-
ten zu schreiben vermagst. Gott allein weiß, wieviel Leid mir durch
meine Kinder widerfahren sollte! Paul überhäuft mich mit Vor-
würfen, weil wir seiner Meinung nach Louise zu seinen Ungun-
sten bevorteilt hätten, und Du, Camille, wie kannst Du es wagen,
mich zu beschuldigen, Deinen Vater vergiftet zu haben! Du weißt
ebensogut wie ich, daß er beinahe 90 Jahre alt war, als er uns verließ, daß ich alles in meiner Macht Stehende getan habe, ihn Euch
so lange wie möglich am Leben zu erhalten. Er hat genug gelitten,
auch er, als er die Wahrheit über Deine Beziehung zu Rodin erfuhr, die unwürdige Komödie, die Du uns vorgespielt hast. Und ich
war naiv genug, den ›großen Mann‹ mit Mme Rodin, seiner Kon-
kubine, nach Villeneuve einzuladen! Und Du spieltest das Un-
schuldslamm, lebtest mit ihm und ließt Dich von ihm aushalten.
Ich wage nicht, die Worte niederzuschreiben, die mir in den Sinn
kommen. Deiner Ansicht nach wären Louise und ich also
Berthelot hörig, dem Freund von Paul. Du sagst, er ›ziehe die Fäden‹, das ist Dein Ausdruck. Wenn man bedenkt, was Berthelot

alles für uns tut, glaubt man zu träumen; und das ist noch nicht alles. Louise, behauptest Du, hätte Dir Dein Erbe gestohlen? Das arme Kind, das so viel Mühe gehabt hat, Jacques großzuziehen, ihm einen Posten zu verschaffen ... Machen wir Schluß, ja? Dein Brief ist ein Sammelsurium von Verleumdungen, eine übler als die andere. Aber Du sagst mir nicht, ob Du den Mantel erhalten hast, den ich Dir von der Samaritaine schicken ließ, und auch nicht, ob die Firma Félix Potin auch wirklich den Kaffe und die Löffelbiskuits, um die Du gebeten hattest, übersandt hat. Natürlich, so etwas zählt nicht. Ich umarme Dich.«[10]

Bis zum Schluß schillernd muß die Beziehung zwischen Paul und Camille gewesen sein. Als kleinen Jungen hatte sie ihn herumkommandiert, sich über ihn lustig gemacht. Ihr ganzes Leben lang aber fühlte sie sich ihm innig verbunden. Zusammen mit dem Vater unterstützte er sie finanziell nach der Trennung von Rodin. Dann aber, kaum daß der Vater tot war, war es Paul, der den Beschluß des Familienrats, sie internieren zu lassen, unverzüglich in die Tat umsetzte. Camille scheint sich das nie klar gemacht zu haben. In den dreißig Jahren Anstaltsleben hat Paul ihr öfter geschrieben, sie ihm offenbar auch. Er besuchte sie auch mehrmals, wenn er in Frankreich war. Camille vertraute ihm offenbar bis zuletzt, aber er hat nie Anstalten gemacht, sie aus ihrer Verwahrung herauszuholen. Auf ihre Bitten, auf die Vorschläge der Ärzte, sie nach Hause zu holen, scheint es von ihm keinerlei Resonanz gegeben zu haben.

Es hat etwas Tragisches, daß sie, die »Paranoide«, Mißtrauische, auch noch an der falschen Stelle vertraute. Das zeigt sich auch darin, daß sie ausgerechnet den Arzt, der seinerzeit das Gutachten auf Wunsch der Familie erstellt hatte, mit dem sie zwangsweise eingewiesen werden konnte, bat, sie wieder herauszuholen. Sie schrieb ihm am 25. 06. 1918:

»Monsieur le Docteur,

Sie erinnern sich vielleicht nicht mehr an Ihre damalige Patientin und Nachbarin Mlle Claudel, die am 3. März 1913 aus ihrer Wohnung abgeholt und in Irrenhäuser gebracht wurde, aus denen sie vielleicht niemals mehr herauskommen wird. Es sind schon fünf, bald sechs Jahre, daß ich dieses grauenvolle Martyrium ertragen muß. Zunächst wurde ich in das Irrenhaus von Ville-Evrard gebracht, dann von dort aus in das von Montdevergues bei Montfavet (Vaucluse). Ihnen meine Leiden zu schildern, erübrigt sich. Ich habe kürzlich an Monsieur Adam, den Anwalt, geschrieben, dem Sie mich gütigst empfohlen hatten und der früher so erfolgreich für mich plädiert hat; ich bitte ihn, sich meiner annehmen zu wollen. In diesem Zusammenhang wäre mir Ihr guter Rat wichtig, denn Sie sind ein Mann mit großer Erfahrung und als Arzt diesbezüglich auf dem laufenden. Ich bitte Sie, mit Monsieur Adam über mich zu sprechen und zu überlegen, was Sie für mich tun könnten. Seitens meiner Familie ist nichts möglich; unter dem Einfluß übler Personen hören meine Mutter, mein Bruder und meine Schwester nur auf die Verleumdungen, mit denen man mich überschüttet hat.

Man wirft mir vor (welch abscheuliches Verbrechen), ganz allein gelebt zu haben, mein Leben mit Katzen zuzubringen, an Verfolgungswahn zu leiden! Im Glauben an derartige Anschuldigungen bin ich seit fünfeinhalb Jahren eingekerkert wie eine Verbrecherin, der Freiheit beraubt, beraubt auch der Nahrung, der Heizung und des elementarsten Komforts. Ich habe Monsieur Adam in einem langen Brief die anderen Motive, die zu meiner Einkerkerung beigetragen haben, dargelegt und ersuche Sie, ihn aufmerksam zu lesen, damit Sie sich ein Bild machen können vom ganzen Drum und Dran dieser Angelegenheit.

Vielleicht können Sie als Arzt Ihren Einfluß zu meinen Gunsten geltend machen. Jedenfalls wäre es mir lieber, sofern man mir nicht sofort meine Freiheit zurückgeben will, in die Salpêtière oder nach Sainte-Anne oder in ein normales Krankenhaus verlegt zu werden, wo Sie mich besuchen und meinen Gesundheitszustand beurteilen könnten. Man zahlt hier monatlich 150 Franc für mich, Sie müßten aber sehen, wie ich behandelt werde; meine Eltern kümmern sich nicht um mich und beantworten meine Klagen nur mit völligem Stillschweigen, so kann man mit mir beliebig verfahren. Es ist schrecklich, so im Stich gelassen zu werden. Der Kummer bringt mich schier um. Kurz, ich hoffe, daß Sie etwas für mich tun können, und sollten Sie irgendwelche Ausgaben haben, so lassen Sie es

mich wissen, ich werde Sie selbstverständlich zur Gänze beglei-
chen. hoffentlich hatten Sie in den Schützengräben nicht zu leiden…

Um eines möchte ich Sie noch bitten: sollten Sie zur Familie
Merklen kommen, so sagen Sie bitte allen, was aus mir geworden
ist. Mama und meine Schwester haben den Befehl erteilt, mich
total von der Außenwelt abzuschließen, keiner meiner Briefe
gelangt nach draußen, kein Besuch darf herein. Durch all dies
begünstigt, hat meine Schwester mein Erbe an sich gerissen, und
ihr liegt viel daran, daß ich aus dem Gefängnis niemals heraus-
komme. Daher bitte ich Sie, mir nicht hierher zu schreiben und
auch nicht zu sagen, daß ich Ihnen geschrieben habe, denn ich
schreibe Ihnen im geheimen und verstoße damit gegen die An-
staltsordnung, und wenn man es herausbekäme, würde man es
mich spüren lassen …

Ich bitte Sie, alles, was in Ihrer Macht steht, für mich zu tun,
denn Sie haben mir mehrmals Ihre Umsicht bewiesen, und ich
habe volles Vertrauen zu Ihnen. Ich muß Sie nur warnen vor all
den Ungereimtheiten, die man vorbringt, um mein Eingesperrt-
sein zu verlängern. Angeblich will man mich bis Kriegsende eingesperrt lassen: ein Witz und ein Mittel, mich mit falschen Verspre-
chungen zu blenden, denn dieser Krieg ist so schnell noch nicht
aus, und bis dahin ist's aus mit mir; ach, wenn Sie wüßten, was man
durchmachen muß! Es ist erschütternd! Sollte ich irgendwann mal
nicht mehr schreiben können, lassen Sie mich dennoch nicht im
Stich und handeln Sie, wenn Sie können, so schnell wie möglich;
was alles noch erschwert, ist der geheime Einfluß von Fremden, die
sich meines Ateliers bemächtigt haben und Mama in ihren Klauen
halten, damit sie mich nicht besuchen kann.«[11]

Im Sommer 1917 heiratete der alte, schon hinfällige Auguste Rodin
(er hatte 1913, kurz nach Camilles Internierung einen Schlaganfall
erlitten) seine Lebenspartnerin Rose Beuret. Zwei Wochen später
starb sie. Zehn Monate darauf starb er selbst. Es ist nicht bekannt,
ob und wann Camille vom Tod Rodins informiert wurde. Es fällt
aber auf, daß seit seinem Tod ihre Peiniger und Verfolger nicht
mehr die Leute der »Rodin-Bande« sind, sondern daß Mutter und

Schwester jetzt diese Rolle übernehmen. Die Mutter wird zur Hauptverfolgerin. Beide Frauen haben in Camilles Vorstellung nur die eine Absicht, sie zu berauben.

Die Aufzeichnungen der Anstalt von Montdevergues verzeichnen einen weiteren Besuch des Bruders Paul im Jahre 1928, den Tod der Mutter 1929, 1930 den Besuch Jessie Lipscombs. Im Frühjahr 1933 geriet Camille plötzlich innerhalb von Stunden in Lebensgefahr: Wegen eines »eingeklemmten Netzbruches« mußte sie sich einer Notoperation unterziehen. Ihr Leben wurde dadurch noch einmal um zehn Jahre verlängert. 1935 starb ihre Schwester Louise. Ihr Vertrauter, Eugène Blot, starb 1936.

Im August 1942 begann laut Anstaltsaufzeichnungen ihr Körper zu verfallen. Anfang 1943 schlug sich Paul unter vielen Mühen durch das besetzte Frankreich, um sie noch einmal zu besuchen. Camille starb am 19.10.1943. Kein Mitglied ihrer Familie war bei der Beerdigung anwesend.

Auch im Bewußtsein der Öffentlichkeit ist Camille Claudel fast ausgelöscht. Sie und ihre Werke blieben 40 Jahre lang unbekannt. 1983 wurden erste Bücher über sie geschrieben. 1988 entstand der Film über ihr Leben.

Lebensthemen

Autonomie und Fremdbestimmtheit

Durch Camille Claudels Leben zieht sich ein Grundthema, das schnell ins Auge springt, und das, wie das bei biographischen Grundthemen eigentlich immer der Fall ist, als Polarität erscheint. Es handelt sich hier um eine existentielle Dimension, deren einer Pol »Autonomie« und deren anderer »Fremdbestimmtheit« heißt. In einer ersten Schicht können wir diese Biographie zu verstehen versuchen als einen Pendelschlag zwischen diesen beiden Polen.

So dominant und eigensinnig Camille in ihrer Kindheit und Jugend war, so sehr fiel sie in Hilflosigkeit, Passivität und Fremdbestimmtheit am langen Ende ihres Lebens. Der eine Pol steht am Anfang, der andere am Ende. Dazwischen liegen die Zeit mit Rodin und die Jahre nach der Trennung als ein unschlüssiges Ringen um Autonomie im Künstlerischen, als Frau um Abhängigkeiten und Unterordnung. Die Jahre zwischen der Begegnung mit Rodin und der Einweisung in die Anstalt (1883 bis 1913) beziehen ihre Spannung aus dieser Dialektik.

Die junge Camille lebt mit großer Eindeutigkeit und Selbstbewußtheit ihre Überlegenheit, ihre Cholerik, kurz ihre Herrscherseite nicht nur dem Material gegenüber aus – Ton, Holz und Stein zwingt sie unter ihren gestaltenden Willen –, sondern auch ihren Mitmenschen gegenüber. Es scheint überhaupt der Stil der Familie zu sein, daß sich hier jeder gegen jeden durchsetzte und jeder seine Angelegenheiten allein regelte. Besonders dominierte Camille ihren jüngeren Bruder Paul. Sie spannte ihn ein für ihre Streifzüge auf der Suche nach formbarem Material, sie sah von oben auf ihn herab, machte sich über ihn lustig. Paul Claudel sprach später von ihrer »grausamen Überlegenheit« ihm gegenüber.

Camille war offenbar nicht nur eine schöne Herrscherin, sie beschäftigte sich auch mit Herrscherfiguren der fernen und näheren Vergangenheit. Die Mächtigen der Geschichte zogen sie an, und ihre ersten ernsthaften Plastiken waren Büsten von Napoleon, Bismarck, David und Goliath. Zwölf Jahre alt war sie, als diese Büsten entstanden.

Wenn in Kindheit und Jugend ein Lebensthema schon in solcher Ausgeprägtheit und Einseitigkeit auftritt und wenn es sich im zwölften Lebensjahr schon umsetzt in Gestaltungen, so muß man, biographisch gesehen, erwarten, daß es bei dieser Eindeutigkeit des Themas nicht bleiben wird. Biographisch gesehen ist es geradezu zu erwarten, daß ein Lebensthema, das schon so früh so ausgeprägt ist, im Lauf des weiteren Lebens den Gegenpol sucht und daß es ein Lebensziel ist, schließlich einen Ausgleich zu erringen zwischen den beiden Polen einer solchen Dimension. Bei Camille Claudel wird das Herrscher-Thema mitgebracht. Der andere Pol – Unterordnung und Fremdbestimmtheit – tritt dann zunehmend in ihr Leben ein, und schließlich entsteht ein Ringen um Ausgleich, um eine Synthese zwischen beiden Polen.

Bei Camille nimmt dieses dialektische Entwicklungsgesetz dadurch Formen an, daß sie mit neunzehn Jahren Rodin kennenlernt. Sie begegnet nun einem anderen »Herrscher«. Auch er ist Choleriker und verabscheut die Unterordnung. So beginnt zwischen diesen beiden starken Menschen ein Ringen um Abgrenzung, Herrschen, Unterordnen, Abhängigkeit und Partnerschaft, beruflich und privat. Camille als Frau und als die Jüngere, die sozial weniger hoch Gestellte, findet sich eher als Rodin in das Element des Sich-Unterordnens hinein. Rodin, der sie leidenschaftlich liebt, läßt sich wiederum bald von ihr bestimmen durch die Faszination, die von dieser starken und stolzen Frau ausgeht. Künstlerisch haben beide sich gegenseitig zutiefst impulsiert, andererseits finden wir auch hier Camille wieder in der Unterordnung, insofern sie sich weitgehend in den Dienst seiner Werke stellt.

Beide sind Herrscher und Beherrschte zugleich. Als eine Art äußeres Dokument dafür können wir den Vertrag vom 12. 10. 1886 auffassen[12], in dem intime und berufliche Belange miteinander verquickt werden, so saß sich die beiden sowohl gegenseitig in Schach halten als auch aneinander binden.

Es muß aber schon sehr früh ein Element der gegenseitigen Abstoßung zwischen beiden gelebt haben. Ein jeder dürfte den anderen als äußerste Herausforderung erlebt haben, ebenso wie als entscheidende Befruchtung. Rodin hat Camille zweifellos wirklich geliebt (auch wenn er andererseits durchaus beharrlich mit Rose Beuret zusammenblieb), andererseits mag er sich aber zunehmend machtlos gefühlt haben gegenüber ihrem »volonté terrible«. Es wird viel gerätselt, warum Rodin sie trotz dieser Liebe letztlich zurückgestoßen hat, gerade da, wo sie sich als seine Frau in die damals noch klassische Position der Unterordnung und der Gesichertheit begeben wollte. Was auch immer seine Motive waren, es scheint wichtig zu sehen, daß die Trennung beiderseitig gewollt war. Als Rodin Camilles Heiratsvorschlag abwies, trennte sie sich beruflich und persönlich von ihm, sofort und radikal. Sie kannte nur das eine oder das andere: Wenn sie nicht in die klassische Rolle der jungen, hübschen, begabten Frau neben dem großen Meister schlüpfen konnte, die ihr ja alle Welt zusprechen wollte, dann gab es nur das andere Extrem: radikale Autonomie. Man muß offenlassen, ob es überhaupt gut gegangen wäre, wenn sie geheiratet hätten. Hätte Camille sich tatsächlich mit der untergeordneten Rolle begnügt, wie es Rose Beuret ihr Leben lang getan hat? Hätte Rodin andererseits eine Ehefrau ertragen, die dann doch wieder beruflich und in ihrem gesellschaftlichen Auftreten eigenständig sein wollte?

So wird für Camille Claudel durch die Begegnung mit Rodin die zuvor gelebte Klarheit des »Herrscher«-Themas in Frage gestellt, und die Möglichkeit des Gegenpols Unterordnung tritt in ihr Leben. Als sie eine Entscheidung trifft, diesen Gegenpol anzunehmen, entzieht sich der ganze Vorgang ihrem Willen. Von einem »Scheitern« sollte man hier nicht sprechen, nur weil ihr Wille nicht zum Zuge kommt. Denn es wäre zu einfach gewesen, wenn sich ein so grundsätzliches Lebensthema dadurch auflösen oder ins Reine bringen ließe, daß man plötzlich das ganz andere beschließt. Für Camille ging das Ringen um diese existentielle Dimension weiter und mußte auch weitergehen: Jetzt, nach der Trennung, war sie zunächst wieder ganz am Autonomiepol. Sie wollte jetzt ganz auf sich gestellt bleiben. Man erfährt nichts mehr von weiteren Beziehungen zu Männern. Beruflich wollte sie nun einen ganz eigenständigen Weg gehen. In Briefen an ihren Bruder entwirft sie Pläne dafür.

Man sieht aber auch, wie nach den Jahren des Ringens mit Rodin das Autonomiethema nicht einfach in der gleichen Weise wieder da ist wie vor der Begegnung. Ihre jetzt wieder erlangte Autonomie bekommt nun sofort einen Zug ins Tragische, ja Krankhafte. Camille vereinsamt schnell, sie scheut zunehmend die Außenwelt, und diese fängt an, sie zu scheuen. Der dominante, auf Eigenständigkeit bedachte Zug, den sie als Kind und Jugendliche vital und unbekümmert ausgelebt hatte, bekommt nun einen selbstdestruktiven Akzent.

Bis zum ersten Mondknoten ist sie eine »Herrscherin«. Im ersten Mondknoten begegnet sie Rodin, dem anderen Herrscher. Nach der Trennung von ihm ist sie nur deshalb eine Herrscherin, weil sie allein ist. Sie bestimmt über niemanden mehr. Ihr Herrschertum beschränkt sich darauf, sich abzugrenzen.

Und dann ab 1913, ab ihrer Einweisung, kehrt sich das Thema um; das Pendel schlägt zum anderen Extrem aus. Sie geht, existentiell gesehen, in die völlige Fremdbestimmtheit und Passivität. Das Verhältnis zur Familie wandelt sich vollständig: Während sie früher die Familie drangsaliert hat, ihren Kopf durchsetzte, hat jetzt die Familie ihre Aussonderung durchgesetzt, und die Familie verweigert sich ihr, wehrt sich gegen sie. Wollte Camille früher immer autonom sein der Familie gegenüber, so ist sie ab 1913 angewiesen auf deren Almosen. Alles kehrt sich um: Die freiheitsbewußte Herrscherin ist zwangsweise interniert. Die sie beherrscht hat, halten sie sich jetzt vom Leibe.

Man kann es so sehen, daß dieses Lebensthema, das sich zwischen Autonomie und Fremdbestimmtheit spannt, seinen Kern hat in der Polarität von männlich-weiblich.

Weibliches und Männliches

Camille Claudel muß sich in ihrem Selbstempfinden als Mädchen und dann als Frau in gewisser Weise unvollständig oder als einseitig empfunden haben. Das heißt nicht zu unterstellen, daß sie sich nicht als Frau gefühlt hätte. Wohl aber kann man ihr Ringen um ihre Kunst und um ihre Stellung als Künstlerin unter den Gesichtspunkt stellen, daß sie ein männliches Element hinzunehmen bestrebt war. Sie nimmt ja zunächst schon als Mädchen, in der Kindheit und in der Jugendzeit, einen jungenhaften Weg: Sie geht leidenschaftlich mit Holz, Erde und Steinen um und prägt diesen Stoffen ihren Gestaltungswillen auf. *Sie packt zu.* Dieses wurde, zumindest damals, als ein Merkmal des Männlichen gesehen. Allerdings reicht diese gesellschaftliche Wertung nicht aus, um ihr Streben nach Integration des männliches Elementes in ihr weibliches Dasein und weibliches Grundempfinden zu beschreiben. Es ist etwas in ihr selbst, es liegt in ihrem Schicksal selbst, daß sie ihre Autonomie sucht, indem sie als Frau *auch* das männliche Element lebt. Schon in ihrem Wesen als Kind liegt ein männlicher Zug: als herrschsüchtig, dominierend, willensstark und eigensinnig wird sie beschrieben. Und dann strebt sie ein Leben durch die Bildhauerei an, was, jedenfalls in ihrer Zeit, nur für einen Mann denkbar war. Sie aber empfindet schon als Mädchen früh das Zupackende, das Formgebende als ihre Berufung.

Männliche Herrscher der Geschichte faszinieren das Kind. Schon mit zwölf Jahren formt Camille *männliche* Herrscherköpfe: Napoleon, Bismarck etc. So liegt eine besondere Nähe in ihr zum männlichen Element. Dies aber in durchaus zwiespältiger Weise:

Da ist einmal die gefühlsmäßige Nähe zum Vater und zum Großvater Athanasius Cerveaux, den sie verehrt und achtet und an dem sie die Wärme empfindet, die ihr die Mutter verweigert. Da ist andererseits – und das muß ihr Bild vom Männlichen eben auch geprägt haben – Paul, der jüngere, etwas melancholische und schüchterne Bruder, der sich leicht herumkommandieren ließ, der sich einspannen ließ für die Unternehmungen der Schwester, Paul, den sie liebt, den sie aber auch verhöhnte, wenn er Ängstlichkeit zeigte. Komplementär dazu erlebt sie das weibliche Element in ihrer Umgebung so, daß sie selbst davon abgelehnt, zurückgestoßen wird. Die kühle, sie ständig kritisierende Mutter und die an die Erwartungen der Mutter angepaßtere Schwester können für sie keine weiblichen Rollenvorbilder sein. Aber auch im weiteren Umkreis gab es damals keine Frauen, die für Camille hätten weibliche Vorbilder sein können. Ihr Kampf um Anerkennung als eigenständige Künstlerin ist ein Kampf um eine männliche Rolle, eine männliche Position in der Gesellschaft. Und ihre Niederlage ist die Niederlage einer Frau, die auf ihre Unselbständigkeit zurückverwiesen wird.

Daß Camille ohnehin hätte ein Junge sein sollen, muß man nicht als psychologische Kausalerklärung heranziehen; aber es ist ein Signum dafür, daß schon, als sie ihren Weg antrat, ihr Leben einen, und zwar prekären Zug ins Männliche haben würde.

Es geht nicht darum, Camilles Identität als Frau zu bezweifeln oder anrüchig zu machen oder ihr die Weiblichkeit abzusprechen. Im Gegenteil stand ja gerade dies im Mittelpunkt, wenn sie von der Gesellschaft, den Kritikern, der Kunstwelt angeschaut wurde, und verstellte den Blick darauf, daß sie ihre Kunst aus einem inneren Feld heraus schaffen wollte, das jenseits der Einseitigkeit eines Geschlechtes liegt. Sie suchte das männliche Element zu ihrer Ganzwerdung. Ihr Lebensweg zielt auf die Autonomie eines Menschen, der weibliche und männliche Elemente in sich vereinigen kann und eben dadurch autonom wird. Ihr Name »Camille«, der sowohl männlich wie weiblich aufgefaßt werden kann, spricht das schon an: Sie ist ein Mensch, der sich über die Einseitigkeit eines Geschlechtes stellen will. Die Ebene, aus der sie ihre Kunst schöpft, ist insofern geschlechtsfrei. Das ist etwas anderes als geschlechtslos.

Die Begegnung mit Auguste Rodin fordert nun gerade dieses Streben heraus; gerade an ihm erhöht sich, scheitert letztlich aber auch dieses Streben. Im Anfang fordern, prägen, ja beherrschen sich beide gegenseitig beruflich und in ihrer intimeren Begegnung. Camille ist ihm in manchen Aspekten der Bildhauerei überlegen; er aber ist vor allem nach außen der Überlegenere. Rodin hat nicht das zu ihrem Streben komplementäre Bedürfnis. Er zielt nicht auf die innerseelische Autonomie durch Hinzunahme eines weiblichen Empfindens. Er *ist* autonom. Er ist autonom durch die wahrscheinlich von ihm so gar nicht reflektierte Bejahung der Einseitigkeit seines Geschlechtes. Er ist ein Mann und will nur dieses sein. Camille ist eine Frau, die *auch* ein Mann sein will in der beschriebenen Hinsicht. Das mußte ein Ungleichgewicht schaffen, aus dem heraus sie in ihrem Streben schließlich scheiterte.

Obwohl diese beiden Künstler in zehnjähriger Zusammenarbeit so viele Themen gemeinsam und parallel bearbeitet haben, gibt es bei Rodin trotz äußerer Ähnlichkeit nichts Vergleichbares zu »Shakuntala«. Camille erreicht hier die Begegnung des Weiblichen mit dem Männlichen in einer Innerlichkeit, die die körperliche Begegnung nur als Anlaß nimmt. »Shakuntala« und »Der Walzer« sprechen von einer inneren Berührung, nicht primär von einer körperlichen Vereinigung. »Shakuntala« und »Der Walzer« sind je *eine* Seele, die autonom in sich ruht, weil sie in der Begegnung das Männliche und das Weibliche überschreiten konnte.

Die innere Verbindung des Weiblichen mit dem Männlichen zeigt sich auch in anderen Plastiken. Eine Version von »Shakuntala«

heißt »Vertumnus und Pomona«. Bei Camilles klassischer Bildung muß es ihr bekannt gewesen sein, daß sich Vertumnus, um zu Pomona vordringen zu können, als alte Frau verkleidet. Ein Spiel mit der Androgynität schwingt hier mit. Und wir können hier bei »Vertumnus und Pomona« wieder das Motiv der jungen Frau und der alten Frau finden, der einseitig weiblichen Frau und jener, die die Einseitigkeit des Geschlechtes hinter sich hat. Schon mit achtzehn Jahren hatte Camille ja »Die alte Helene« geschaffen. Die »Alte Frau« können wir als ein Urbild nehmen dafür, daß die Frau auf ihre durch den Leib gegebene Geschlechtlichkeit nicht mehr angewiesen ist, sich nicht mehr dadurch einengen läßt. Sie ist näher an ihrem höheren Ich, das ja immer geschlechtsfrei ist.

In einer Fassung von »Perseus und die Gorgo« wird Perseus mit ausgesprochen weiblichen Zügen dargestellt, bestimmten Schichten des Mythos entsprechend, wonach Perseus sich ebenfalls als Frau verkleidet.

Als Camille, offenbar aus einer gewissen Resignation heraus, sich für die Rolle als Ehefrau entscheidet, verweigert sich Rodin ihr. In dem Moment, als sie den Kampf um die beschriebene Autonomie aufgibt, um doch »nur«, das heißt einseitig, Frau zu sein, sagt ihr Schicksal nein. Und sofort geht das Pendel wieder in die andere Richtung, in eine ausschließlich Autonomie. Camille trennt sich von Rodin.

Damit entflieht ihr aber eben das männliche Element, mit dem sie gerungen hat, um es in sich mit ihrem weiblichen Fühlen zu verbinden. Der Bruder Paul geht kurz danach ins Ausland, ist nicht mehr verfügbar. Als der Vater stirbt, hat Camille den letzten (und ersten) männlichen Widerpart verloren. Mit der Trennung von Rodin verliert sie äußerlich das, was sie innerlich aufbauen wollte. Es entflieht ihr die Seite aus ihrem Leben, durch die sie vollständig und autonom werden wollte. Aus dieser Situation heraus schafft sie das bewegende Werk »Die Flehende«. Dieser Flehenden in ihrer Schutzlosigkeit ist nicht einfach der Mann abhanden gekommen, sondern eben das männliche Element überhaupt, und damit geht sie ihrer Autonomie verlustig. Der männliche Widerpart entzieht sich, nachdem Camille im Ringen mit ihm die Einseitigkeit, die darin liegt, nur *ein* Geschlecht zu haben, überwinden wollte. Zurück bleibt das genaue Gegenteil einer Herrscherfigur: eine nackte, einsame, im eigenen Schmerz noch gar nicht voll angekommene, flehende Frau, die, das zeigt die schon gar nicht mehr halten wollende Bewegung der Hände, im Moment des Flehens um die Fruchtlosigkeit des Flehens selbst weiß.

In unserem geistigen Wesenskern, unserem höheren Ich, sind wir unabhängig von solchen Polaritäten wie männlich – weiblich. In dem Maße, wie wir um die Überwindung solcher Polaritäten ringen, sind wir dem höheren Ich nahe, das immer eine Ganzheit ist. Camille Claudel sucht innerlich den Anschluß an dieses höhere Ich. »Shakuntala« und »Der Walzer« weisen darauf hin, daß diese Transzendierung möglich ist.

Beide Plastiken sprechen aber auch die Gefährlichkeit, wenn man so will: die Überheblichkeit dieses Strebens an. Beide erreichen etwas, was im selben Moment auch wieder abstürzen kann. Die Tanzenden im »Walzer« werden sich jeden Moment im Wirbel des Stoffes verheddern und stürzen. Shakuntala wird in der nächsten Sekunde niedersinken, und dann ist sie eine sich hingebende Frau, der Mann wird sie auffangen und der starke Mann sein, und beide werden wieder bei der Einseitigkeit ihres Geschlechtes sein. Die Plastik zeigt den Moment davor, den Moment des inneren Erkennens, der aber eben nur ein Moment sein kann.

Das höhere Ich ist immer nur im Moment anwesend, im absoluten Augenblick, dem unweigerlich der Absturz ins Alltäglich-Einseitige und Festgelegte folgt. Camille wollte diesen Augenblick festhalten, wollte etwas zwingen, das man nicht zwingen kann. Daran ging sie zugrunde. Aber in ihren Plastiken konnte sie es benennen.

So leuchtet in Camilles Werk ihr Lebensthema auf, es blitzt aber auch das Scheitern an diesem Thema auf. In der Irrenanstalt ist sie dann selbst die »alte Frau«, aber nicht die, welche über die Frauenrolle hinausgewachsen ist, sondern die, welche es aufgegeben hat, darüber hinauswachsen zu wollen. Sie ist »Klotho«, die sich in einem Gespinst aus den eigenen Schicksalsfäden verfangen hat.

Das merkwürdige »Selbstporträt, o. J.« weist auf diese Zusammenhänge hin: Wie in einem Vexierbild erkennen wir auf dem Kopf der jungen Frau, als die Camille sich damals porträtierte, gefügt aus einem aufwendigen Haaraufsatz, das Porträt einer alten, hakennasigen Frau mit Hut. Der Künstlerin selbst war es wahrscheinlich nicht bewußt, daß sie hier, eigentlich wieder prophetisch, die zwei Pole in ihrem Leben und das Scheitern an deren Überwindung dargestellt hat.

Die »hinkende« Polarität

Am Anfang steht die Fülle des Lebens, das Sich-Ausleben. Camille sucht Natur und Menschen zu ergreifen, sich zu eigen zu machen, was gebraucht wird für die eigene Berufung. Am Ende steht die existentielle Ohnmacht. Betrachtet man Camilles Lebensgang als Ausfaltung der beschriebenen Polarität, so ergibt sich das Bild einer Ungleichgewichtigkeit. Der eine Pol, die ersten achtzehn Jahre, sind geschenkt; was danach kommt, das Ringen, die Resignation, das Neuerringen von weiblicher Souveränität und wieder Resignieren, das ist Mühe. Die Autonomie ist am Anfang anwesend, dann wird sie (durch das Anstoßen an Rodin) in Frage gestellt, schließlich geht sie verloren. Etwas vereinfachend kann man zwei Hälften in Camilles Leben sehen. Im ersten Teil ist sie aktiv, herrscherisch, verwandelt Stein zu fast lebenden, seelisch bewegten Gestalten. Im zweiten Teil fällt sie in Passivität und Fremdbestimmtheit, sie ist wie in Stein verwandelt, eine lebende Statue: »Shakuntala« (1888) und »Niobe« (1906) sind die gleichen Figuren, Shakuntala ist am ersten Pol, Niobe am zweiten. In Shakuntala löst sich der Stein zu innerster Bewegtheit durch die stützende Begegnung mit dem Männlichen; Niobe ist zu Stein erstarrt, aus Verlustschmerz.

Die Polarität, in die Camilles Lebensgang eingespannt ist, »hinkt«. Am Anfang wird Camille gehalten durch die vitale Selbstverständlichkeit, mit der sie den ersten Pol ihres Lebensthemas ausleben kann; am Ende versucht sie, sich zunächst zu halten gegen den zweiten Pol, der immer mehr hereindrängt, um schließlich aufzugeben. Nun können wir dieses Element des Hinkens bis in die äußerlichsten Einzelheiten hinein verfolgen: Camille selbst hinkte zeitlebens durch einen Geburtsfehler! Und noch ihr Nachname weist darauf hin: »Claudel« heißt »hinkend«. Selbst in ihrem Gesicht kann man eine Ungleichgewichtigkeit, eine Asymmetrie empfinden: Auf allen Fotos läßt sich die linke Gesichtshälfte als die träumende, sich zurücknehmende, vielleicht dunkle, »weibliche« Seite erleben und die rechte Hälfte als forsch, männlich, cholerisch. Und Zeitgenossen haben ihren Augenausdruck entsprechend bipolar beschrieben: ebenso träumend wie unbezwingbar. Bis zum Familiennamen mütterlicherseits finden wir eine Anspielung auf diese Ungleichgewichtigkeit: »Cerveaux« (der Name des geliebten Großvaters) heißt wörtlich »Gehirnhälften«. Diese aber sind nicht symmetrisch, weder anatomisch noch funktionell, wohl aber polar aufeinander bezogen. Und dann nehme man hinzu Camilles frühe Obsession, Hände und Füße zu modellieren, also paarweise Körperteile, die auch polar aufeinander bezogen sind, und deren Aufgabe es ist, diese polare Asymmetrie im Handeln so einzusetzen, daß ein gleichgewichtiges Tun entsteht, eine Ganzheit. Eben damit ist etwas von Camilles Lebensziel angesprochen: die beiden ungleichgewichtigen Pole in Einklang zu bringen. In der Kunst hat sie es erreicht, im Leben nicht, worauf eben schon das Hinken hinweist.

Rodin scheint gespürt zu haben, worum es ging: Im »Abschied« versinkt Camille jeden Augenblick im Stein, die beiden Hände sind zum Zerreißen gespannt oder zusammengedrückt: die zwei Pole geraten in höchste Spannung aneinander. Einen Ausgleich wird es nicht geben. Die Spannung ist groß. Es wird zu einem Absturz nach innen, einer Implosion kommen. Camille wird sich nicht aktiv über diese »hinkende« Polarität in ihrem Leben stellen können, sondern wird dem zweiten Pol auf die Dauer passiv ausgeliefert sein.

Zahlenzusammenhänge

Wenn wir den Zeitpunkt der Begegnung mit Rodin, etwa Mitte 1883, als ein entscheidendes Ereignis im Leben dieser Frau ansehen wollen, so finden wir von da ausgehend, daß sich weitere wesentliche Ereignisse jeweils im Abstand von fünf Jahren oder geraden

Vielfachen davon einstellen: 1888 entsteht »Shakuntala«, gleichzeitig zieht Camille aus der elterlichen Wohnung aus, nachdem sie sich zu Rodin bekannt hat. 1893 ist der erste Trennungsversuch, 1898 der zweite. Zehn Jahre später hat sie ihre letzte (von ihr selbst gar nicht mehr besuchte) Ausstellung, zum letzten Mal in ihrem Leben werden ihre Werke in der Öffentlichkeit gezeigt. Fünf Jahre später stirbt der Vater, Camille wird sofort zwangsinterniert. Zwanzig Jahre später muß sie sich einer Notoperation unterziehen, zehn Jahre später stirbt sie. Ferner haben wir hier das erstaunliche Phänomen, daß sich diese Zahlenverhältnisse lange nach ihrem Tod wieder einstellen: Die zu Lebzeiten in ihrer Eigenständigkeit kaum wahrgenommene Künstlerin wird 1983, vierzig Jahre nach ihrem Tode, wiederentdeckt. Das bis dahin völlig unbekannte Bild »Mädchen mit Tauben« taucht auf, erste Bücher werden über Camille Claudel geschrieben. Fünf Jahre später entsteht der Film mit Isabelle Adjani.

Wenn man in diesen Zahlenverhältnissen nicht einfach Zufall sehen möchte, sondern bereit ist, den Gestaltungswillen einer Biographie auch in ihrer zeitlichen Strukturierung zu sehen, so stoßen wir mit diesem 5er-Rhythmus wieder auf das Thema der spannungsgeladenen Polarität. Die Zahl 5 ist in den esoterischen Traditionen zunächst die Zahl der Spannung zwischen den Geschlechtern. Im Mineralreich, wo es keine Geschlechtertrennung gibt, kommt die Zahl 5 nicht vor. In Zusammenhang mit diesem Bezug zu Geschlechtertrennung ist die 5 auch die Zahl der Krise, der polaren Spannung überhaupt. Sie ist die »soziale Zahl«, wobei »sozial« hier nicht gemeint ist im Sinne des Sich-Engagierens für andere, sondern im Sinne des spannungsvollen Bezogenseins auf den anderen, den anderen des anderen Geschlechts. Entsprechend ist die 10 (und damit das gerade Vielfache der 5) die Zahl der Einheit, der Geschlechter *im Irdischen*, die Zahl der Aussöhnung, der Harmonie zwischen Mann und Frau.

Bringen wir dies nun in Zusammenhang mit einer anderen Zahl, die wir auch in dieser Biographie als zeitliche Strukturierung finden: 1881 richtet Camille sich ihr eigenes Atelier ein, ein äußeres Zeichen ihrer Berufung. Kurz zuvor im gleichen Jahr ist Athanasius Cerveaux gestorben, der geliebte Großvater. Zwölf Jahre später

44

trennt Camille sich zum ersten Mal von Rodin. Zwölf Jahre später trennt sie sich von ihren Werken, indem sie, soweit noch in ihrem Besitz, diese zertrümmert. Wiederum zwölf Jahre später heiraten und sterben Rodin und Rose Beuret. Zwölf Jahre später stirbt die Mutter. Wir finden also die 12-Zahl. Anders als die 10, die die Einheit im Irdischen meint, spricht die 12 die Vollständigkeit, die Einheit einer Vielfalt *im Geistigen* an. 12 ist die Zahl der Autonomie durch Integration mehrerer Einseitigkeiten. Die 12 spricht hier also das aus, worauf das Schicksal dieser Frau hinauswollte: die Vollständigkeit, die Ganzheit durch Hinzunahme eines männlichen Elementes.

Camille lebte in der Spannung zwischen beiden Zahlenstrukturen, die sich übrigens überschneiden im Jahr 1893, dem Jahr der ersten Trennung.

Die 12 als Hinweis auf ein Ideal, ein Lebensziel, erscheint auch noch in anderen Bezügen in dieser Biographie. Rodin ist 24, 2 x 12, als Camille geboren wird. Damit stellt sie sich zu Rodins Schicksal im Sinne der 12. Im gleichen Jahr aber begegnet er Rose Beuret, mit der er eine Gemeinsamkeit im Sinne der 10 hat. Camille selbst schafft mit 24 »Shakuntala«, ein Werk das ihr mit der 12 gemeintes Lebensziel am klarsten formuliert. 12 Jahre zuvor machte sie Büsten von Herrschern.

Die 12 rechnet sich von hier aus aber nicht weiter, was eigentlich auch verwundert hätte, da sie ja das in der 12 Angesprochene eben nicht in ihrem konkreten Leben erreicht. Nur in dieser Plastik hat sie es erreicht. Auch der 5er-Rhythmus rechnet sich nicht von Anfang bis Ende durch, sondern beginnt im Jahr der Begegnung mit Rodin. Auch das erscheint sinnvoll, da sie durch diese Begegnung erst in die polare Spannung der Geschlechter kommt. Angetreten ist Camille aber mit dem Bezug zur 12, die eben nicht die polare Spannung zwischen den Einseitigkeiten, sondern deren Integration meint. So kann man den Eindruck haben, daß *die Begegnung mit Rodin sie abbringt von dem Strukturierungsgesetz, mit dem sie angetreten war.* Der eigene Rhythmus, die 12, endet schon nach der zweiten Wiederholung 1888, mit »Shakuntala« und der »Büste von Rodin«. Hier, 1888, überschneidet sich der 12er-Rhythmus mit dem 5er-Rhythmus, der durch Rodin in ihr Leben kommt, und wird von diesem abgelöst. In »Shakuntala« endet und beginnt etwas: Ihr eigenes Lebensthema, ihr Schicksalsziel kommt gestalterisch zum Höhepunkt und wird doch gleichzeitig so mißverstanden von Rodin, daß ihre Lebenswege plötzlich eine ganz andere Struktur, Rodins Struktur, die der 5, und damit eine andere Wendung nehmen.

Der 12er-Rhythmus, der 1881 noch einmal einsetzt, könnte als ein Neuansatz des Lebensthemas »Autonomie durch Integration der Einseitigkeiten« oder »weibliche Souveränität durch innere Verbindung mit dem männlichen Element« aufgefaßt werden, denn 1881 gründet Camille ihr eigenes Atelier: Sie hat sich, in künstlerischer Hinsicht, zunächst durchgesetzt, ist »angekommen«. Es ist ihre Geburt als eigenständige Bildhauerin. Insofern würde es einleuchten, daß ihr Lebensziel in die zeitliche Strukturierung der Biographie noch einmal neu eingreift. Dieser zweite 12er-Rhythmus weist aber auf die Tragik dieser Unabhängigkeit hin. Es ist tatsächlich eben doch nicht die Unabhängigkeit durch Integration der Einseitigkeiten, wie sie im ersten 12er-Rhythmus, der bei der Geburt einsetzt, gemeint war, sondern es ist die Unabhängigkeit durch Verlust: 1881 stirbt der Großvater, 1893 verliert sie Rodin (wenn auch auf eigenen Beschluß), 1905 zerschlägt sie ihre Schöpfungen, 1917 heiratet und stirbt Rodin (noch einmal ein doppeltes Verlieren dieses Widerparts), und 1929 stirbt die Mutter, die sie nie richtig angenommen hatte, der gegenüber sie immer einsam gewesen war, und die als erste Camilles Berufung nicht akzeptiert hat.

So müssen wir als entscheidenden Bruch in Camille Claudels Biographie nicht den Ausbruch des Wahnsinns und auch nicht die Trennung(en) sehen, sondern die *Begegnung mit Rodin.* Camilles Ringen um Autonomie als *innerseelischer* Integration von Einseitigkeiten verlagert sich in der Begegnung mit Rodin *nach außen.* Jetzt suchen sich nicht mehr Weibliches und Männliches in einer Seele zu verbinden, sondern jetzt suchen ein Mann und eine Frau leidenschaftlich und kämpferisch ihre Vereinigung im Irdischen. *Camilles Lebensthema veräußerlicht sich in der Begegnung mit Rodin.* Aus der Qualität der 12 wird die Qualität der 10. Sie ist jetzt abgelenkt, abgezogen von ihrem ursprünglichen Lebensthema, das sie in »Shakuntala« künstlerisch noch erreicht.

Die Begegnung mit Rodin liegt präzise in Camilles erstem Mondknoten, der ja der Schnittpunkt ist von alten, mitgebrachten Seelenkräften, die man bis dahin einfach ausleben konnte, und neuen, nun zu erringenden Fähigkeiten. Leider ist die Dokumentenlage sehr lückenhaft, so daß wir den genauen Zeitpunkt der Begegnung nicht mit Sicherheit festlegen können. Es spricht einiges dafür, daß sie kurz vor dem ersten Mondknoten stattfand (Mitte Juli 1883), da Boucher seine Reise nach Rom im Frühsommer angetreten haben dürfte, dessen Bitte um Vertretung ja der Anlaß für die Begegnung gewesen war. Wenn dieser Zeitpunkt tatsächlich vor dem ersten Mondknoten lag, würde das die Auffassung noch unterstützen, daß Camille dadurch abgezogen wurde von eigenen ursprünglichen Schicksalsentwürfen, die auf eine innerliche Lösung der Autonomiefrage gezielt hätten.

Mit dieser Auffassung, wonach die Begegnung mit Rodin Camille Claudel von einem eigenen innerseelischen Weg abgezogen hat, gewinnt auch ihr späterer Wahn, Rodin nehme ihr etwas weg, einen neuen Wahrheitskern: Rodin nimmt ihr (natürlich nicht absichtlich und nicht schuldhaft) etwas Wesentliches von ihren Schicksalsmöglichkeiten weg. Wir können von hier aus *einen* Bezug finden zu der um die Zeit der Trennung geschaffenen Plastik »Perseus und die Gorgo«. Perseus tötet ja, dem Mythos zufolge, die Medusa in einem schwangeren Zustand. Darin mag, schicksalsmäßig, eine Anspielung liegen auf die von einigen Autoren vermuteten Abtreibungen; auf jeden Fall aber haben wir mit dieser Auffassung der Begegnung zwischen Rodin und Camille noch einen Sinnbezug, der eine andere Schicksalsebene anspricht: Medusa kann ihr Eigenes nicht mehr gebären; sie wird enthauptet, bevor sie das Eigene auf die Welt gebracht hat.

Werkvergleich Claudel – Rodin

Der Werkvergleich kann die Auffassung, Camille Claudel habe auf eine ganz andere Daseinsebene gezielt als Rodin, anschaulich machen: Rodin interessiert sich für die Bewegung, für das Körperliche

der Bewegung. Die Paare in »Der Kuß« (1886) oder »Ewiger Frühling« (1884) begegnen sich in ihrer Körperlichkeit. Rodins Interesse
war die Nacktheit, die Fleischlichkeit. Seine Aktmodelle mußten
nicht in festgelegten Posen verharren, sondern hatten sich in seinem Atelier ständig zu bewegen. So kommt es zu dem Effekt, daß
Rodin das Körperliche von außen ergreift; seine Seelengeste ist der
Griff des plastizierenden Auges nach dem nackten Modell. Ganz
anders nun Camille Claudel: Wir finden hier in den Plastiken zunächst eine Tendenz zum Innehalten in der Bewegung. Ihre Figuren horchen mehr in sich hinein, als daß sie ihren Körper zeigen
wollen. Sie sind nicht nackt, weil sie in Fleischlichkeit verliebt sind,
sondern weil sie schutzbedürftig sind. Die Nacktheit in Claudels
Plastiken meint eine vollständige Hingabe, aber auch ein Ausgelie-
fert-Sein, ein Sich-Aussetzen, das mit dieser Nacktheit verbunden
ist. So ist, obwohl immer wieder zusammengeschaut als zwei Vari-
anten des gleichen Themas, »Der Kuß« von Rodin eben etwas völlig anderes als »Shakuntala« von Camille Claudel. Man kann den
Eindruck haben, daß Rodin Camilles Innerlichkeit nicht versteht.
Die Gesten ihrer Statuen und deren Haltungen dürften bei Camille
selbstempfunden sein. Bei Rodin scheinen sie eher von außen ge-
nial beobachtet. So sind Camilles Paare frei von jeder Lüsternheit,
während es andererseits folgerichtig scheint, daß in den fünfziger
Jahren die ersten schwülen Bücher zur »Ehehygiene« sich auf ihrem Einband zierten mit einer Paar-Plastik von Rodin.

Camille erreicht in »Shakuntala«, in »Der Walzer«, »Gebet«
(»Psalm«), »Die Flehende« eine Innerlichkeit, die das Leibliche
nicht als solches darstellt, sondern zum Träger macht einer Sehnsucht, welche über das Leibliche hinaus will, dieses aber andererseits als Widerlager braucht. Camilles Sehnsucht, ihre Hingabe
richten sich auf ein innerliches Verbundensein mit dem Männlichen. Rodin aber scheint diese sich hingebende Sehnsucht nur äußerlich nehmen zu können, und dann bekommt sie einen Geschmack von Unterwerfung. Mit Rodin konnte Camille das
letztlich nicht erreichen, worum es ihr ging, wohl aber in ihren
Plastiken. Rodins einseitige Männlichkeit verwies sie auf die Einseitigkeit ihres Frauseins. Der Werkvergleich zeigt das grundsätzli-
che Mißverständnis zwischen beiden.

Andererseits zeigt der Werkvergleich aber auch das Gefährdete dieser Sehnsucht der Bildhauerin. Ihr Streben hat einen Zug weg von der Wirklichkeit des konkreten Lebens, das zunächst eben nur fleischlich sein kann. Wir erkennen dieses Element des Wegstrebens aus dem Irdisch-Fleischlichen daraus, daß viele ihrer Plastiken in Gestaltung und Gestik sehnend und suchend über das hinausweisen, was sie zunächst sind. Es ist oft eine Geste da, welche die Figur zu etwas außerhalb ihrer selbst Liegendem, über ihr Liegendem hinstreben läßt. Am deutlichsten in der »Flehenden«, in »Shakuntala« und »Niobe«, aber auch in solchen späteren Arbeiten wie »Die Welle«, »Die Schwätzerinnen«, »Traum am Kaminfeuer« finden wir dieses Über-sich-Hinausgehen, oft auch mit negativem Vorzeichen: Dann wird aus diesem Sehnen ein Sich-fallen-Lassen in den Schmerz. *Eine Tendenz sich zu verlieren kennzeichnet Camilles Plastiken.* Von dem Hinsinken, wie es in »Shakuntala« formuliert ist, ist es nicht weit zu dem Versinken, wie es Rodin wahrgenommen hat im »Abschied«.

Rodin andererseits zeigt das, was er zeigt: den Leib. Rodin verehrt das Leibliche und findet im Leiblichen das Höhere. Rodin ist mehr da als Camille; er ist irdischer. Er hat eine andere Präsenz im Leiblichen als sie, eine Präsenz wiederum, die sie sehr genau auffassen und darstellen kann in »Rodins Büste« (entstanden im gleichen Jahr wie »Shakuntala«). Es ist Camilles einzige Plastik, die wuchtig ist; selbst ihre Herrscher- und Giganten-Büsten waren das nicht. Es ist ihre irdischste Plastik.

Wir finden dieses Streben über sich selbst hinaus auch im Gestalterischen: Eine Art Fortsetzung der Plastik nach oben, ins Weite legt sich nahe durch den meist sehr betonten Haaraufbau, durch ein Tücherarrangement oder sonstiges Beiwerk. Im »Reifen Alter« ist es der wehende Mantel, in »Niobe« ist es das aufgelöste Haar und der nach unten zerfledderte Baum, auf den Niobe sich, noch, stützt. Die Seele hält sich nicht im Leiblichen.

Und das ist eben die andere Seite von Camilles Innerlichkeit. In ihrem Streben nach Autonomie lag auch etwas darin von Sich-nicht-Einlassen auf die Einseitigkeiten des Geschlechts. Sie sucht ihren Weg nicht durch diese Einseitigkeit hindurch, sondern darüber hinweg. Der Irdischere Rodin konnte das nicht verstehen.

Das Haar- und Schlangenmotiv

Das Haar- und Schlangenmotiv in Camille Claudels Schaffen ist besonders geeignet, die Gefährdetheit ihres Strebens zu zeigen. Camille unterlag einer ausgesprochenen Obsession, was Haargestaltung an ihren Plastiken, aber auch was die eigene Haartracht betraf.

Es ist zunächst nichts Besonderes, wenn wir auf den Fotos von Camille feststellen, daß sie einen sehr aufwendigen Kopfputz trägt. Das war damals so üblich. Schaut man dann aber die Haargestaltung ihrer weiblichen Plastiken an (und nur die weiblichen sind in dieser Hinsicht auffällig), so möchte man doch einen intimeren Bezug zum Haar, zur Frisurgestaltung annehmen. In den frühen Plastiken bis zur Trennung finden wir das Mädchen- und Frauenhaar meist geflochten und auf dem Kopf gebunden vor. So trägt in »Shakuntala« die Pomona ihr Haar als geflochtenen Kranz. Dies vermittelt den Eindruck einer gewissen Geordnetheit, einer inneren Gesammeltheit. Dann aber tauchen Haargestaltungen auf, die wie Auflösungen, Chaotisierungen dieser Geordnetheit anmuten. Bei »Niobe«, nach der Trennung geschaffen, lösen sich die bei »Shakuntala« noch gehaltenen Haare auf, und die Figur, die ja die gleiche ist wie in Pomona, verliert sich vom Kopf her in ihren Haaren nach unten. Und am eindrücklichsten stellt es sich in »Klotho« dar, deren Haare, die ja, dem Mythos zufolge, Schicksalsfäden sind, in langen Strähnen vom Kopf her über den Leib sich schlängeln und den Eindruck vermitteln, daß Klotho sich darin verstrickt. Auch in der Version der »Flehenden«, die Camille »Entflogener Gott« nannte, erscheint die gleiche schlangenartige Haargestaltung bei der jungen Frau wie bei Klotho.

Auf den Fotos dieser Jahre stellen wir fest, daß Camille ihre eigenen Haare mit Bändern und Schleifen zusammenhält, also einem äußeren Hilfsmittel, das die Geordnetheit der Haartracht aufrechterhält, die drohende Auflösung aufhält.

Dann steigert sich diese Obsession zur Medusa, die in »Perseus und die Gorgo« ebenfalls dem Mythos entsprechend überhaupt Schlangen statt Haare auf dem Kopf hat. In dieser Zeit steigerte auch Camille ihren persönlichen Bezug zu ihrem Haar: Immer mehr Bänder, Schleifchen und Federn in allen Farben durchzogen ihre Frisur.

Ein Foto von Camille läßt hier eine seltsame Entsprechung erkennen: Sie steht in ihrem Atelier hinter ihrer Plastik »Perseus und die Gorgo«. Der Aufbau der Schlangen auf Medusas Haupt entspricht merkwürdig genau dem Haaraufbau auf ihrem Kopf. Der Kopf- und Kopfaufbauumriß sind deckungsgleich. Und Medusas Gesicht ist ein Selbstporträt von Camille.

Was hat es mit diesem Schlangenmotiv auf sich? Zunächst ist das Schlangenmotiv für einen damaligen Künstler, der sich mit klassischer Mythologie auseinandersetzt, nichts Ungewöhnliches. Wir finden es auch schon bei Rodin, unter anderem in »Der Bildhauer und seine Muse«: Die Haare der Muse legen sich hier schlangenartig über den Kopf des Bildhauers. Es wirkt wie ein Vereinnahmen, Festhalten, Gefangennehmen des Bildhauers durch die Muse. Hans Egli und Hans-Werner Schroeder folgend[13], können wir die Schlange als ein Bild der Ichheit, des Selbstbezugs, auffassen. Die Schlange kann sich an jedem Punkt ihres Körpers selbst berühren. Sie ist das Bild der Ichheit, und zwar der selbstbezogenen, abgekapselten Ichheit. Sie ringelt sich ein und kann sich ganz auf sich selbst zurückziehen. So liegt es nahe, die Schlange hier als eine Karikatur des Autonomiemotivs aufzufassen. In der Schlange ist Autonomie nicht als Souveränität vorhanden, sondern durch Abkapselung und Selbstbezogenheit. Von daher mag es einleuchten, daß die Schlange auch zum Bild des Wahnsinns wird. Durch ihre extreme Selbstbezogenheit kann die Schlange sich völlig loslösen von der Realität. Sie lebt in einer Sphäre des Sich-in-sich-selbst-Verstrickens. Sie sieht kaum und hört nichts, sondern nimmt fast nur über Vibrationen, also Körperempfindungen wahr, das heißt aber, wenn sie die Realität wahrnimmt, spürt sie immer auch sich. Sie kann eigentlich nicht anders, als sich zu spüren, wenn sie Realität wahrnehmen will. So bringt die Schlage auch das Verhaftetsein ans Körperliche mit. Wenn wir diese Überlegungen nun beziehen auf Camilles Schicksal, ihre Begegnung mit Rodin und den Verlauf dieser Begegnung, so ist der Eindruck schwer abzuweisen, daß in der Obsession für das Haar und das Schlangenartige des Haares etwas unbewußt Prophetisches liegt. Als ob sie unterschwellig das krampfhafte, nach der Trennung verzweifelte Festhalten am Autonomiethema und das Umkippen dieses Themas in den Wahnsinn vorhergesehen hätte, formuliert sie in der Haargestaltung ihrer Plastiken die Gefährlichkeit dieser Einseitigkeit. Es ist, als würde sie spüren, daß ihr Autonomiestreben, ein eigenständiges Ich sein zu wollen, in etwas Selbstdestruktives umkippen kann. Und auch noch das Motiv, am Äußerlich-Körperlichen verhaftet zu sein, das durch Rodin in ihr Leben kommt (siehe voriges Kapitel), schwingt mit.

Schließlich meint man, eine Steigerung des Haar- und Schlangenmotivs im Enthauptungsmotiv zu sehen. Was ist, in diesem Zusammenhang, Enthauptung? Zunächst ist es Rodin, der sehr viele Plastiken geschaffen hat, in denen das Enthauptungsmotiv direkt oder indirekt sich ausspricht. Da sind zunächst die vielen Torsi; dann sind da aber auch »Johannes der Täufer« (1878) und die »Danaide« (1885), bei denen das Enthauptungsmotiv vom Mythos her mitspielt. Johannes der Täufer wird enthauptet, und die Danaide schlägt ihrem Bräutigam den Kopf ab. Sodann haben wir vor uns Kopfplastiken von der Hand Rodins, die nicht einfach Büsten sind, sondern es geradezu betonen, daß *nur* der Kopf anwesend ist. In »Aurora«, »Abschied« (beide Fassungen), »Der Gedanke«, »Puvis de Chavanne« wird durch die Gesamtgestaltung des Werkes eigens darauf hingewiesen, daß der Leib nicht da ist, indem der Kopf auf einem ungestalteten großen Steinblock erscheint, in welchem er zu versinken droht. Die Physis verschlingt den Kopf. Und noch im »Balzac«, jedenfalls in den späteren Fassungen, ist der Leib durch einen weiten Mantel betont verhüllt.

Von Camille sind meines Wissens nur zwei Torsi bekannt; aber in »Perseus und die Gorgo« greift sie das Enthauptungsthema direkt auf. In diesem Zusammenhang wirkt die Enthauptung wie das endgültige Wahnsinnig-Werden, es scheint Selbstverlust, Verlust jeder Selbstbestimmung gemeint. »Kopflos« – das bedeutet, nicht mehr Herr über sich selbst sein. Kopflosigkeit ist noch nicht Tod, sondern meint das lange Ende im Wahnsinn, das Versinken in Wahnsinn und Realitätsverlust. In der Kopflosigkeit steigert sich die Selbstbezogenheit, die ins Einseitige verzerrte Autonomie, zum

Selbstverlust, zum Verlust jeder Autonomie. In der Enthauptung bricht Camilles Lebensthema in sich zusammen.

Man meint, ein Gespräch, Rede und Antwort, in dieser Motivwahl bei Rodin und bei Camille zu hören.

Rodins zwei Jahre jüngere Schwester wurde von ihrem Geliebten verlassen, lange bevor Rodin Camille kennenlernte. Diese Schwester zerbrach seelisch daran; sie ging ins Kloster, drohte verrückt zu werden und starb nach kurzer Zeit. Rodin war außerordentlich erschüttert. Diese Schwester hatte ihn immer beschützt, ihn verteidigt gegen den strengen Vater und an sein Talent geglaubt. Sie starb an einem 8. Dezember. An einem 8. Dezember wurde Camille geboren. Man sieht also die vielschichtige Schicksalsverknüpfung. Rodin erlebt an der Schwester, wie sie kopflos wird nach dem Verlust eines ihr existentiell wichtigen Menschen, und dann erlebt er das gleiche noch einmal an Camille, diesmal als Mitakteur. Solche Schicksalsverknüpfungen können unbewußt hellsichtig machen. Rodin wird Camille vom Schicksal der Schwester erzählt haben, und Camille wird um den Verlust gewußt haben, den Rodin damals erlebte. Dann kommt sie in das gleiche Schicksal hinein. Es ist, als ob beide über diese Schicksalsverknüpfungen ein Gespräch anhand ihrer Motivwahlen führen würden. Camille greift das Schlangen- und Enthauptungsmotiv von Rodin auf; beide haben ihren persönlichen Bezug dazu. Sie antwortet mit ihrem Werk, mit ihrem Schicksal selbst auf einen Aspekt in Rodins Schicksal.

Die Kunst ist doch letzten Endes
das Verlangen, Gott näher zu kommen.
Alexej Jawlensky

Alexej Jawlensky
(1864–1941)

Einleitung

S etzt man sich Jawlenskys Antlitzen aus, so kann im Erleben ihrer kraftvollen Wirkung das Bedürfnis entstehen, sie durch einen Vorhang verhüllen zu wollen. Jawlensky kam im Laufe seiner
künstlerischen Entwicklung dem Ziel seines Wiesbadener Maler-
Freundes Otto Ritschl sehr nahe, der von dem Bild spricht, »das
etwas ist und nichts mehr darstellt«.[1] Die Antlitze zeigen nicht etwas, sondern sie sind Fenster zu einem geistig-seelischen Bezirk.
Durch Jawlenskys Bilder hindurch ahnen und erleben wir diesen
Bezirk.

Dieser geistig-seelische Innenbezirk ist zugleich der Wirkort des
göttlichen Wesens selbst. Zu stark fast drängt das göttliche Licht
durch diese Fensterbilder herein. Wo man plötzlich und unvorbe-
reitet in ein solches Bild blickt, könnte man vor Schreck erstarren.
Nur zu festlichen Zeiten und erhöhten Stunden, nach innerer Vorbereitung, können wir es entgegennehmen.[2] Das Bild erfordert einen aktiven, nachvollziehenden Umgang. »Mit meinen Köpfen
kann man leben, immer leben. Sie sind nicht gemacht, um aufge-
hängt zu sein.«[3]

Dem orthodoxen Christen ist die Ikone nicht dekorativer
Wandschmuck, sondern Einlaßtor geistig-göttlicher Kräfte. So bewahrt er sie an besonderer Stelle und wendet sich ihr nur bewußt

und in betender Absicht zu. Und der Tibeter verschleiert sogar außerhalb der religiösen Umgebung seine heiligen Stoffbilder, um sich nicht unkontrolliert den starken übersinnlichen Kräften auszusetzen. So durfte mit Recht gesagt werden, Jawlenskys Bilder seien Tafeln »für die Altäre einer zukünftigen Religion«.[4] Sie sind kein Wandschmuck, auf den man etwa beiläufig den Blick werfen könnte.

Werden diese Bilder als Fenster zum göttlichen Licht hin empfunden, so zeigt sich bei Jawlensky lebensgeschichtlich die Entfaltung dieses Motivs. Biographische Themen, die zum Teil schon in früher Kindheit auftauchen, verdichten sich im Laufe des Lebensganges bei ihm zu Kunstwerken. So lebt sich der Wesenskern dieses Menschen in der Zeitgestalt seines Lebensganges dar, gestaltet den inneren Rhythmus seines Schicksals und formt zugleich und mit gleichem Gestaltungswillen die künstlerische Tat, das Bild. Der künstlerische Mensch spricht sein Wesen in der Zeit *und* im Raum nach den gleichen inneren Gestaltungsgesetzen aus.

Hier soll dargelegt werden, wie sich die Korrespondenz von Lebensgang und Werk bei Alexej Jawlensky entwickelt und wie diese allmählich eins werden, wobei nicht so sehr die lückenlose chronologische Aneinanderreihung biographischer Einzelergebnisse interessiert, sondern die innere Dynamik ihres Zusammenhangs. Wir fragen nach Stationen in Jawlenskys Lebensgang, in denen dieser individuelle Gestaltungswille sichtbar wird.

Denn Jawlenskys Kunst ist gelebt. Sie ist nicht ausgedacht, sie folgt keinem vorformulierten Programm, sie will nichts beweisen. Das Ideal der Einheit von Kunst und Leben, von vielen damals programmatisch verkündet, bei vielen zur bloßen Ästhetisierung des Alltags abgeglitten, tritt hier mit Größe und erschütternder, zunehmender Klarheit in Erscheinung.

Zunächst aber soll der biographische Rahmen zu Jawlenskys künstlerischer Entwicklung skizziert werden. Dabei kommt es, dies sei nochmals betont, nicht auf strittige Einzelheiten an. Ein Beispiel: Es geht aus der Jawlensky-Literatur nicht eindeutig hervor, wie alt seine spätere Frau, Helene Nesnakomoff, im Jahr ihrer beiden Begegnung ,1895, war. Einerseits gibt es ein 1900 gemaltes Bild mit dem Titel »Helene (fünfzehnjährig)«. Demnach wäre Helene im Jahre 1895 zehn Jahre alt gewesen. Im Ausstellungskatalog Locarno/Emden heißt es aber zu diesem Bild: »Er malte sie aus der Erinnerung, als Fünfzehnjährige, obwohl sie zu diesem Zeitpunkt schon 19 Jahre alt war.«[5] Bei Fäthke[6] wiederum ist Helene im Jahr der Begegnung mit Jawlensky zehn Jahre alt. Bei Weiler[7] ist sie zum Zeitpunkt der Begegnung vierzehn Jahre alt.

Auf ähnliche Schwierigkeiten, die genaue Faktenlage, den genaueren Hergang zu bestimmen, stößt man bei der Episode des Zusammentreffens zwischen Jawlensky und Rudolf Steiner.[8] Es ist für die biographisch-phänomenologische Analyse wenig ergiebig und liegt auch außerhalb der Möglichkeiten des Autors, solche Einzelheiten dingfest machen zu wollen. Es ist vielmehr das in sich stimmige Gesamtbild, worauf es ankommt.

Die vorliegende Arbeit stützt sich in der Hauptsache auf die Standardliteratur über Jawlensky[9] und auf verschiedene Beiträge in Kunstzeitschriften, die einzelne Aspekte behandeln.

Zum Nachschlagen der angesprochenen Bilder möge der Leser den Ausstellungskatalog Locarno/Emden[10] und das Buch von Zweite[11] heranziehen.

Der Lebensgang

Kindheit und Jugend

Alexej Jawlensky, geboren am 26.März 1864 in Torschok/Twer, wuchs in der formgebenden Welt des Militärs auf. Er war das fünfte von sechs Geschwistern. Der Vater, ein Oberst, pflegte bei den vielen berufsbedingten Versetzungen immer die ganze Familie mitzunehmen, so daß die Kinder zunächst kaum irgendwo verwurzeln konnten. Um so offener müssen sie für die strengen, formellen Prägungen des soldatischen Milieus gewesen sein. Jawlensky selbst dagegen erinnert aus seiner Kindheit hauptsächlich Eindrücke von Reisen und fremden Orten.

Alexej war wahrscheinlich fünf Jahre alt, als er in einer ihn über-
wältigenden Weise das Hereinbrechen des Lichts durch die Fenster
erlebte:

»Wir fuhren mit der Eisenbahn und kamen in eine Stadt
Grodno. Es war im Frühling. Wir sind in ein einstöckiges Holzhaus
eingezogen. Am Abend hatte man die Läden zugemacht. Das hatte
ich noch nie erlebt. Morgens früh, als wir wach wurden, war es
dunkel, und nur durch die Spalten der Läden kam die Sonne. Und
plötzlich machte jemand von außen die Läden auf, und im Zimmer
wurde es sonnig und hell, und wir Brüder fingen aus Freude an,
uns gegenseitig mit Kissen zu bewerfen. Dann haben wir die Fenster aufgemacht und sprangen in den Nachthemden aus dem Fenster, um die Kissenschlacht draußen weiter fortzusetzen. Wir liefen
uns gegenseitig nach, um uns zu fangen, und warfen die Kissen, bis
uns die Eltern nach Hause riefen. Das alles spielte sich auf einem
großen Platz mit einer Kirche ab.«[12]

Nur im Sommer jeden Jahres kehrte die Familie auf ihr Landgut
in Kuzlovo zurück, die meiste Zeit des Jahres aber verbrachte sie an
wechselnden Orten Weißrußlands.

Als Alexej neun Jahre alt war, tauchte das Motiv des hereinbre-
chenden Lichts wieder auf, nun aber schon zu einem künstlerisch-
religiösen Erlebnis gestaltet und geformt:

»Nach einigen Tagen Aufenthalt in Aschenstovo brachte die
Mutter uns Kinder in die berühmte polnische Kirche Kostjol, in
der sich eine berühmte Ikone einer wundertätigen Muttergottes
befand. Diese Ikone hatte drei kostbare Überzüge, einen goldenen,
einen mit Korallen und einen mit Perlen und Diamanten. Als wir
kamen, war das Bild mit einem goldenen Vorhang verhüllt. Auf
dem Boden lagen viele Bauern und Bäuerinnen wie gekreuzigt mit
ausgestreckten Armen. Es war sehr still. Plötzlich zerrissen starke
Posaunenklänge die Stille. Ich erschrak schrecklich und sah, wie
der goldene Vorhang zurückging und die Muttergottes in golde-
nem Gewande erschien.«[13]

Die nächste Station war Moskau, wo die Mutter sich nun mit
den Kindern niederließ, um ihnen einen geregelten Schulbesuch
zu ermöglichen. Der zehnjährige Alexej besuchte dort zunächst
ein Gymnasium. Da er mit der lateinischen Sprache nicht zurecht-

kam und auch sonst ein mittelmäßiger Schüler war, wechselte er
nach einem Jahr auf ein Privatgymnasium. Dort gedieh er besser, so
daß er, ganz selbstverständlich zur Offizierslaufbahn bestimmt,
zwei Jahre später in das Internat der Moskauer Kadettenschule eintreten konnte.

Begegnung mit der Kunst.

Mit sechzehn Jahren trat zum dritten Mal eine andere Welt an ihn
heran. Auf der Weltausstellung 1880 in Moskau sah Jawlensky zum
ersten Mal in seinem Leben mit Bewußtsein ein Gemälde. Wie ein
Anruf aus einem ganz anderen Bezirk traf es ihn. Er war zuinnerst
erschüttert. Und er wußte sofort, daß er malen wollte. Das Ideal
der künstlerischen Tat ist mit einem Mal da, wie hereingebrochen.
»Das war der Wendepunkt in meinem Leben. Seitdem war die
Kunst mein Ideal, das Heiligste, nach dem sich meine Seele, mein
ganzes Ich sehnte.«[14]
Von da an verbrachte der junge Kadett, der montags bis samstags
für seine militärische Laufbahn vorbereitet wurde, jeden Sonntag
in der Tretjakov-Galerie, und zwar frühmorgens bis zur Schlie-
ßung am Nachmittag. »Das war für mich ... ein Gottesdienst.«[15]
Jawlensky beschloß, Zeichnen und Malen zu lernen, und machte
sich mit Eifer an diesen Unterricht, der ihn bis dahin nicht interessiert hatte. Er hat wohl schon damals erwogen, eine Malschule zu
besuchen. Als aber 1882 der Vater starb, war schon aus finanziellen
Gründen gar nicht ernstlich daran zu denken. Statt dessen trat er
nun in die Alexander-Militärschule in Moskau ein. Da ihm wissenschaftliche Begabung und Haltung fehlte, mußte er versuchen,
durch Fleiß und Energie zu einem guten Abschluß zu kommen. Er
arbeitete ungeheuer viel für die Schule, stand frühmorgens schon
um drei Uhr auf, um zu lernen. Er strebte einen überdurchschnitt-
lichen Abschluß als Offizier an, um das Privileg zu erhalten, in
Moskau bleiben zu können. Denn er wollte nach der Ausbildung
die Malschule besuchen.
Mit gleicher Sorgfalt und Zähigkeit arbeitete er an der Ausbildung seiner künstlerischen Möglichkeiten. In den Ferien besuchte

er Ausstellungen; einmal verbrachte er die Sommerferien mit dem Landschaftsmaler Jarcov am Ural.

Jawlensky schaffte es: Er konnte nach erfolgreicher Ausbildung in Moskau bleiben und dort als Leutnant in das Samogitische Infanterie-Grenadier-Regiment eintreten. Da er ebenfalls das Privileg hatte, außerhalb der Kaserne wohnen zu dürfen, mietete er sich ein Zimmer bei dem betagten Maler Katalkoff, den er schon als Kadett kennengelernt hatte.

Es stellte sich dann aber heraus, daß ein Offizier grundsätzlich keine Genehmigung zum Studium an der Kunstakademie in Moskau erhalten konnte. Lediglich in Petersburg gab es einige solche Fälle. So betrieb Jawlensky nun seine Versetzung nach Petersburg. Über die kunstbegeisterte Frau des Generalstabschefs Wilitschko gelang es ihm, zu diesem selbst Zutritt zu erhalten. Jawlensky legte ihm seine Berufung zur Kunst und seinen Wunsch, wegen der Akademie nach Petersburg versetzt zu werden, in farbigen, fast malenden Worten auseinander. Der General, einerseits pikiert über Jawlenskys kühnes Auftreten, muß andererseits erkannt haben, worum es hier ging, und gab seine Zusage. Dies war 1888, acht Jahre nach Jawlenskys erster Begegnung mit der Kunst.

Im Jahr darauf wurde er dann nach Petersburg versetzt. Auch hier mußte er zunächst um seine Zulassung zur Akademie kämpfen. Es gelang, und so nahm er nun in Uniform – das war Vorschrift – am Mal- und Zeichenunterricht teil. Dieser gestaltete sich aber wenig befriedigend: Jawlensky mußte ständig antike Gipsköpfe abzeichnen.

Als er aber 1890 Ilja Repin (1844–1930) kennenlernte, den damals gefeierten realistischen Maler, hatte er seinen ersten wirklichen Lehrer gefunden. Repin teilte Jawlenskys Urteil über den öden Akademiebetrieb und führte ihn in lebendiger Weise in die Welt der Kunst und der Künstler ein; durch ihn lernte Jawlensky schnell andere Maler kennen. Im Sommer verbrachte er mehrere Wochen als Gast auf Repins Landgut im Gouvernement Witebsk, wo er Landschaftsbilder malte.

1891 lernte Jawlensky durch Repin dessen Privatschülerin Marianne Werefkin kenne. Repin hatte ihn auf die Peter-und-Paul-Festung in Petersburg mitgenommen. Ihr Vater war hier Kommandant und hatte ihr in der Festung ein Atelier eingerichtet. Marianne Werefkin war vier Jahre älter als Jawlensky und bereits als realistische Malerin berühmt geworden. Diese Frau erkannte sofort das noch gar nicht voll entwickelte Talent Jawlenskys und beschloß, ihn zum Vollstrecker ihrer eigenen künstlerischen Absichten zu machen. Sie wollte ihn zu einem Künstler formen, der das ganz Neue schafft, das weit über den Realismus hinausgeht.

Es entstand zunächst ein Lehrerin-Schüler-Verhältnis, denn sie war die Erfahrenere und Fortgeschrittenere in der Malerei. Schicksalstragend sollte diese Begegnung für beide werden, aber in ganz anderer Weise als von Marianne Werefkin geplant. Zunächst malten sie viel zusammen, hauptsächlich Charakterköpfe, die ja auch Repins Spezialität waren, meist in ihrem Atelier in der Peter-und-Paul-Festung oder auf dem Gut Blagodat in Litauen.

In der Gegend um Kowno überredeten sie litauische Juden, ihnen Modell zu sitzen.[16]

Die gelähmte Hand

Marianne Werefkin hatte sich 1888 bei einem Jagdunfall selbst die Hand durchschossen. Daumen und Zeigefinger waren für immer unbeweglich geblieben. Sie versuchte trotzdem wieder, mit rechts zu malen, und benutzte kleine Halterungen, um Stift oder Pinsel an der rechten Hand zu befestigen. So malte sie damals unter großen Schmerzen.

In dem komplizierten menschlichen Verhältnis, das sich bald zwischen Jawlensky und Werefkin entwickelte, läßt sich ihr Malen unter physischen Schmerzen wie ein Vorgriff auf seine spätere Entwicklung und äußerste Steigerung *seines* künstlerischen Schaffens empfinden. Es scheint, als ob sie ihm *sein* späteres Schicksal hier zeige. Tatsächlich malte sie ihn 1896 auf einem Ganzporträt[17] mit gespreizter versteifter rechter Hand, als ob sie sein Schicksal, die Lähmung, voraussehe (vgl. auch Seite 117). (Es gibt ein Foto von Jawlensky, 40 Jahre später aufgenommen, das ihn in eben dieser Position zeigt, in der gleichen versteiften Handstellung rechts; nur der Zeigefinger steht etwas anders, als ihn Werefkin 1896 gemalt hat.[18])

Wegen der Behinderung an der rechten Hand hatte Marianne Werefkin für die alltäglichen Handhabungen eine persönliche Kammerzofe, Helene Nesnakomoff. Jawlensky lernte die damals wahrscheinlich Vierzehnjährige 1895 auf Blagodat kennen und setzte sie sogleich als Modell ein. Auch diese Begegnung sollte schicksalstragend werden.

München und die Suche nach dem Eigenen

Die künstlerische Entwicklung in Rußland brauchte, das waren jedenfalls die Intentionen Marianne Werefkins, Impulse aus dem Westen. Eine Art Sackgassen-Gefühl muß sich bei einigen Malern eingestellt haben. So war 1896 der Entschluß, nach Deutschland zu gehen, rasch gefaßt, als der Tod von Marianne Werefkins Vater eine solche Umsiedelung auch finanziell ermöglichte. Jawlensky nahm seinen Abschied als Hauptmann, und zusammen mit zwei Akademiekollegen, Grabar und Kardowskj, siedelten Werefkin, Jawlensky und Nesnakomoff nach München über.

Gemeinsam bezogen sie ein Stockwerk in der Giselastraße 23, die beiden russischen Kollegen bezogen im Haus nebenan eine Wohnung. Achtzehn Jahre lebte Jawlensky nun hier.

So setzte Jawlensky zu Beginn der Lebensmitte-Phase noch einmal ganz neu an. Die meisten Münchner Jahre waren Jahre des Suchens und Lernens, des Aufnehmens und Abweisens von Einflüssen. Er und seine beiden russischen Akademiekollegen traten in die Malschule von Anton Azbé ein. »In der Azbé-Schule zeichneten wir bloß immer Kopf und Akt.«[19] Trotzdem brachte für Jawlensky der Unterricht bei Azbé etwas ganz Neues. Während er sich auf der Petersburger Akademie eine geradezu exzessive Detailtreue zu erwerben hatte, und während Repin die charaktervolle

Modellierung von Köpfen lehrte, erfuhr Jawlensky hier »zum ersten Mal von großer Form und Linie«.[20] Die drei russischen Schüler nahmen dies von Anfang an mit großer Souveränität auf. Letztlich aber konnte Azbé Jawlensky nicht zu einem entscheidenen Schritt in seiner künstlerischen Entwicklung verhelfen. So verließ Jawlensky 1899 die Azbé-Schule.

Marianne Werefkin scheint seit der Übersiedlung nach München bis zum Jahre 1902 nicht oder nur wenig selbst gemalt zu haben, um sich ganz der Förderung und Formung ihres Schützlings Jawlensky widmen zu können, der sie in allen seinen künstlerischen Fragen damals zu Rate zog.

1901 reisten Jawlensky und Marianne Werefkin mit Helene auf das Gut Anspaki nach Lettland zu einem Freund. Jawlensky wurde dort von Typhus befallen. Im Januar 1902 gebar Helene auf Anspaki den Sohn Andreas. Nach München zurückgekehrt, versuchte man, die Angelegenheit zu vertuschen. Andreas wurde als »Neffe« von Jawlensky eingeführt, aber jeder kannte die wahren Verhältnisse. Helene lebte nun mit Andreas in dem kleinen Kämmerchen, das sie von Anfang an in Jawlenskys Wohnung innehatte. Der kleine Andreas zeigte früh Talent zum Malen. Vater und Sohn malten oft zusammen, und Jawlensky entwickelte gezielt Andreas Begabung. Jawlensky liebte seinen Sohn auf sehr innige Weise, und durch diese Liebe zum Sohn gewann auch die Beziehung zu Helene immer größeren Ernst.

Die Beziehung zu Marianne Werefkin war völlig anderer Natur. Ihrem formgebenden Willen kam auf Jawlenskys Seite eine große Offenheit und Bereitschaft, zu lernen, entgegen. Ihre Anregungen und Vorgaben nahm er ebenso willig auf wie andere Einflüsse der Münchner Zeit. So können wir die 16 Jahre vom Neubeginn in München bis 1912 als eine Phase der Auseinandersetzung mit verschiedenen Kunstrichtungen und verschiedenen theoretischen Überlegungen auffassen. Wir erleben in dieser Zeit bei Jawlensky eine fast weibliche Offenheit und Aufnahmebereitschaft. Aber es ist auch das andere da: Einflüsse werden auch wieder abgeschüttelt, künstlerische Programme auch wieder beiseitegelegt. Ein starker Wille, das Eigene in all den vielen Assimilationen zu entwickeln, wird zunehmend bemerkbar. Bei aller Offenheit war also auch eine Fähigkeit da, sich nicht beeindrucken zu lassen und in Ruhe den eigenen Weg herauszufinden.

Marianne Werefkin war stets Mittelpunkt dieser suchenden Auseinandersetzung, der Beeinflussungen und theoretischen Erörterungen. Sie hatte schon früh in der Münchner Zeit um sich einen Kreis von Künstlern versammelt, die vom Impressionismus ebenso wegstrebten wie vom Realismus. Man suchte Wege, dasjenige künstlerisch darzustellen, was durch Natur und äußere Wahrnehmung im Inneren des Künstlers entzündet wurde.

Jawlenskys Suche nach dem eigensten Ausdruck wurde zunächst von Marianne Werefkin gelenkt. So organisierte sie zum Beispiel 1903 eine Normandie-Reise, auf der Jawlensky der Kunst van Goghs begegnete.[21]

Van Gogh hatte die Zergliederung der Impressionisten aufgegeben und der Farbe Leidenschaft verliehen. Er konnte aus der Farbe die Form modellieren. Lange war er Jawlenskys Vorbild. Dieser kaufte sich 1908 unter großen finanziellen Opfern das Bild »La maison du Père Pilon«. Zum Einfluß van Goghs auf Jawlenskys Werk und andererseits zu dessen eindeutiger Autonomie gegenüber diesem Einfluß gibt Hahl-Koch im Chiappini-Katalog (1989) interessante Aufschlüsse.

1905 reiste man in die Bretagne. Werefkin und Jawlensky malten dort Landschaften und Köpfe.

Jawlensky, der sich, 41jährig, mit Selbstverständlichkeit als Lernender betrachtete, war erstmals wirklich zufrieden mit den starken gefühlvollen Bildern, die dort entstanden. In seinen Lebenserinnerungen schreibt er darüber: »Im Frühjahr 1905 fuhren wir alle nach der Bretagne an das Meer nach Caranteque. Hier arbeitete ich sehr viel. Und ich verstand, die Natur entsprechend meiner glühenden Seele in Farben zu übersetzen. Ich malte dort viele Landschaften, vom Fenster aus Gebüsche und bretonische Köpfe. Die Bilder waren glühend in Farben. Und mein Inneres war damals zufrieden ... Zum ersten Mal habe ich damals verstanden zu malen, nicht das, was ich sehe, aber das, was ich fühle.«[22] Die bretonischen Bilder sind also so etwas wie der offizielle Beginn seines eigenen Expressionismus.[23]

Durch Vermittlung von Sergej Diaghilev stellte Jawlensky zehn dieser Bilder im selben Jahr in Paris im Herbstsalon aus. Ohne daß Jawlensky direkt dazugehörte, stand er in diesem Jahr doch stark unter dem Eindruck der französischen Expressionisten, die ja im Herbstsalon 1905 ihre erste gemeinsame Ausstellung hatten. Das farbstarke Fühlen dieser Fauves (= Wilden) war es, was bei Jawlensky den eigenen Gefühlskräften Verfügung über seine Farbführung gab. Hierin war er auch in Übereinstimmung mit Marianne Werefkin, die die zukünftige Kunst als eine emotionale Kunst sah. Im Rahmen dieses Herbstsalons lernte Jawlensky Matisse kennen, die Zentralfigur der Fauves. Seine großen vereinfachten Flächen, der Gebrauch der reinen Farbe, der Verzicht auf Licht- und Schattenmodulierung sind Elemente, die sich seitdem auch in Jawlenskys Kunst finden. 1907 und 1911 besuchte er erneut Matisse zu Werkstattgesprächen.

Unmittelbar nach der Ausstellung reisten Jawlensky und Marianne Werefkin in die Provence und begegneten dort der Gauguin-Schule von Pont-Aven. Auch Gauguin hatte dem analysierenden Zugang der Impressionisten die »Synthese« entgegengesetzt und massive Formen entwickelt, die er durch dunkle Konturen voneinander trennte. Jawlensky sah sich in dem bestätigt, was er bei den Fauves verstanden hatte, und entwickelte nun seinen eigenen Cloisonnismus: Das sind die schweren schwarzen Konturen, die er etwa ab 1908 regelmäßig einsetzte. Bis dahin hatte er noch Farbtupfer an Farbtupfer gemalt.

Marianne Werefkin, die inzwischen wieder angefangen hatte zu malen, verwendete schon 1906 dieses Mittel bei ihren Bildern.

Während Jawlensky also von den französischen Expressionisten die Stilmittel übernahm, findet man bei ihm keine Einflüsse aus dem deutschen Expressionismus, auch nicht aus dem Jugendstil, der ja in München immerhin um die gleiche Zeit seine Hoch-Zeit hatte. Jawlenskys weichem, aber mystisch-starkem Fühlen entsprach offenbar das, was er bei Matisse und Gauguin erleben konnte. Der deutsche Expressionismus, und besonders der Jugendstil kamen für sein Empfinden zu sehr aus dem Kopf.

Diesem intellektuellen Element, das ihm gar nicht lag, war er aber tagtäglich ausgesetzt, nicht nur von seiten Marianne Werefkins, sondern auch in dem Kreis, den sie um sich gesammelt hatte. Hier ist besonders Kandinsky zu erwähnen, den Jawlensky schon bei Azbé kennengelernt hatte. Man diskutierte nächtelang und hitzig über neue Wege der Kunst. Die Ideen entstanden im Salon der Marianne Werefkin zuerst im Kopf und wurden dann in die Tat umgesetzt. Jawlensky war vertrautes Mitglied in diesem Kreis und durch seine Anpassungsfähigkeit auch intensiv bei dem, was die anderen formulierten. Doch zeigt seine weitere Entwicklung, daß er letztlich einen ganz anderen, eigenständigen Weg ging.

So ist eben auch zu erkennen, daß er bei aller Offenheit in diesen Jahren genau empfunden haben muß, was ihm gemäß war und was nicht. Und es wäre nicht gerechtfertigt, seine Kunst aus diesen oder jenen Einflüssen herzuleiten oder erklären zu wollen. Vielmehr läßt sich empfinden, daß sich hier eine künstlerische Biographie die Elemente zusammensuchte, die sie brauchte, um sich selbst darzuleben und zu gestalten. Emmy Scheyer, seine spätere enge Mitarbeiterin und sein hauptsächliches Modell für einige Gesichter-Serien, formulierte es später so: »Diese Einwirkungen gingen schnell vorüber, sie öffneten ihm nur die Tore zum eigenen Wege.«[24]

Um überhaupt den eigenen Weg antreten zu können, muß man irgendwo anknüpfen. Marianne Werefkins großes Verdienst liegt darin, Jawlensky durch die Frankreich-Reisen in diesem Sinne an seine eigenen Möglichkeiten herangeführt zu haben. Dagegen stellte es sich immer deutlicher heraus, daß Jawlensky sich nicht würde in eine »Schule« einreihen können und auch nicht Marianne Werefkins Zögling sein könnte. Er wollte nicht das ausführende Organ ihrer künstlerischen Ideen sein. Für sie lag darin eine tiefe Tragik, der sie in ihren Tagebüchern beredten und klagenden Ausdruck verlieh.[25]

Für Jawlensky ging es um die allmähliche Herausschälung des Eigenen, und das war in dieser Münchner Zeit für ihn eine Ich-Geburt. So war er damals nach der einen Seite Lernender, nach der anderen Seite aber Lehrender. Schon als er noch den Unterricht an der Azbé-Schule besuchte, gab er selbst privaten Malunterricht. Unter seinen Schülern war Franziska Gräfin von Reventlow. Und auch zu Wassily Kandiskys damaliger Gefährtin,

Gabriele Münter, entwickelte sich ein regelrechtes Lehrer-Schü-
ler-Verhältnis.

Alle vier – Kandinsky, Münter, Jawlensky, Werefkin – pflegten
viel zusammen zu malen. So verbrachte man zum Beispiel den
Sommer 1908 gemeinsam in Murnau und malte Landschaften.

Begegnung mit der Theosophie

In diesen Münchner Jahren des Lernens und Suchens setzte
Jawlensky sich auf seine gemüthafte Art auch mit der damaligen
Theosophie auseinander. Der Malermönch Willibrod Verkade, mit
dem er sich damals anfreundete, verehrte Eduard Schuré und
brachte diesen Jawlensky nahe. Kandinsky seinerseits las und diskutierte viel über Rudolf Steiner und brachte die dort aufgenom-
menen Impulse in den Freundeskreis ein, besonders Goethes Far-
benlehre.

Jawlensky selbst war schon immer ein spirituell-religiöser
Mensch gewesen, ohne daß ihn aber die konfessionelle Einbindung
interessiert hätte. Er war gewohnt, den Tag durch eine Lesung meditativer Art einzuleiten, unter anderem mit Tolstois »Buch für alle
Tage«.

Wahrscheinlich hat Jawlensky auch selbst Vorträge von Rudolf
Steiner gehört; andererseits soll ihm Gabriele Münter direkt verboten haben, Steiners Vorträge zu besuchen. Eine Schülerin seiner
Münchner Malklasse mußte ihm ersatzweise ausführlich davon
berichten.

Bei einer persönlichen Begegnung mit Rudolf Steiner auf dem
Münchner Hauptbahnhof äußerte Jawlensky zu Steiner: »Lieber
Doktor, ich verehre, ich bewundere, aber ich verstehe nicht.« Und
Rudolf Steiner entgegnete: »Sie sind ja auch Maler.«[26]

Steiner hat offenbar sofort erkannt, daß Jawlensky seinen eigenen Weg zum Geistigen würde finden müssen. So hat sich Jawlensky die anthroposophische Weltauffassung nie zu eigen gemacht. Damit ist aber nicht gesagt, daß er ihre Inhalte und
Intentionen ablehnte. Vielmehr war ihm das Wissen um eine geistige Welt gefühlsmäßig derart selbstverständlich, daß er den *den-*

kerischen Zugang dazu, wie ihn die Anthroposophie bietet, als fremd empfinden mußte. Er suchte mehr aus einer religiösen Stimmung heraus einen empfindungsmäßigen Zugang zur geistig-göttlichen Welt. »Die Kunst ist doch letzten Endes das Verlangen, Gott näher zu kommen.«[27] Die Kunst selbst schaffte und öffnete ihm das Fenster zur geistigen Welt.

In der Person des Malermönchs Willibrod Verkade lernte Jawlensky 1907 jemanden kennen, der Kunst und Religion in seinem Leben zu verbinden suchte. Verkade, 1868 in Holland geboren, war zunächst Schüler von Sérusier und Gauguin gewesen. Später wurde er Benediktinermönch im Kloster Beuron. Verkade schreibt über seine Begegnung mit Jawlensky: »Von noch größerer Bedeutung wurde für mich die Bekanntschaft mit dem Russen Alexej Jawlensky. In der zweiten Hälfte des Februar lud mich Redakteur Schwarz von der ›Kunst für Alle‹ zu sich ein und stellte mich dem Berliner Maler Curt Herrmann vor. Dieser kannte meine Pariser Freunde, unter anderem Bonnard, der das Porträt seiner Frau gemalt hatte. Im Laufe des Nachmittags nahm mich Herrmann mit zu seiner Privatausstellung im Kunstverein. Während er mir seine neoimpressionistischen Werke zeigte, kam ein vierzigjähriger, etwas gedrungener Mann mit kindlich freundlichem Gesicht auf uns zu. Er rühmte die Ausstellung sehr und sagte, er sei von ähnlichen Bestrebungen geleitet. Beim Abschied hinterließ er seine Adresse und bat uns, ihn an einem Sonntagmorgen zu besuchen. Ich war nicht wenig überrascht, als ich sonntags darauf im geräumigen Atelier Jawlenskys in der Giselastraße stand. An einer Wand hingen eine Reihe sehr farbiger Landschaften und Stilleben, die von einem sehr starken Temperament zeugten. Gleichgesinnte, wurden wir sofort Freunde und hatten großen Spaß aneinander. Ich habe selten in meinem Leben jemand kennengelernt, der ein so vortreffliches Urteil über Kunst hatte wie Jawlensky, der so sicher immer das Beste auszuwählen wußte und solch eine feine Spürnase für das Nächstkommende in der Malerei besaß. Mein neuer Freund war ein lieber, taktvoll-bescheidener Mensch, der das Natürlich-Naive der russischen Seele unverfälscht bewahrt hatte. Die Kunst ging ihm jedoch über alles. Diese aber, richtig geübt, bewahrt und macht weise.

Von jenem Tag an arbeitete ich öfters in dem Atelier des Russen. Das Beste, was ich in meiner Münchener Zeit gemalt habe, ist dort entstanden.«[28]

Bald verbanden sich beide zu einer lebenslangen Freundschaft. Verkade machte Jawlensky mit Serusier bekannt und vertiefte Jawlenskys Verständnis von Gauguin. Später wurde er nach Jerusalem geschickt: Er hatte in Jawlenskys Atelier auch Akt gemalt. Als er dies seinem Beichtvater gestand, entsandte man ihn zur Buße nach Jerusalem, damit er dort eine Kirche ausmalte. Aber brieflich blieben sie in Kontakt.

In dieser Zeit der gedanklichen Auseinandersetzung mit der Theosophie und der Begegnung mit Rudolf Steiners Werk beginnt Jawlenskys erste Gesichter-Serie. Sie entfaltet sich schon in der für ihn charakteristischen Gebetsform: Ein- und dasselbe Thema wird, mit verschiedenen Empfindungsvarianten, immer wieder wiederholt. Schon in diesen zwischen 1908 und 1913 entstandenen, meist fast quadratischen Bildnisköpfen schwingt das religiöse Fühlen schon deutlich mit. Obwohl es noch Porträts sind, zeigen sie in ihrer ikonenhaften und hieratischen Ruhe und Starre etwas Kultisches, Objektives.

Es ist so typisch für Jawlenskys Art, sich mit Einflüssen auseinanderzusetzen, daß er einerseits das religiös-spirituelle Thema aufgreift, andererseits etwas ganz Eigenes daraus macht: kein Programm, keine Theorie, vielmehr zeigt er sein Fühlen gegenüber dem unerschütterlich Überpersönlichen, das mit großer Kraft das Persönlich-Subjektive durchglüht.

Die Neue Künstlervereinigung München

1909 gründeten Marianne Werefkin, Alexej Jawlensky, Alfred Erbslöh, Gabriele Münter, Wassily Kandinsky und andere avantgardistisch Gleichgesinnte die »Neue Künstlervereinigung München«. Auch Alexander Kanoldt und August Macke stießen dazu, aber auch Bildhauer, Literaten, Musiker und der Tänzer Sacharoff, ein Freund Jawlenskys. Das Programm, von Kandinsky verfaßt, arbeitet einen Lieblingsgedanken von Jawlensky aus: »Synthese«:

»Wir gehen aus von dem Gedanken, daß der Künstler außer den Eindrücken, die er von der äußeren Welt, der Natur erhält, fortwährend in einer inneren Welt Erlebnisse sammelt; und das Suchen nach künstlerischen Formen, welche die gegenseitige Durchdringung dieser sämtlichen Erlebnisse zum Ausdruck bringen soll nach Formen, die von allem Nebensächlichen befreit sein müssen, um nur das Notwendige stark zum Ausdruck zu bringen, kurz, das Streben nach künstlerischer Synthese, dies scheint uns eine Lösung, die gegenwärtig wieder immer mehr Künstler geistig vereint. Durch die Gründung dieser Vereinigung hoffen wir, diesen geistigen Beziehungen unter Künstlern eine materielle Form zu geben, die Gelegenheit schaffen wird, mit vereinten Kräften zur Öffentlichkeit zu sprechen.«[29]

Die erste Ausstellung der Neuen Künstlervereinigung München fand in den Räumen der Galerie Tannhauser in München vom 1. bis zum 15. Dezember 1909 statt. Publikum und Kunstkritiker reagierten äußerst feindselig. Auch die zweite Ausstellung im September 1910 wurde geradezu gereizt kommentiert: »Diese absurde Ausstellung zu erklären, gibt es nur zwei Möglichkeiten: entweder man nimmt an, daß die Mehrzahl der Mitglieder und Gäste der Vereinigung unheilbar irrsinnig ist, oder aber, daß man es mit schamlosen Bluffern zu tun hat, denen das Sensationsbedürfnis unserer Zeit nicht unbekannt ist und die die Konjunktur zu nutzen versuchen … Einmal ist ihre Ausstellung, als Ganzes genommen, konzentrierter Unsinn, dann aber findet man außerdem noch eine Synthese aus sämtlichen Unzulänglichkeiten und nichts weniger als entwicklungsfähige Manierismen der Kunst aller Völker und Zonen vor, von den kannibalistischen Naturvölkern an bis herauf zu den Neu-Pariser Decadents … Sollte ich, wie das in unseren Zeitläufen nicht mehr ausgeschlossen scheint, durch eine absprechende Beurteilung dieser Ausstellung für sie unter dem sensationsbedürftigen Teil des Publikums Reklame machen, so sollte mir dies aufrichtig leid tun.«[30]

Diese zweite Ausstellung wurde auch von Franz Marc besucht, der so begeistert war, daß er sich sofort als Mitglied der Neuen Künstlervereinigung einschreiben ließ. Marc wurde kurz darauf in den Vorstand aufgenommen. Zwischen ihm und Kandinsky, der erster Vorsitzender war, entstand eine dauernde Freundschaft, die 1912 zur Grundlage für den Blauen Reiter wurde.

Es zeigte sich schnell, daß die Mitglieder der Neuen Künstlervereinigung keinen einheitlichen Willen hatten. Insbesondere polarisierte Kandinsky mit seinen immer abstrakteren Bildern die Gruppe. Unter dem formalen Vorwand, das Bild sei zu großformatig, lehnte eine Jury innerhalb der Neuen Künstlervereinigung ein Bild Kandinskys für die dritte Ausstellung der Gruppe ab. Kandinsky legte daraufhin am 2.12.1912 den Vorsitz nieder und trat aus. Franz Marc, Gabriele Münter, Alfred Kubin und andere erklärten sich solidarisch.

Jawlensky versuchte zunächst, zwischen den streitenden Parteien zu vermitteln. Schließlich gingen er und Marianne Werefkin auch, beteiligten sich dann aber nicht am Blauen Reiter. Vielmehr kann man empfinden, daß Jawlensky jetzt zu gar keiner Gruppe mehr gehörte Jetzt, 1912, beginnt sein eigenständiger Weg.

Schon der in der Neuen Künstlervereinigung München versammelte Kreis hat stilistisch keine Spur bei ihm hinterlassen. Für Jawlensky scheinen hier eher die menschlichen Begegnungen eine Zeit lang wichtig gewesen zu sein. Das gilt auch für sein Verhältnis zu Kandinsky. Diese beiden Russen haben sich als Maler schon früh nach ganz getrennten Richtungen entwickelt. Das wird bereits in den Murnau-Bildern von 1908 und 1909 deutlich. Trotzdem schätzten sie sich menschlich sehr. Jawlensky gehörte jetzt keinem programmatischen Kreis mehr an. Auch dem Bildungswillen der Werefkin entzog er sich zunehmend, was natürlich zu ernsten Auseinandersetzungen führte. Dies ging so weit, daß Marianne Werefkin Anfang 1914 mit Jawlensky brechen wollte und allein nach Rußland reiste. Jawlensky folgte kurz darauf, um seine Mutter und seine Geschwister wiederzusehen, und suchte nun, wieder in Rußland, die Aussprache mit Marianne Werefkin. So kehrten sie Mitte 1914 gemeinsam wieder nach München zurück.

Kaum wieder in München, brach der Erste Weltkrieg aus, und Jawlensky und seine komplizierte Familie wurden als Russen mit sofortiger Wirkung ausgewiesen. Möbel, persönliche Gegenstände, die Katze, selbst eigene Bilder, Bilder von Malerfreunden, auch den van Gogh, den er so geliebt hatte, mußten sie zurücklassen und durften nur mitnehmen, was ins Handgepäck paßte. Hals über Kopf fuhren sie nach Lindau.

»Als wir vom Bahnhof Lindau bis zum Dampfer gehen mußten es waren ungefähr nur ein paar hundert Schritte, und wir waren zwanzig Menschen, umringt von Soldaten mit Gewehren, da hat die Menschenmenge, die an der Straße stand, geflucht und auf uns gespuckt und wollte ganz nahe an uns heran. Ich war furchtbar aufgeregt, aber der Soldat, der neben mir herging, sagte immer: ›Seien Sie nur ruhig, wir sind ja da, um Sie zu schützen.‹ Als wir auf dem Schiff waren, konnte ich wieder leicht atmen, als wenn man eine Last von meiner Seele fortgenommen hätte. Es war ein Schweizer Schiff.«³¹

Jawlensky war schockiert über den Haß, der ihm plötzlich entgegenschlug, und er erlebte die überstürzte Übersiedlung in die Schweiz als brutalen Eindruck, der nun auch ein anderes Malen erforderte. Erst sieben Jahre später sollte er wieder nach Deutschland kommen. Die Übersiedlung bedeutete auch die Unterbrechung vieler Freundschaften. Paul Klee, Kandinsky (der nach Rußland zurückging), Münter, Sacharoff entschwanden zunächst aus seinem Gesichtskreis. In der Schweiz hat er nie in derselben Weise Fuß gefaßt.

Durch Vermittlung eines russischen Freundes konnte Jawlensky in St. Préx am Genfer See ein kleines Häuschen mieten. Die Verhältnisse müssen sehr beengt gewesen sein. »In St. Préx haben wir drei Jahre lang gelebt. Unsere Wohnung war sehr klein, und ich hatte kein eigenes Zimmer, nur ein Fenster, das war sozusagen mir. Aber meine Seele war durch alle diese schrecklichen Erlebnisse so düster und unglücklich, daß ich froh war, ruhig an dem Fenster sitzen zu können, um meine Gefühle und meine Gedanken zu sammeln.«³²

Wie schon in der Bretagne, so malte Jawlensky nun drei Jahre lang von diesem Fenster aus den Blick in die Landschaft. Er saß nicht *in* der Landschaft und malte, sondern er erlebte sie vermittelt durch ein Fenster, erlebte ihre Wandlung vom Morgen zum Abend, vom Winter zum Sommer, vom Regenwetter zum Sonnenschein. So entstanden etwa 150 »Variationen über ein landschaftliches Thema«. Auch nach dem Wegzug aus St. Préx arbeitete er noch vier Jahre an dieser Serie. Jede Stimmung, die der Blick in die Landschaft in dem Betrachter am Fenster auslösen kann, wurde aufgezeichnet, Farbfläche neben Farbfläche gesetzt, in dieser Serie ohne schwarze Konturen. Man meint, den inneren Zustand der Auflösung zu spüren, in den Jawlensky durch die überstürzte Übersiedlung zu geraten drohte, und kann vielleicht gleichzeitig sein Bedürfnis nachempfinden, diese Stimmungen *durch das Fenster zu erleben,* um nicht überwältigt zu werden. Hätte er direkt *in* der Landschaft gemalt, so wäre er, gefühlsstark wie er war, im Ansturm der Empfindungen innerlich vergangen.

Emmy Scheyer

Durch eine Ausstellung emigrierter Russen in Lausanne, an der auch Jawlensky mit einigen Arbeiten teilnahm, lernte er 1916 Emmy Scheyer kennen. Emmy Scheyer, 1869 geboren, jüdischer Abstammung, hatte in England, in Belgien und in der Schweiz Malerei, Bildhauerei und Musik studiert. Sie hatte als Pianistin gearbeitet, schon einiges gemalt und sich mit esoterischen Traditionen befaßt. Auf die Begegnung mit Jawlenskys Schaffen reagierte sie ähnlich wie Marianne Werefkin 24 Jahre zuvor: Sie gab ihre eigene Malerei auf, um fortan seine Kunst zu fördern und zu verkünden. Aber anders als Marianne Werefkin wollte sie Jawlensky nicht formen oder bilden; vielmehr nahm sie seinem Schaffen gegenüber eine selbstlose, fast dienende Haltung ein. Sie nahm ihn, wie er war, und sie nahm sein Werk, wie es sich entwickelt hatte, und beschränkte sich darauf, ihn auf seinem Weg zu ermutigen. Es zeigte sich rasch, daß

Jawlensky erst in dieser freilassenden Stimmung zu neuen, eigenen Ausdrucksformen des menschlichen Antlitzes vorstoßen konnte.

So löste sie Marianne Werefkin ab, zu der die Distanz ohnehin immer größer geworden war. Er brachte ihr tiefstes Vertrauen entgegen, so daß er ihr schreiben konnte: »Sie sind der einzige, der meine Kunst so tief versteht.«[33]

Wegen ihrer schwarzen Haare nannte er sie »Galka« (Dohle). Sie wurde sein hauptsächliches Modell für die 1917 einsetzende Serie der »Mystischen Köpfe« und der »Heiligen- und Heilandsgesichter«.

Emmy Scheyer organisierte später Ausstellungen für Jawlensky in zahlreichen deutschen Städten. Ab 1924 arbeitete sie an der Verbreitung seiner Kunst in Amerika, sie vertrat dort Klee, Feininger, Kandinsky und Jawlensky, die sich zu den »Blauen Vier« zusammengeschlossen hatten.

Zürich

Jawlensky hatte in St. Préx etwas Kontakt mit Exilrussen gehabt. Strawinsky zum Beispiel lebte in der Nähe, doch entstand das Bedürfnis, sich in die Hauptstadt der Emigranten zu begeben und dort am kulturellen Leben teilzunehmen: Jawlensky, Helene, Andreas und Marianne Werefkin, die trotz des schon sehr prekär gewordenen Verhältnisses mitging, siedelten 1917 nach Zürich über. »Damals war Zürich von einer Armee von internationalen Revolutionären, Reformatoren, Dichtern, Malern, Neutönern, Philosophen, Politikern und Friedensaposteln besetzt. Sie trafen sich vornehmlich im Café Odéon. Dort war jeder Tisch exterritorialer Besitz einer Gruppe. Die Dadaisten hatten zwei Fenstertische inne. Ihnen gegenüber saßen die Schriftsteller Wedekind, Leonhard Frank, Werfel, Ehrenstein und ihre Freunde. In der Nachbarschaft dieser Tische hielt das Tänzerpaar Sacharoff in preziösen Attitüden Hof und mit ihnen die Malerin Baronin Werefkin und der Maler von Jawlensky.«[34]

Jawlensky lernte in Zürich unter anderem Wilhelm Lehmbruck,

den Bildhauer, und den Komponisten Ferruccio Busoni, Else Lasker-Schüler und Paul Cassirer kennen.

Ascona

Bevor er sich aber in die Züricher Emigrantenkolonie richtig eingelebt hatte, fing Jawlensky sich eine schwere Grippe und ein Lungenleiden ein. Die Ärzte schickten ihn in den Süden, nach Ascona. So siedelten im April 1918 alle vier nach Ascona um. Die komplizierte Familie wohnte im Castello Bezzola. Und wieder war man hier umgeben von Künstlern, Philosophen und Weltveränderern. Hier in Ascona lernte Jawlensky Rainer Maria Rilke kennen.

In Ascona entstand die »Urform« (1918), das erste Bild der Serie der »Konstruktiven Köpfe«. Jetzt, da er den drängenden Einfluß der Werefkin schon ganz abgeschüttelt hatte, trat etwas sehr Ruhiges, Geordnetes, Souveränes in seinen Gesichter-Bildern auf.

Die Beziehungen zwischen Jawlensky und Helene Nesnakomoff einerseits und Marianne Werefkin auf der anderen Seite waren auf dem Gefrierpunkt. Die Baronin war vereinsamt. Da sie seit der russischen Revolution kein Geld mehr bekam, trug sie auch insofern nichts mehr zum gemeinsamen Leben bei. So gab es nur noch Streit und Vorwürfe. Bis auf die Straße hinaus soll man das Gezänk der beiden Frauen gehört haben.[35]

Ende 1920 beschloß Jawlensky, Helene Nesnakomoff zu heiraten. Wie die Dinge lagen, beinhaltete dies auch eine räumliche Trennung von Marianne Werefkin.

An Emmy Scheyer schrieb er damals (9. 1. 1921): »Helene ist sehr gut und groß, aber Marianne war immer nicht gut, ist blind und will nichts verstehen. Sie hat sehr, sehr viel Böses uns getan. Alles ist so klar und einfach. Helene ist so gewachsen, daß sie nicht weiter eine Sklavin sein kann, sie kann das nicht, und darum muß sie sich gleichwertig wie andere fühlen. Und das kann sie durch Heirat. André muß meinen Namen tragen ... Marianne versteht das nicht, sie denkt nur an sich selbst ... Wenn Marianne wird nicht einverstanden mit Heirat, dann fahren wir nach Deutschland ohne sie.«[36]

Eine von Emmy Scheyer organisierte Ausstellung seiner Werke in Wiesbaden hatte besonderen Erfolg. So siedelte er mit Helene und André nach Wiesbaden über. Marianne Werefkin war zutiefst verletzt. Sie konnte ihm nicht verzeihen. Jawlensky suchte auch später noch immer wieder den Ausgleich mit ihr, aber eine Verständigung war nicht mehr möglich.

Zwei Jahre nach der Trennung von ihr schrieb er in seinem unnachahmlichen russisch empfundenen Deutsch darüber: »Ich bin mit ihr auseinander wegen Lebensnot ...«[37] Marianne Werefkin blieb zeit ihres Lebens in Ascona und verwurzelte dort immer mehr bei den Einheimischen.

Wiesbaden

1922 heirateten Helene Nesnakomoff und Jawlensky in Wiesbaden. Er malte in dieser Zeit an der Serie der »Konstruktiven Köpfe«, aber auch die Serie der »Heilandsgesichter« wurde weitergeführt. 1921 und vor allem 1922, in der turbulenten Zeit der Trennung und Umsiedlung, entstand eine Serie von fast japanisch anmutenden Lithographien: sehr graphische, mit wenigen Strichen entwickelte Köpfe in der Art der »Konstruktiven Köpfe«. Es sind meditative Bilder, fast verstummend, von konzentriertester Knappheit. Hier haben wir wieder das Motiv der Ruhe und Besinnung auf das Elementare, Wesenhafte angesichts einer äußerlich sehr bewegten Situation.

Er selbst war nicht zufrieden damit – »... ich habe Angst, daß ich dort zu wenig sage. Meine Sprache ist doch Farbe«[38] – und griff diese Zeichnungen auch nicht wieder auf.[39]

In Wiesbaden hatte Jawlensky durchaus Anschluß an den Kunstbetrieb. Mit dem dort ansässigen Maler Otto Ritschl verband ihn eine Werkfreundschaft. Sie betrachteten gegenseitig ihre Arbeiten. Beide trafen sich auch im gemeinsamen Interesse an indischer Weisheit.

1927 ergab es sich zum dritten Mal, daß eine Malerin nach der

Begegnung mit Jawlenskys Werk ihre eigene Malerei aufgab, um sich ganz der Förderung und Pflege seines Werkes zu widmen. Die Wiesbadener Malerin Lisa Kümmel entschloß sich, Jawlensky alles abzunehmen, was außerhalb der eigentlichen künstlerischen Tätigkeit lag. Sie half ihm bei der Korrespondenz, beim Sortieren seiner Arbeiten. Besonders nach Ausbruch seiner Krankheit war er auf ihre helfenden Dienste angewiesen. 1936 diktierte er ihr seine Lebenserinnerungen.

Die finanzielle Situation war in Wiesbaden desolat geworden. Helene eröffnete einen Schönheitssalon, um das ihre beitragen zu können.[40] Emmy Scheyer konnte damals in Amerika nur wenige Bilder von Jawlensky verkaufen.

Die Krankheit

1929 wurde bei Jawlensky eine Krankheit manifest, Arthritis deformans, die sein weiteres Leben und Schaffen einengen und zugleich steigern sollte. Die Gelenkversteifung schritt sehr schnell voran und war besonders bei Bewegungen schmerzhaft. Trotzdem schaffte es Jawlensky, noch acht Jahre lang, allerdings unter den schlimmsten Schmerzen, weiter zu malen. Da die Krankheit auch teure Behandlungen und Klinikaufenthalte erforderte, gründeten Wiesbadener Freunde – Hanna Bekker vom Rath, Alo Altripp, Mela Escherich und andere – die »Jawlensky-Gesellschaft«, die ihm dann regelmäßig für die notwendigen Behandlungen etwas Geld zukommen lassen konnte. Ein dreimonatiger Aufenthalt in der Klinik des anthroposophischen Arztes Dr. Palmer in Stuttgart und ein anschließender Kuraufenthalt in Pistyan (CSFR) brachten zunächst Erleichterung. Aber wirklich aufhalten ließ sich das fortschreitende Leiden nicht. Ein Brief an die Freundin und Ärztin Dr. Mela Escherich vom 12. 7. 1930 spricht die Situation aus: »Mela, mein lieber, guter Freund. Bitte nicht böse sein, daß ich nur jetzt Ihnen schreibe. Meine Hände, besonders rechte Hand, sind in solche Zustand, daß ich kaum eine Feder halten kann. Sie sehen das von meiner Handschrift. Also bitte nicht böse sein. Ich habe Lisa gebeten, Sie aufzusuchen und Ihnen sagen, daß mir jetzt sehr schwer zu schreiben. Mela, ich bin Ihnen so innig dankbar für das Geld, so gerührt, daß ich keine Worte finden kann, um Ihnen meine Dankbarkeit auszudrücken. Sie haben mir so unglaublich geholfen damit. Niemand macht so großzügig wie Sie. Nur mit meiner Kunst kann ich Sie bedanken. Also, liebe Mela, tausend und tausend Dank. Seitdem Lisa weg ist … war ich immer in Bett. Schreckliche Schmerzen an Hände und Füßen. Ich muß jetzt stundenlang liegen mit gebundenen Händen in Heilerde. Ach, und was macht noch mit mir! Aber die Schmerzen sind immer da und noch was schlimmer ist, ich kann nicht gehen. Oft bin ich ganz verzweifelt.«[41]

Der anthroposophischen Ärztin Dr. Reichert, Kunstliebhaberin und befreundet mit dem Maler, gelang es, Jawlenskys Zustand vorübergehend zu verbessern. Doch schon bald empfand er, daß er nicht mehr lange würde malen können. Seine Bilder wurden dunkel, und einige der typischen »Konstruktiven Köpfe« scheinen zu erzittern, eine Art Auflösung bemächtigt sich der Gesichter. 1933 malte er die letzten »Konstruktiven Köpfe«.

Da begann 1934, Hände und Ellbogen waren jetzt fast durchgehend versteift, noch einmal eine Schaffensphase äußerster Intensität. Da Finger und Hände den Pinsel nicht mehr halten konnten, erfand er eine neue Technik: Er klemmte den Pinsel zwischen beide versteiften Hände, die er wegen der ebenfalls steifen Ellbogen weit vom Körper halten mußte, und bewegte den Pinsel jetzt aus dem Oberkörper heraus. Unter peinigendem Schmerz entstanden so drei Jahre lang die »Meditationen«, aufs Elementare eingeschmolzene Gesichter, durchglüht von Schmerz und göttlichem Licht zugleich.

Etwa hundertmal unterzog er sich dieser Qual, immer acht Bilder zugleich malend, in zwei Viererreihen übereinander, kleinformatig. Da er nur die groben Körperbewegungen aus der Schulter und dem Oberkörper einsetzen konnte, waren ihm nur senkrechte und waagerechte Pinselstriche möglich. So entstanden bis 1937 einhundert mal acht Bilder.

Wie die Ikonenmaler arbeitete Jawlensky betend an den Tafeln. Er vergegenwärtigte sich zunächst eine bestimmte Person, fühlte sich in einen betenden Zustand hinein und malte dann, äußerlich eingeschränkt, aus tiefster innerer Bewegung.

So entstand die letzte Serie von Gesichtern. Es sind vor allem diese Werke, die Jawlenskys eigenes Wort verkörpern: »Ein großes Kunstwerk ist wie ein großer Schreck.« Denn man kann diese Gesichter nicht distanziert an-schauen, sondern man schaut *in* sie hinein. Die Kraft, die dabei empfunden wird, gehört in meditative und betende Situationen. Außerhalb solcher herausgehobenen Stimmungen braucht der Betrachter eine große Standfestigkeit, um sie unverhüllt zu ertragen.

Zwischendurch gab es immer wieder Phasen der Besserung. 1935 konnte Jawlensky sogar nach Bern reisen, um Paul Klee zu besuchen. Doch unerbittlich setzte das Leiden dann wieder ein. Und immer kürzer wurden die Phasen der Beweglichkeit.

Am 6. 6. 1936 schrieb er an das befreundete Ehepaar Nolde: »Meine lieben Noldes, gütige und edle Seelen! ... Es ist nichts zu machen, mein Leben ist schwer, ich muß nur es nicht schwerer nehmen. Ich lebe die ganze Zeit nur in meinem Zimmer, komme nirgends hin, kann nicht gehen, sitze vor der Staffelei, die Palette auf den Knien, Pinsel haltend mit zwei Händen und arbeite, arbeite mit brennendem Gefühl diese kleinen Bildchen und auch etwas größere, ich meditiere, es ist wie mein Gebet. Ich leide sehr, wenn ich arbeite, meine Ellbogen und Hände schmerzen unendlich, bin oft erschöpft und sitze mit Pinsel in Hand, halb ohnmächtig. Und ich arbeite den ganzen Tag und niemand versteht, was ich male ... Ich umarme Sie beide mit meiner Seele, Ihr Alexej von Jawlensky.«[42]

An manchen Tagen bekam er bis zu zwanzig Einspritzungen in die Gelenke oder in den Rücken, was wohl ebenso schmerzhaft war wie das Malen. Fast von Sinnen vor Verzweiflung und Schmerz schrieb er am 25. 11. 1936 an Emmy Scheyer in Amerika: »... Es ist 5 Uhr abends. Ich leide, ich muß viel arbeiten, und ich tue das. Gott weiß wie lange kann ich den Pinsel halten. Ach Gott! Ich arbeite mit Ekstase und mit Tränen in Augen, und ich arbeite solange, bis die Dunkelheit kommt. Dann bin ich erschöpft, und ich sitze unbeweglich, halb ohnmächtig und mit schrecklichen Schmerzen in den Händen, o Gott, o Gott! Ich sitze und die Dunkelheit umhüllt mich und die schwarzen Gedanken kriechen zu mir. Licht! Licht! Und (von) allen Wänden fließen die Farben, und Galka schaut so ernst und so geheimnisvoll in meine Augen ...«[43] Es ist der Ruf nach dem erlösenden Licht, so wie der Fünfjährige vom plötzlich hereinflutenden Licht erlöst wurde, als er sich morgens in völliger Dunkelheit befand.

Äußerlich betrachtet wurde er umsorgt und gepflegt von seiner Frau, seinem Sohn, von Freunden, seinen Schülern. Alo Altripp und Lisa Kümmel bilden eine Hülle um ihn. Trotzdem trifft es auch zu, wenn er empfand: »Ich bin allein.«[44] Denn die Stauung seiner künstlerischen Kraft durch die körperliche Lähmung warf ihn derart auf sich selbst zurück, daß der Schaffensdrang sich nur noch steigerte. Eine solche Eskalation kann aber nicht Gegenstand menschlicher Fürsorge sein. Er war allein damit.

1936 diktierte er Lisa Kümmel seine Lebenserinnerungen, die einen ruhigen versöhnlichen Ton haben. 1937 malte er, weinend vor Schmerz beim Pinselhalten, seine letzten Bilder, als die Nazis ihn zum »entarteten Künstler« erklärten. Schon 1934 hatten sie ihn mit Ausstellungsverbot belegt. Nun entfernten sie seine Bilder aus den öffentlichen Sammlungen und zeigten zwei davon in der Wanderausstellung »Entartete Kunst«.

Ab 1937 konnte Jawlensky nicht mehr malen. Lisa Kümmel schrieb an das Ehepaar Nolde am 18. 10. 1938 über seine Situation: »... Papa Jawlensky geht es gar nicht gut, er liegt immer fest im Bett, kann gar nicht mehr aufstehen, und die Hoffnung in meinem Herzen, daß das doch noch einmal sein wird, wird immer geringer. Er leidet entsetzlich. Immer immer Schmerzen, keine Bewegung ohne, seine Arme und Hände sind steif. Er ist gänzlich auf fremde Hilfe angewiesen. Zu allem hat er jetzt noch eine schwere Krankheit dazu bekommen, bösartige Anämie. Er muß Leber essen, immerzu rohe Leber, das einzige Mittel, das hilft.

Es ist alles so entsetzlich traurig! Seine Güte und Geduld sind die gleichen geblieben, auch sein Geist ist immer gleich lebendig. Arbeiten kann er seit 1937 nicht mehr, und er meint, er hätte noch so viel sagen können. Seine letzten Arbeiten sind von einem erschütternden Ernst, und das ist kein Wunder. Bitte schreiben Sie ihm ab und zu einmal und bringen Sie ihm ein wenig Freude in seine Einsamkeit und seine Schmerzen. Er schickt Ihnen seine herzlichsten Grüße und wünscht Ihnen, Frau Nolde, gute Besserung, Ihnen beiden.

Von mir ebenfalls die herzlichsten Grüße und Wünsche
Ihre Lisa Kümmel.«[45]

Im gleichen Jahr starb Marianne Werefkin in Ascona. Jawlensky hatte seit Beginn seiner Krankheit versucht, eine Versöhnung mit ihr herbeizuführen. Aber es gab keine Ansätze mehr zum Neubeginn. Eines Tages hatte sie ihm lediglich ausrichten lassen, daß sie für ihn bete.

Während seine Frau den nun völlig Gelähmten aufopferungsvoll pflegte, halfen ihm Lisa Kümmel und sein Schüler Alo Altripp, seine Werke zu ordnen. Äußerlich passiv und hilflos nahm er tief empfindenden Anteil am Leben der verbliebenen Freunde. An den Pater Willibrod Verkade schrieb er eine Art Bilanz. Darin heißt es über seine Gesichter-Serie: »Einige Jahre malte ich diese Variationen (über ein landschaftliches Thema; M. W.), und dann war mir notwendig, eine Form für das Gesicht zu finden, da ich verstanden hatte, daß die große Kunst nur mit religiösem Gefühl gemalt werden soll. Und das konnte ich nur in das menschliche Antlitz bringen. Ich verstand, daß der Künstler mit seiner Kunst durch Formen und Farben sagen muß, was in ihm Göttliches ist. Darum ist das Kunstwerk ein sichtbarer Gott, und die Kunst ist ›Sehnsucht zu Gott‹. Ich habe viele Jahre ›Gesichte‹ gemalt. Ich saß in meinem Atelier und malte, und mir war die Natur als Souffleur nicht notwendig. Mir war genug, wenn ich mich in mich selbst vertiefte, betete und meine Seele vorbereitete in einen religiösen Zustand. Ich habe viele, viele ›Gesichte‹ gemalt. Auch ihre Größe ist nur 32 x 42. Sie sind sehr vollkommen in der Technik und strahlen große Geistigkeit aus.

So gingen die Jahre in großer Arbeit. Und dann wurde ich krank und konnte wohl weiter arbeiten, trotzdem meine Hände immer mehr und mehr steif wurden. Ich konnte den Pinsel nicht mehr mit einer Hand halten, mußte beide Hände dazu nehmen, immer mit großen Schmerzen. Mein Format wurde ganz klein, auch mußte ich eine neue Technik finden. Drei Jahre malte ich diese kleinen abstrakten Köpfe wie ein Besessener. Da fühlte ich, daß ich bald ganz aufhören mußte zu arbeiten. Und so kam es auch!«[46]

Am 15. März 1941 starb Alexej Jawlensky. Er wurde auf dem russisch-orthodoxen Friedhof in Wiesbaden begraben.

Adolf Erbslöh, einer der Mitbegründer der »Neuen Künstlervereinigung München«, hielt die Trauerrede.

Biographische Signaturen

Die Suche nach Synthese

Versucht man nun, in einem zweiten Durchgang durch diese Biographie die innere Dynamik ihrer Entfaltung aufzufinden, so fällt zunächst auf, daß Jawlensky sich durchgehend zwischen Gegensätzen, extremen Gegensätzen bewegt. Und indem wir den dadurch entstehenden Spannungsfeldern nachspüren, mag uns die elementare Dringlichkeit eines biographischen Leitmotivs erlebbar werden: Jawlensky suchte die Synthese, den Ausgleich zwischen den Gegensätzen.

Das ihn zutiefst anrührende Erlebnis des Sechzehnjährigen, der zum ersten Mal mit Bewußtsein vor einem Bild steht, stellt ihn unmittelbar in das Spannungsfeld zwischen Soldatentum und Künstlertum. Er beschließt sogleich, malen zu lernen; aber er beschließt nicht, die Militärlaufbahn abzubrechen. So erleben wir schon hier die für Jawlensky so typische Haltung: Gegensätze dürfen kein Entweder – Oder erzwingen, sondern es sollen beide miteinander vereinbart werden können. Jawlenskys Bedürfnis nach Synthese lebt sich dar in dem Versuch, beidem gleichzeitig gerecht zu werden: mit großem Eifer arbeitet er an der Militärschule mit, verlangt sogar mehr von sich als mancher andere, und gleichzeitig nimmt er die Malstudien auf und lebt sich sonntags in die Betrachtung der Kunstwerke ein. Auf der Petersburger Akademie erscheint er dann als der malende Soldat, in Uniform, wie es Pflicht war. Und nach dem Abschluß der militärischen Ausbildung bleibt er mit der gleichen Selbstverständlichkeit bei diesem Beruf, mit der er sich von Repin in die Welt der Kunst und der Künstler einführen läßt. Man erfährt nie, daß er etwa gegen die Militärlaufbahn, gegen das Soldatentum opponiert hätte. Ja, als 1904 – Jawlensky lebt schon acht Jahre in München – der russisch-japanische Krieg ausbricht, überlegt er sich ernstlich, wieder nach Rußland zu gehen, um seiner Pflicht als Hauptmann nachzukommen.[47]

Ein zweites Spannungsfeld, für das er bis an sein Lebensende den Ausgleich gesucht hat, ist mit der Beschreibung skizziert, die Elisabeth Erdmann-Macke von ihrem Besuch im Jahre 1908 gegeben hat: »Jawlensky und Werefkin hatten zwei Atelierwohnungen auf dem gleichen Stock inne. Es war ein seltsames Milieu, ein Durcheinander von altmodischen Möbeln, künstlerischen Dingen, orientalischen Teppichen, Stickereien und Fotografien von Ahnen. Beide stammten aus altem Adel, der Bruder der Werefkin war vor dem Kriege Gouverneur von Wilna. Sie war eine ungemein temperamentvolle starke Persönlichkeit, voll revolutionären Geistes gegen alles Laue und Ängstliche. Wir sahen sie zuerst, als wir in Jawlenskys Atelier eintraten, sie kehrte uns den Rücken zu, eine schmale hochgewachsene Gestalt mit knallroter Bluse, einem dunklen Rock und schwarzem Lackgürtel, im Haar eine breite Taftschleife. Man glaubte, ein junges Mädchen stünde da. Als sie sich umdrehte, sah man das vom Leben geprägte ausdrucksvolle Gesicht einer alternden Frau, die, wenn sie in Begeisterung geriet, mit ihrer rechten Hand, an der der Mittelfinger fehlte ... drohend in der Luft herumgestikulierte. Sie lebten damals in großer Freundschaft miteinander, sie hatte wohl auch die Geldmittel, die zu dem unbekümmerten Künstlerleben nötig waren, aber sie hatte auch die Herrschaft im Hause, sie bestimmte, und nach ihrem Willen mußte alles gehen ...

Jawlensky selbst war ein ungemein sympathischer Mensch voll Güte und Zartheit, ein vollendeter Kavalier, früherer Offizier mit viel alter Tradition. Ich sehe ihn heute noch den Tee eingießen und seine Gäste betreuen und uns seine große Sammlung von alten Glasbildern, die eine ganze Wand seines Ateliers bedeckten, zeigen ...

In einem kleinen Nebenzimmer lebte Helene, eine junge hübsche Person, die still und unbemerkt den Haushalt versorgte und alle täglichen Arbeiten verrichtete, aber nie mit am Tisch saß, wenn Gäste anwesend waren. In dem kleinen Zimmer stand ein Feldbett, eine Nähmaschine, ein Kinderpult, und es waren viele bunte Kinderzeichnungen mit Reißnägeln an der Wand befestigt. Der kleine André, damals sechs Jahre alt, der ›Neffe‹ von Jawlensky, in Wahrheit sein und Helenes Sohn, hatte sie gemalt; Jawlensky zeigte sie uns in Abwesenheit des Jungen mit großem Stolz, aber ein wenig lag immer ein Geheimnis über diesen drei Menschen und ihrer Zugehörigkeit zueinander.«[48]

Bis 1921 lebte Jawlensky mit diesen beiden Frauen, wie sie gegensätzlicher kaum sein können, zusammen. Eigentlich lebte er zwischen ihnen, auch räumlich zwischen ihnen. Aber nicht um das so unterschiedliche Wesen der beiden Frauen geht es hier – Werefkins Kompliziertheit gegen Helenes »Normalität«. Diese beiden Frauen haben auch zwei ganz verschiedene Seiten in Jawlensky selbst geweckt, so daß er durch sie beide in die Spannung kam von Aktiv-Sein und Passiv-Sein, von zupackendem Gestalten und Geformt-Werden.

Marianne Werefkin wird als leidenschaftlich-fordernde, intellektuell überlegene Frau von sprühendem Geist und strengem, autoritären Wesen beschrieben. Daß sie in einem Gefängnis aufgewachsen war – die Peter-und-Pauls-Festung war damals Gefängnis und ihr Vater war Kommandant –, muß sie tief und düster geprägt haben. Ihre Bilder sprechen von dieser Düsternis.

Gustav Pauli, später Museumsdirektor in Dresden, Bremen und München, erinnert sich an den Salon der Werefkin: »... Nie wieder habe ich eine Gesellschaft kennengelert, die mit solchen Spannungen geladen war. Das Zentrum, gewissermaßen die Sendestelle der fast physisch spürbaren Kräftewellen, war die Baronin. Die zierlich gebaute Frau mit den großen dunklen Augen, den vollen roten Lippen und der infolge eines Jagdunfalls verkrüppelten linken Hand [es war die rechte; M. W.] beherrschte nicht nur die Unterhaltung, sondern ihre ganze Umgebung ... Dazu kam aber noch, daß die Baronin ihre zumeist jüngeren Landsleute zu einer hingebenden Freundschaft reizte, indem sie sich ihnen zugleich entzog. Eben dies war ihr Mittel, sie zu beherrschen.«[49]

Jawlensky antwortet beiden. Auf den drängenden, ihn eigentlich überrollenden erzieherischen Ehrgeiz der Werefkin antwortet er mit seiner zuvorkommenden, weichen, offenen Seite: seiner Fähigkeit, zu empfangen. Er antwortet ihr mit einem weiblichen Zug. Sie aber ließ ihm keine Zeit, ein eigenes Tempo zu entwickeln, ungestüm wollte sie das noch Ungeformte, seine Lernbereitschaft, formen.

Eine Liebesbeziehung zwischen Marianne Werefkin und Jawlensky scheint es nicht gegeben zu haben. Schon am Beginn ihrer Begegnung war sie sich im klaren über seine »vielen Frauengeschichten«, und sie selbst war damals eng und gefühlstief mit ihrem Arzt verbunden, der sie heiraten wollte.

Ihr Eros Jawlensky gegenüber ist pädagogisch und männlich: fordernd und geradezu eindringend in seine, damals ihrer eigenen Möglichkeit noch gar nicht bewußte Seele. Sie nennt ihn »den Mann, der vor Gott mein Gemahl ist«.[50] In ihren Tagebüchern (die allerdings weitgehend nur über Fäthke, 1988, zugänglich zu sein scheinen) hat sie ein dramatisches Bild ihrer Versuche und Mißerfolge, Jawlensky betreffend, entworfen. Schon nach wenigen Jahren sah sie ein, daß er nicht ihr Werkzeug werden würde. Sie trennten sich aber nicht, vielmehr nahm die Beziehung einen leidvollen, wechselseitig belastenden Charakter an. Es berührt seltsam, daß diese beiden so unterschiedlichen Menschen solange nicht voneinander lassen konnten. Auch hier verbleibt Jawlensky über Jahre in der Polarität, wie er zuvor in der Polarität Künstlertum-Soldatentum verblieben war.

Die andere Seite des Gegensatzes rief Helene Nesnakomoff in ihm hervor. Tochter einer freien Kosakenfamilie, lag ihr Wesen im Dienen und Zur-Verfügung-Stehen. Als Patenkind von Marianne Werefkins Vater war sie ursprünglich zu dieser geschickt worden, Umgangsformen zu lernen. Tatsächlich wurde sie aber sogleich als Zofe und Dienerin eingesetzt, um Marianne Werefkins Behinderung an der rechten Hand zu kompensieren. Sie war wahrscheinlich 21 Jahre alt, als sie Andreas zur Welt brachte. Sie hatte wenig formale Bildung, war aber auf ihre Art sehr erfahren und verstehend. Sie war in München der gute Geist des Hauses, war sich für nichts Alltägliches zu schaden, während Marianne

Werefkin das Gewöhnliche verachtete, und blieb immer im Hintergrund.

»Nesnakomoff« heißt »Unbekannte«. Helene blieb letztlich immer die Unbekannte an Jawlenskys Seite und war völlig unscheinbar. Und doch ist sie eingegangen in seine Kunst und hat ihn zu zahlreichen Bildern und Studien angeregt, ist ihm von Anfang an immer als Modell verfügbar gewesen. Wo Marianne Werefkin ihn mit ihrem Intellekt ungestüm zu bestimmten Bildern und Malweisen drängte, da regte Helene Nesnakomoff ihn durch die Art ihres Daseins, ihre Toleranz, ihre intuitive Weisheit zu enormer Produktivität an. Ihr antwortete er mit der männlichen Seite seines Wesens.

So hat sie, auf ihre Art, ohne es vorher als Programm verkündet zu haben, mindestens ebensoviel zu seiner Kunst beigetragen wie Marianne Werefkin, die seine Förderung geradezu zu ihrem Lebensinhalt erklärt hatte.

So führt also die Polarität der beiden Frauen, zwischen denen Jawlensky jahrelang ausgleichend stand, zu einer Spannung in ihm zwischen seinem männlichen und weiblichen Seelenteil. Marianne Werefkin war sich durchaus bewußt, daß sie seine weibliche Seite ansprach, und charakterisierte sich selbst mit den Worten: »Wie ein Mann denke und fühle ich«[51] und »Ich bin mehr Mann als Frau«[52].

Etwas Unechtes in der Rollenaufteilung, und damit in der Beziehung zwischen ihr und ihm, scheint auf. Dieses Unechte drückt sich in einer kleinen Porträtserie aus, für die der Tänzer Sacharoff Modell gestanden hat. In einer seltsam ungesunden, fast morbiden Weise staffiert Jawlensky den Tänzer mehrmals als Frau aus und malt ihn entsprechend. Alle diese Bilder (Beispiel »Weiße Feder«, 1909; »Bildnis Alexander Sacharoff«, 1909) strahlen etwas Grinsendes, Höhnisches, fast Dämonisches aus. Dieser Mann in Frauenkleidern mit damenhafter Schminke karikiert das Weibliche. Möglicherweise war es Jawlensky selbst gar nicht bewußt, daß er mit dem Spiel mit der Androgynität auch Marianne Werefkin und ihr Verhältnis zu ihm charakterisierte. Es ist ein früher, nicht überzeugender Syntheseversuch.

Ganz anders konnte Jawlensky die Polarität männlich – weiblich in den Gesichter-Serien ab 1917 überschreiten. Schon die

»Heiligen- und Heilandsgesichter« zeigen meist ein übergeschlechtliches Antlitz, besonders dann die »Konstruktiven Köpfe«. Hier erhöht sich ein Thema, das zunächst biographisch im Zwischenmenschlichen erscheint, zur Darstellung der Übergeschlechtlichkeit. Ein biographisches Thema verwandelt sich in eine künstlerische Tat.

Der für Jawlenskys Kunst zentrale Gegensatz ist schließlich der zwischen innen und außen. Die weitere Betrachtung wird immer wieder darauf zurückkommen. Als Schüler Repins malt Jawlensky zunächst, was äußere Realität ist. Er malt ab. Im Kreis der Münchner russischen Maler, und zweifellos unter dem Einfluß von Marianne Werefkin, kommt es dann zur Gegenbewegung. Man will inneres Erleben und äußeren Eindruck verbinden. Die Gesichter sind in der Münchner Zeit, bis 1913, Porträts, aber zunehmend wie von innen gemalt. Der immer starrer werdende Blick schlägt um und richtet sich nach innen, zeigt Inneres. So ist es folgerichtig, daß Jawlensky ab 1914 von der äußeren Realität noch mehr abstrahiert und seine Empfindungen malt. Er mußte nun malen, so schrieb er in einem Rückblick (siehe Brief an Verkade), was in seiner Seele lebte. Die Landschaften, die er aus dem Fenster seiner kleinen Wohnung in St. Préx betrachtete, waren nur noch Anlaß innerer Stimmungen. Und die ab 1917 sich entfaltenden Gesichterserien drücken immer mehr das tiefste Innere des Gesichts aus, nicht dessen äußeres Bild, bis in den »Meditationen« Innen und Außen eins werden.

»Synthese« war Jawlenskys Lieblingswort. Und sein Wesen war ganz auf Vermittlung angelegt. In dem immer schärfer werdenden Streit zwischen den beiden Frauen suchte er auszugleichen; ebenfalls versuchte er, zwischen den streitenden Parteien zu vermitteln, als Ende 1911 in der Neuen Künstlervereinigung München Kandinsky mit seinen immer abstrakteren Bildern ausjuriert wurde.

Aber es war nicht nur ein privater Impuls zur Synthese, denn auch die Kunstrichtung der Anti-Impressionisten, der Fauves, sowie die Programmziele der Neuen Künstlervereinigung München spiegelten dieses Lebensthema Jawlenskys wider. Der Begriff der Synthese lebte schon in der französischen Schule um Gauguin, als eine Art Gegenbewegung zur zergliederten Malweise der Impressionisten. Im Münchner Kreis zielte der Synthese-Begriff eher auf die Korrespondenz von äußerer Form und subjektivem Empfinden ab; äußere Eindrücke und innere Erlebnisse sollten einander durchdringen. Der Synthese-Begriff spielte schließlich eine zentrale Rolle für die Gründungsmitglieder der Neuen Künstlervereinigung München. Kandinsky formulierte für alle das Programm: »Wir gehen von dem Gedanken aus, daß der Künstler außer den Eindrükken, die er von der äußeren Welt, der Natur, erhält, fortwährend in einer inneren Welt Erlebnisse sammelt und das Suchen nach künstlerischen Formen, welche die gegenseitige Durchdringung dieser sämtlichen Erlebnisse zum Ausdruck bringen sollen, nach Formen, die von allem Nebensächlichen befreit sein müssen, um nur das Notwendige stark zum Ausdruck zu bringen, kurz, das Streben nach künstlerischer *Synthese*, dies scheint uns eine Losung, die gegenwärtig wieder immer mehr Künstler geistig vereint.«[53]

Die Entwicklung der Gesichter

Die Synthese zwischen dem inneren, seelischen Bezirk und dem äußeren, sinnlich Gegebenen ist das Gesicht. Am Gesicht des *Menschen* erfährt Jawlensky den göttlichen Bereich. Das Gesicht ist der Ort des Religiösen. Im Gesicht begegnen sich konkreter, irdischer Mensch und göttlicher Bereich. Das Gesicht zeigt die Wiederverbindung (re-ligio) des Menschen mit der Gottheit. Jawlenskys Schaffen ist eine stetige Steigerung dieses Themas. Andere Themen wie Landschaften, Stilleben treten demgegenüber immer weiter zurück, oder sie treten in den Dienst des Hauptthemas (siehe unten).

Um eine Übersicht zu haben, können wir die Entwicklung der Gesichter in Phasen gliedern:

1. Beginnend etwa 1890 und ganz unter dem Einfluß Repins, haben wir es zunächst mit Porträts zu tun. Der Maler benennt einzelne konkrete Personen, teilweise im Profil, im 1/4-Profil, meist en face, zusammen mit den äußeren Zeichen ihrer Eigenart: charakteristische Kleidung, Hüte, Schmuck.

In Zusammenhang mit der Auseinandersetzung mit van Gogh und der Reise in die Bretagne finden wir dann Köpfe, die bereits empfinden lassen, wie intensiv Jawlensky das menschliche Gesicht erlebt. Während wir die Porträts noch distanziert betrachten konnten, werden wir durch die bretonischen Köpfe ab 1905 bereits in eine Bewegung gebracht. Der Kopf ist nicht mehr nur er selbst, nicht mehr nur diese konkrete Person wie beim Porträt, sondern er zeigt die innere Bewegung des Malers bei der Auseinandersetzung mit dem Kopf und teilt diese mit.

2. 1908 beginnt eine Phase der »Bildnisköpfe«. Es sind zunächst auch Porträts. Sie haben einen starken Ausdruck, aber kaum Mimik. Es wird also etwas Überpersönliches zur Sprache gebracht. Das Bild wird Bildnis. Die Farbe ist elementar. Auf vielen dieser Arbeiten fallen große Hüte und auffälliger Kopfschmuck ins Auge. Dies unterstützt die Ausdrucksstärke des Gesichts (Beispiel: »Mutter des Nikita«, 1910). Durch die starke Betonung der Kopfbedeckung wird das Gesicht sakral, und die Bewegung des Betrachters liegt nicht mehr im Privat-Emotionalen. Es ist nicht so, daß man sagen könnte, daß man in ein persönliches Gefühl, etwa der Freude oder der Trauer, hineingenommen wird. Die Bewegung, deren Träger in dieser Schaffensphase hauptsächlich die Farbe und ihre Großflächigkeit ist, zum Beispiel eben an den Kopfbedeckungen, führt vielmehr ins Überpersönliche, Menschheitliche. Aber es ist noch ganz offen, worauf genau sie sich schließlich richten wird. Jawlensky sucht, fragt und lernt noch in dieser Münchner Zeit.

3. 1912 dann, vereinzelt schon ab Ende 1911, nach einem Sommeraufenthalt an der Ostsee, ist ein eigentlicher Durchbruch zum Expressionismus vorhanden. Wir haben jetzt die fast kreisrunden expressiven Köpfe im annähernd quadratischen Format, das sie mit Macht ausfüllen (Beispiele: »Reife«, 1912; »Barbarenfürstin«, 1912). Es geht zunächst immer noch um Individualitäten, aber diese sprechen jetzt von dem ganz anderen: Das Auge blickt jetzt nicht mehr irgendwohin, blickt auch nicht nach dem Maler, sondern richtet sich in eine Ferne. Und man kann hier,

wenn man die innere Bewegung des Malers mitvollzieht, zu der Gewißheit kommen: Das Auge blickt *nach innen*. Das Überpersönliche, das die Gesichter immer klarer ansprechen, ist ein Inneres. Es muß aus dem Inneren kommen.

Zu Recht wurde auf die Ikonennähe von Jawlenskys Bildern hingewiesen. Aber ebenso mit Recht darf auf einige wesentliche Unterschiede zur Ikonenmalerei hingewiesen werden. Die Ikone ruft ein göttliches Wesen herbei, das außerhalb von einem selbst wirkt, und versucht, einen in die Reichweite seiner Wirksamkeit zu bringen. *Jawlenskys Bilder dagegen suchen das Überpersönliche im Menschen selbst.* Ikonen zeigen den Gott, den Heiligen *dort.* Jawlensky zeigt das Hereinbrechen des Göttlichen *hier.* Damit ist aber die Polarität innen – außen aufgerufen, und die Frage nach der Synthese erscheint. Jawlensky benennt in dieser Zeit die Frage direkt mit malerischen Mitteln: Das Bildnis »Frauenkopf« (1912) ist außen von einem aus dunkler Tiefe kommenden Blau umstrahlt. Dasselbe Blau lebt aber schon im Inneren des Auges. Innen und außen sind hier schon in eine gleichsinnige Bewegung gebracht.

Diese Phase ist 1913 abgeschlossen. Jawlensky reist nach Rußland und muß kurz nach der Rückkehr Deutschland verlassen.

4. In der Schweiz setzt er dann ganz neu an. Er malt jetzt fast ausschließlich an den »Variationen über ein landschaftliches Thema«. Das Gesichter-Thema bleibt aber im Hintergrund vorhanden. Betrachtet man diese Variationen einmal nicht in ihrer farblichen Dynamik, sondern graphisch, so erkennt man auf den meisten, wie sich die Gesichtsform der »Konstruktiven Köpfe« ankündigt, zehn Jahre bevor diese in Erscheinung treten. Denn sie enthalten als Grundform die nach oben offene Geste, die nach unten wie ein Gefäß geschlossen ist.

Es ist das große U, eine Haltung der Erwartung und des Empfangens. Viele dieser »Variationen über ein landschaftliches Thema« sind nachts gemalt, also sie sind nicht vom sinnlichen Eindruck abgemalt, sondern bezeichnen eine Gemütsverfassung, die sich in Nacht und Stille erst richtig entfaltet. Beispiele sind die Variationen »Feuchter Frühling Dämmerung«, 1916;

»Song«, 1916; »Ostern«, 1916; »Gewitter«, 1916. Diese »Variationen über ein landschaftliches Thema« spielen in der Entwicklung der Gesichter-Bildnisse eine ganz wesentliche Rolle. Der Sprung von der Serie des Jahres 1912/13 (Abschnitt 3 in diesem Kapitel) und den Mystischen Köpfen (Abschnitt 5 in diesem Kapitel) zu der Serie der Heilandsgesichter (Abschnitt 6) ist sehr groß und zunächst kaum verständlich. Dazwischen liegt aber eben die Serie der »Variationen«, die in sich eine deutliche Entwicklung zeigt: Die »Variationen« haben anfangs die Kelchform, das große U, das dann in der Serie der Konstruktiven Köpfe (ab 1918; Abschnitt 8) wieder erscheint, und wandeln dies später zu einer vertikal orientierten Struktur, die gotisch gestimmt ist und die einige grundlegende Merkmale der Heilandsgesichter und aller folgenden Gesichterserien ankündigt.

5. 1917 beginnen Jawlenskys Gesichter-Serien. Die Entwicklung des Gesichts hin zu einem Aufnahmeorgan für das Überpersönliche thematisiert sich jetzt fast kultisch, als Serie. Die »Mystischen Köpfe« greifen die expressiven Köpfe der Phase 1908 bis 1913 wieder auf, sie sind noch porträtnahe. Sie werden jetzt aber gezielt durch die Forcierung der Innen – außen-Polarität entindividualisiert. Die Farbgebung holt in das Innere des Gesichts herein, was sich außerhalb abspielt (»Opal«, 1917).

6. Die zweite Serie, die ebenfalls 1917 einsetzt, sind die »Heiligen- und Heilandsgesichter«. Äußerer Anstoß ist meist das Gesicht von Emmy Scheyer. Aber auch Claire Goll, die Jawlensky 1917 in Zürich kennenlernte, saß Modell. Doch kann man hier von Modell gar nicht sprechen. Die Köpfe wollen gar nicht das spezifisch persönliche Äußere wiedergeben. Auch sind die Gesichter geschlechtslos. Jawlensky formuliert hier Übergeschlechtlichkeit, das Göttliche, das diese Gesichter empfangen, enthebt sie dieser Polarität.
Nach der Heftigkeit der »Mystischen Köpfe« entsteht nun in der Serie der »Heilandsgesichter« eine immer klarere Geformtheit und Gehaltenheit. Die Farbe zieht sich etwas zurück. Die Empfindung ist vom Blau geprägt, der Farbe des Empfangens.

Anfangs sind wir in dieser Serie mit weit aufgerissenen Augen konfrontiert. Besonders die Arbeiten, die Übergänge zwischen den gemütsstarken »Mystischen Köpfen« und den »Heiligen- und Heilandsgesichtern« darstellen, teilen dadurch einen Schreck mit: Die Augen sind offenbar vor Schreck weit aufgerissen. Da sie aber gleichzeitig starr sind und nichts Bestimmtes anschauen, muß das Erschreckende, schier Überwältigende *innen* erblickt worden sein. Das Gesicht hat mit einem Mal in eine andere Welt geschaut (»Engel Gabriel«, 1920).

Danach sind die Gesichter der Serie der »Heilandsgesichter« zunehmend von einer großen Ruhe erfaßt. Die gesenkten Lider weisen auf das innere, imaginierende Schauen hin. So wie Jawlensky nun gar nicht mehr äußeres abbildet, das Gesicht gar nicht mehr in seiner wahrnehmbaren Tatsächlichkeit malt, sondern gleich den Innenraum berührt, so wenden nun auch die Gesichter selbst ihre Aktivität nach innen.

Sie wenden sich aber nicht selbstbezüglich in eine psychologische Innenwelt, in Träume oder Phantasien. Sondern es ist das Überpersönliche, das nun nach innen hin erlebt wird. So sind wir mit der Serie der »Heilandsgesichter« in einer ersten Sphäre betend-meditativer Versenkung. Und wie das Gebet seine feste Form hat und sich dennoch jedesmal anders ausspricht, so wiederholen nun die Gesichter einmal gefundene Formen, die doch jedesmal neu formuliert werden. Und wie in der Sicherheit des immerzu wiederholten Gebets eine tiefe Ruhe entstehen kann, so fühlt sich der Betrachter von einer Stille und ruhigen Gelassenheit gehalten, die sich dann noch zu der sakralen Ruhe der »Konstruktiven Köpfe« steigert. Der Schreck und das Erstarren angesichts des ganz anderen, die noch zu Anfang dieser Serie das Schicksal des inneren Schauens waren, sind der ruhigen Gewißheit über den nun gefundenen Weg gewichen. Es ist in der Zeit, als Jawlensky sich von Marianne Werefkin trennt und beschließt, ganz auf sich gestellt seinen Weg als Maler weiterzugehen, ohne irgendeiner Richtung oder Schule anzugehören. Den Weg des meditativen Gebets, den Jawlensky hier einschlägt, kann man nur alleine gehen.

7. Bis etwa 1925 arbeitet Jawlensky an dieser Serie. Zwischenzeitlich taucht wieder eine Porträtserie auf: Jawlensky malt, wieder in der Manier der »Variationen«, ein Mädchen aus Ascona in verschiedenen Empfindungen, porträthaft, fein, sehr feminin (1918).

8. 1918 kündigt sich ein entscheidender Konzentrationsvorgang bei Jawlensky an. Die »Urform« entsteht, der erste Kopf in der Reihe der »Konstruktiven Köpfe«, seit 1922 wieder als Serie gemalt, bis 1933.
Als Grundform erleben wir jetzt die nach oben offene Geste, das große U. *Das Gesicht wird Gefäß*, Gefäß für das All, für den Himmel, für das Göttliche, eine Signatur, die Jawlensky schon in den »Variationen über ein landschaftliches Thema« angekündigt hatte. Die formalen Mittel beschränken sich auf Gerade und Bogen. Eine starke Geometrisierung ist eingetreten. Jawlenskys ehemalige expressive Farbnennung, die schon in den »Heilandsgesichtern« leiser geworden war, tritt wieder deutlicher hervor, obwohl auch gedämpftere Töne mitsprechen. Gegen Ende der Serie, vor Ausbrechen der Krankheit, wird die Farbgebung dunkler.
Ausgangspunkt für diese »Abstrakten Köpfe«, wie Jawlensky selbst diese Serie genannt hat, war auch Emmy Scheyer. 1933, als er sie zum letzten Mal sah, malte er auch das letzte Bild dieser Serie.
Die Lider sind durchweg geschlossen. Bei großer äußerer Ruhe, die auf manchen Bildern willenshaft wirkt, spüren wir die heftige Bewegtheit des Innenraums.
Alle Bilder der Gesichter-Serien, mit Ausnahme der wenigen Asconeser Köpfe (1918), sind unräumlich; sie formulieren den äußeren Raum nicht. Die Gesichter haben keinen Umraum, Licht und Schatten innerhalb des Gesichts sind abstrahiert. Dies ist nicht einfach eine Eigenart des Künstlers, sondern eine folgerichtige Geste: Es geht in allen Serien um einen geistig-seelischen *Innenraum*. Dieser spannt sich in der starken Polarität von Farbe und Form auf. Die Beigabe von Tiefenperspektive, Licht und Schatten würde diese Spannung nur entschärfen. Die Ge-

sichter sprechen von einem Innenbezirk und haben gerade dadurch Ausdrucksstärke, daß der dreidimensionale Raum fehlt. Dabei hat man aber gar nicht den Eindruck der Flächigkeit, des Zweidimensionalen. Man ist in einem stark bewegten Innenraum, in einer Räumlichkeit, die gar nicht visuell da ist.

Kurz nach dem Umzug nach Wiesbaden, 1922, gibt es eine kleine Graphik-Serie. Jawlensky experimentiert hier mit sparsamster Linie, fast immer ohne Farbe. Angeregt hatte diese Versuche Emmy Scheyer. Er selbst hat diese Versuche als Sackgasse gesehen und sie bald wieder abgebrochen. Er fühlte sich im Schwarz-Weiß-Bereich nicht wohl. »Meine Sprache ist doch die Farbe.«[54] Für den Betrachter der Entwicklung der Gesichter sind diese Lithographien aber eine interessante Studie. Jawlensky gelingt es hier, einen starken persönlichen Gefühlsausdruck darzustellen, nur mit der Linie. Im Sinne eines Experiments ist damit gezeigt, daß sich der Innenraum auf etwas Ausdruckspsychologisches reduziert, wenn die Spannung Farbe – Form wegfällt. Diese Zeichnungen geben das Gesicht ganz persönlich, subjektiv wieder. Demgegenüber erreichen die »Konstruktiven Köpfe« eben einen hohen Objektivitätsgrad.

Die Graphiken bleiben im visuellen Ausdruck. Die »Konstruktiven Köpfe« haben dagegen einen starken Bezug zum Hören. Der in der Spannung Farbe – Form umrissene Innenraum *ertönt*. Die ruhige, meditative innere Bewegung ist als Erklingen da. Wir finden dafür schon einen Hinweis in den fehlenden äußeren Ohren und in dem stark ausgemalten, aber sehr entschieden schweigenden Mund. Eine zweite Stufe der meditativen Versenkung ist erreicht. Gegen Ende der Serie der »Konstruktiven Köpfe« erscheinen einige Bilder, in denen die Gesichts-Grundform dieser Serie plötzlich in eine starke Bewegung gerät, sowohl was die Linienführung als auch was den Farbauftrag betrifft. Man fürchtet, die Gesichter könnten aus den Fugen geraten. Etwas kommt hier aus dem Lot; eine Unruhe bemächtigt sich der Köpfe, man erwartet Auflösung (Beispiel: »Erinnerung an meine kranken Hände«, 1934).

Diese starke Emotionalisierung, die sich auch im Schrägstellen der Köpfe äußert, kommt kurz vor dem Ausbruch von

Jawlenskys Krankheit zur Erscheinung. Es ist möglich, daß er hier Vorahnungen hatte, oder er spürte konkret erste Krankheitszeichen. Dann aber finden die Köpfe wieder zurück zu tiefer meditativer Ruhe, sind nun aber meist dunkler, geprägt von verhaltenem Schmerz.

9. Beginnend mit dem erschütternden Bild »Erinnerung an meine kranken Hände« (1934) sind wir in Jawlenskys letzter Serie. Dieses Bild steht am Wendepunkt zwischen der hier schon weit fortgeschrittenen Auflösung der Grundform der »Konstruktiven Köpfe« und der Wandlung dieser Grundform zum elementaren Grundgerüst der »Meditation«-Serie.
Diese düsteren Chiffren des Leidens hat er sich unter größten Schmerzen abgerungen. Hier erreicht er die äußerste Steigerung seines Werkes. Ein starkes inneres Leuchten ist jetzt erreicht, bei völliger Erstarrung der äußeren Form. Wo in den »Konstruktiven Köpfen« noch die Gerade und der Bogen frei, eben konstruktiv, gehandhabt wurden, ist Jawlensky in diesen letzten 800 Bildern auf die beiden Elemente des Kreuzes zurückverwiesen, die Waagerechte und die Senkrechte. Wo in den »Konstruktiven Köpfen« noch in der unteren Gesichtshälfte das große U als Begrenzung zur Außenwelt gelten kann, die aber eben schon nach oben offen ist, da öffnen sich die »Meditationen« allseits. Sie haben keine als Linie gezogene Seitenbegrenzung mehr, Gesichtsrand und Bildrand fallen zusammen. Bedingt durch die Lähmung von Händen und Ellbogen, kann er den Pinsel, eingeklemmt zwischen beiden Händen, nun nur noch annähernd senkrecht und waagerecht führen. Als Stütze nimmt er dabei den Bewegungsrhythmus der Atmung auf.
Diese im äußersten Leid geborenen Bildnisse sind ihm nur aus diesem Element des Rhythmischen und der Regelmäßigkeit heraus möglich. Rhythmisch ist die Pinselführung, die sich der Atmung anschließt, rhythmisch ist die Organisation des Malvorganges – er spannt immer acht kleine Tafeln auf die Leinwand, die er dann gleichzeitig bemalt – und rhythmisch ist eben der Seriencharakter selbst.

Ähnlich wie die Ikonenmaler sich betend in ein geistiges Zwiege-spräch mit dem Wesen begeben haben, das sie malen wollten, so taucht Jawlensky vor dem jeweiligen Malvorgang in eine meditati-ve Andacht ein und vergegenwärtigt sich dann innerlich eine be-stimmte lebende oder verstorbene Person.

Da Jawlenskys »Meditationen«-Bilder oft als Christusbilder auf-gefaßt werden, darf in diesem Zusammenhang noch einmal auf den Unterschied zum Ikonenmaler hingewiesen werden: Dieser sprach mit seiner Gebetshaltung den Christus, die Mariengestalt oder den Heiligen an. Jawlensky aber widmet sich in seiner An-dacht immer erst *konkreten* Menschen. Da er aber einen äußersten Grad an Innerlichkeit erreicht hat, durch das Leiden hat erreichen müssen, findet er durch diese konkrete Person hindurch zur Christusgestalt. Er erreicht den innersten Raum der jeweiligen Per-son dort, wo sie mit der überpersönlichen Sphäre des Christus verbunden ist, wo das Christuswesen hereinleuchtet. Es wäre des-wegen zu einfach, die »Meditationen« als Christusbildnisse aufzu-fassen. Auch in der Serie der »Heilandsgesichter« deuten die zart berührten Dornen am Stirnbereich zunächst auf *menschliches* Leid hin. Jawlensky geht, indem er meditativ malt, den Weg zum Chri-stus durch das Leiden. Eine dritte Stufe der meditativen Versen-kung ist damit errungen: Das Christuswesen leuchtet in den menschlichen Bezirk herein. Der Maler, das von ihm innerlich auf-gerufene Modell und dessen innerste Christusbeschienenheit sind eins.

Nun gibt es so etwas wie eine frühe Ankündigung dieser »Medi-tationen« schon in den Landschaftsbildern. Obwohl sie etwa ab der Murnauer Zeit, 1908, ganz abstrakt wurden, insofern alles Unwe-sentliche wegfiel, taucht doch merkwürdigerweise immer wieder *ein* Detail auf: der Telegraphenmast. Nehmen wir ihn nur als Liniengerüst, wie wir ihn in den Bildern »Zwei weiße Wolken«, 1909; »Einsamkeit«, 1912, oder »Oberstdorf«, 1912, finden, so erken-nen wir hier, oberhalb des Mastes, die Grundform der »Meditatio-nen«, einen senkrechten Mittelstrich und vier waagerechte Linien. Man könnte dies für Zufall halten, wenn diese Vorform nicht auch noch als frühes Erinnerungsbild in Jawlenskys Biographie da wäre: Auf Bildern des Vaters, der ja Offizier war, hat die Binnen-

gliederung der Uniform eben dieselbe Struktur, hier allerdings mit
fünf waagerechten Linien. Dreht man diese Struktur um, so hat
man den Telegraphenmast aus dem Bild »Zwei weiße Wolken«,
hier mit drei waagerechten Strichen.

Daß solche formalen Querbezüge Zufall sind, ist auch deshalb
unwahrscheinlich, weil sie sinnvoll sind. Für die militärische
Ordnungswelt des Vaters mag dessen Uniform dem kleinen Kind
das Bild gewesen sein. Dann wird die gleiche Struktur wieder aufgerufen als Bild der Vermittlung, des Suchens nach Synthese. Der
Telegraphenmast kann als Bild der Vermittlung zwischen Menschen, zwischen Nah und Fern, verstanden werden. Der Telegraphenmast verbindet und spricht damit Jawlenskys Lebensthema
an, die Suche nach Verbindung und Synthese.

Wie in einem Zwischenzitat erscheint diese Struktur, die natürlich auch das slawische Kreuz zitiert, auf der Stirn des Kopfes »Ru-
hendes Licht« (1921). Und dann, völlig verwandelt, aber doch erkennbar, taucht die gleiche Struktur wieder als Grundgerüst der
letzten Gesichter-Serie auf, in der Jawlensky die Synthese von innen und außen, von Mensch und göttlich-geistiger Welt gelingt.

Das Fenster

Jawlenskys Gesichter-Bilder verdichten sich, ja kristallisieren zu
Fenstern. Sie wollen nichts Eigenes mehr sein, das Gesicht will
nichts Subjektives ausdrücken, es will nur durchlässig für die göttliche Sphäre sein. Das Licht der göttlichen Welt und das Dunkel
des Irdisch-Menschlichen durchdringen sich im Fenster und bringen dort ein Glühen, ein tiefes Leuchten hervor, das ebenso vom
Licht des Göttlichen wie von der leidenden Sehnsucht des Menschen spricht. Im Fenster begegnen sich Gott und Mensch.
Jawlensky schaut durch das Subjektive, Persönliche hindurch das
Geistige. Sein Schüler Alo Altripp fragte ihn einmal, warum er
seine Bilder hinter Glas rahme. »Ja, sehen Sie, Glas ist eine Materie, die ist durchsichtig, man muß durchschauen durch die
Materie, und hinten kommt dann das Bild zurück.«[55] Jawlensky,
der selbst so subjektiv, so gefühlsbestimmt war, konnte sich derart

steigern, daß diese Subjektivität durchsichtig wurde wie Fenster-
glas und das ganze andere durchschauen ließ. Das ganz andere
erscheint: Das russische Wort »Jawlensky« bedeutet »Erscheinung«, und so können wir empfinden, wie er schon im Namen
einen Auftrag empfängt.

Das zum Fenster kristallisierte Gesicht darf man aber auch nicht
statisch verstehen. Indem das Gesicht als Fenster das Göttliche im
Subjektiven zur Erscheinung bringt, ist es Ausweg aus dem leidenden Subjektiven. Das Fenster-Gesicht begrenzt und öffnet zugleich
die Welt des Menschen. Das Fenster führt hinaus aus der Enge des
Nur-Menschlichen, und schließlich führt es auch den Gelähmten
hinaus in den Bezirk, wo er frei und beweglich ist, in die Sphäre des
Geistes.

Die »Meditationen«, die auch formal diese Fensterfunktion des
Gesichts aussprechen – Bildfläche und Gesichtsfläche sind fast
identisch, das Gesicht ist gegliedert wie durch ein Fensterkreuz –,
kommen insofern den Ikonen sehr nahe. Auch der Ikone kann
man eine Fensterfunktion zusprechen. Sie läßt die Kraft des Göttlichen in die Versammlung der Liturgiefeiernden hereinwirken. Die
Ikone läßt den Betrachter an dem teilhaben, was sie zeigt.

Und darin konvergieren künstlerische Tat und biographische
Entfaltung bei Jawlensky. Denn es handelt sich bei dieser Auffassung der Gesichter als Fenster nicht um eine irgendwie psychologische Interpretation, sondern es geht um den Nachweis der bildli-
chen Verdichtung einer biographischen Signatur, die schon früh
und immer wieder in Jawlenskys Leben auftaucht. Das Fenster,
durch das eine andere Welt hereinleuchtet und das im künstlerischen Schaffen Gesicht ist, erscheint in der Biographie als Ereignis.
Erinnern wir uns an das elementare Licht-Erlebnis des Fünfjähri-
gen: Er findet sich morgens in einem dunklen Raum, plötzlich öffnen sich von außen die Fensterläden, und Licht flutet herein. 67
Jahre später hat sich dieses biographische Urerlebnis gewandelt
und existentiell verdichtet: Der alte Mann ist in der Dunkelheit der
Lähmung und der Schmerzen und ruft im Brief an Emmy Scheyer
vom 25.November 1936 nach Licht: »… Ich sitze, und die Dunkelheit umhüllt mich, und die schwarzen Gedanken kriechen zu mir.
Licht! Licht! …«[56]

Nun aber öffnet sich die Dunkelheit nicht mehr von außen. Jetzt muß er selbst, in eigener Aktivität, unter schmerzvollem Ringen, das Licht hereinholen. Es gelingt ihm mit der letzten Gesichter-Serie. Hier öffnet er selbst das verdunkelte Fenster. Aus der Tiefe glüht ihm das Licht entgegen, das er selbst hervorbringt.

Der Neunjährige stand vor einer durch Vorhänge verhüllten Ikone. Plötzlich Trompetenschall, die Vorhänge reißen auf, eine Muttergottes wird sichtbar. Das Gesicht einer Frau, die vom Heiligsten durchseelt ist, erscheint.

Das Fenstermotiv taucht dann in St. Préx wieder auf.

Zunächst betont Jawlensky, daß er hier in einer eng begrenzten Welt vor einem Fenster sitze und male, was er durch das Fenster sehe. Aber er malt nicht einfach den Blick nach draußen. Er malt, was der Blick nach draußen in ihm selbst in Bewegung bringt. So sitzt er vor dem Fenster ins eigene Innere. »Unsere Wohnung war sehr klein, und ich hatte kein eigenes Zimmer, *nur ein Fenster*, das war sozusagen mir.«[57] »Ich war froh, ruhig an dem Fenster sitzen zu können, um meine Gefühle und meine Gedanken zu sammeln.«[58]

In einem Brief an Verkade, den Jawlensky 1938 diktierte, formuliert er die existentielle Bedeutung dieser Arbeitssituation in St. Préx selbst: »Ich fühlte, daß ich eine andere Sprache finden mußte, eine mehr geistige Sprache. Das fühlte ich in meiner Seele. Ich saß vor meinem Fenster. Vor mir sah ich einen Weg, ein paar Bäume, und von Zeit zu Zeit sah man in der Entfernung einen Berg. Ich fing nun an, einen neuen Weg in der Kunst zu suchen ...«[59] Sinnlich situative Wirklichkeit und biographische Signatur konvergieren. Er sitzt vor dem Fenster, er ist existentiell in einer Fenstersituation, sieht einen neuen Weg des künstlerischen Schaffens vor sich, der zugleich ein biographischer Weg ist.

Emmy Scheyer, die intuitiv Jawlenskys Werk und Wesen genauestens erfassen und dadurch befördern konnte, spürte in den Bildern der »Variationen über ein landschaftliches Thema« die Fenster-Situation. In ihrem Aufsatz (1920) vergleicht sie die »Variationen« mit »den immer gleichen und immer anders geführten gotischen Fenstern«.[60]

Einige dieser durch das Fenster gemalten Seelenlandschaften weisen selbst auf die Fenster-Situation hin, indem sie ein Fenster *in* der Landschaft zeigen. Zum Beispiel die Bilder »Tauwinter« (1916), »Wintermärchen« (1915) oder »Gelbe Kirchen« (1916) enthalten mitten zwischen den Sträuchern, Bäumen und Blumenflächen ein Fenster. Dieses Fenster gab es tatsächlich. Es gehörte zu einem Haus, das schräg gegenüber der Straße stand. In innerer Folgerichtigkeit greift Jawlensky von diesem Haus nur das Fenster auf; er hätte ja auch Dach, Tor oder Kamin aufgreifen können.

Das Malen vom Fenster aus erscheint schon vorher in der Biographie. Von der Bretagne-Reise 1905 berichtet Jawlensky in den Lebenserinnerungen: »Ich malte dort viele Landschaften, *vom Fenster aus* Gebüsche und bretonische Köpfe.«[61]

In Ascona kommt das Fenster im Rahmen einer Nebensächlichkeit zur Sprache, was Jawlensky selbst aber doch als wichtig mitzuteilen empfindet: An Emmy Scheyer schreibt er aus Ascona, er schaue vor dem Schlafengehen aus dem Fenster auf den Monte Veritá. Dann deckte er – wahrscheinlich um einschlafen zu können – das Fenster ab. Ein Detail, das aber das biographische und künstlerische Fenster-Thema sofort in Resonanz versetzt.

Dann, von Wiesbaden aus, schon bewegungsunfähig und nicht mehr malend, schickt er an Emil Nolde eine Postkarte, ein Foto, das ein Fenster seiner Wohnung zeigt. Darunter steht »Blick aus meiner Welt«. Auch dies ist natürlich nur ein Detail. In einer anderen Biographie würde man es nicht weiter beachten. Hier aber springt es ins Auge, weil es die existentielle Situation des Fensters als Ausweg aus der Enge, der Lähmung ausspricht.

Das Fenster einer Wohnung gibt den Blick nach draußen frei und läßt Licht herein. Es kann aber auch mit einem Vorhang verhüllt werden, wenn man nicht möchte, daß von draußen hereingeblickt wird, oder wenn das Licht zu stark hereinflutet. In beiden Fällen sucht man Schutz gegenüber dem, was jenseits des Fensters ist. Es gibt Situationen, in denen man die Durchlässigkeit des Fensters nicht ertragen kann. Jawlensky weist in den Gesicht-Bildern ab 1917 auf diesen Vorhang hin: Wie schon Emmy Scheyer (1920) feststellte, können wir die Art, wie Jawlensky das Haar der Köpfe behandelt, als Hinweis auf die Möglichkeit des Verhüllens nehmen. Sie sagt über die Haarkontur der Heilandsgesichter: »Oft sind diese großen geteilten Konturen gleich einem Vorhang, der, zur

Seite genommen, das Innere der Stirn sehen läßt.«[62] Schon die »Heilandsgesichter«, deutlicher aber noch die »Konstruktiven Köpfe« zeigen links und rechts des Gesichts Andeutungen von sich senkrecht ziehenden Haarlocken. In Zusammenhang mit der pagodenartigen Stirnkontur liegt es nahe, dies als Chiffren für den Vorhang zu nehmen, der vor dem Neunjährigen aufriß und ihn plötzlich dem göttlichen Licht in Gestalt eines Antlitzes aussetzte.

Dieses ihn überwältigende und erschreckende Erlebnis klingt noch darin nach, daß das Betrachten eines Bildes von Jawlensky unvermittelt das Bedürfnis entstehen lassen kann, das Bild zu verhüllen und sich ihm nur nach besonderer Vorbereitung aussetzen zu dürfen. Der Kunstkritiker Luz hatte dies schon 1921 angesichts der bis dahin gemalten Gesichter empfunden.»Ein großes Kunstwerk ist wie ein großer Schreck«, sagt Jawlensky einmal.[63]

Der Schreck lähmt. Jawlensky hat das Fenster nie verhüllt, er hat es vielmehr immer durchlässiger gemacht. Damit war er ständig diesem Schreckenden ausgesetzt. So brauchen wir die Lähmung des alten Mannes nicht als zunehmende Behinderung seines Schaffens aufzufassen, sondern als Zeichen dafür, wie stark Jawlensky in das Erleben der Kraft des göttlichen Lichts gekommen war. Das Persönliche erstarrt, vergeht in Schmerzen angesichts des schreckenden Feuers des Göttlichen, das in den »Meditationen« arbeitet.

Das dritte Auge

Seit 1912 setzt der Maler den Gesichtern energisch ein Zeichen auf die Stirn: Zwischen den Augenbrauen, an der Nasenwurzel, später auch höher auf der Stirn, taucht auf fast jedem Gesicht ein Farbfleck auf. Zunächst eben als Fleck, später als Kreis, auch die ausgesparte Stelle kommt an demselben topographischen Ort vor, zum Schluß, bei den »Meditationen« wieder als Fleck über der Nasenwurzel.

Schon Ende 1911 (zum Beispiel »Bucklige Fischersfrau«) findet man vereinzelt diesen Fleck. 1912 setzt es dann mit großer Kraft und Sicherheit ein (»Das jüdische Mädchen«, »Mädchen«, »Spanisches Mädchen«, »Lola«, »Jünglingskopf«, »Manola mit violettem

Schleier«, »Reife«); in »Frauenkopf«, ebenfalls 1912, erscheint der Fleck zu einer leuchtend weißen Fläche geweitet, die von der unteren Hälfte der Stirn aus strahlt, annähernd als nach unten gerichtetes Dreieck geformt, mit der Spitze an der Nasenwurzel aufliegend. Die meisten anderen Farbflecken an dieser Stelle sind aber zu diesem Zeitpunkt noch dunkel.

Um sich in die Bedeutung dieser Signatur einzuleben, ist es sinnvoll, den Zusammenhang zu betrachten, in dem sie auftaucht: Sie erscheint in dem Moment, als der Blick der *leiblichen* Augen sich nicht mehr auf etwas außerhalb Vorhandenes richtet, sondern starr und maskenhaft ins Unbegrenzte schaut, in einen außersinnlichen Bezirk, also eigentlich nach innen. In dem Augenblick also, da sich der Blick vom Irdisch-Sinnlichen abwendet oder eigentlich durch diesen hindurchdringt, zeigt sich an der Stirn offenbar ein neues Organ, ein *unleibliches* Auge, ein Auge, das nicht zur Wahrnehmung des Sinnlichen bestimmt ist. Jawlensky spricht hier, ob bewußt oder unbewußt, läßt sich wahrscheinlich nicht mehr bestimmen, dasjenige an, was in den alten indischen Weisheitslehren ein Chakra ist. Chakras oder Lotosblumen sind geistige Wahrnehmungsorgane. In den verschiedenen indischen Traditionen finden wir an dieser Stelle der Stirn eine zweiblättrige Lotosblume, direkt über der Nasenwurzel, und, etwas höher, die tausendblättrige in der Stirnmitte.[64] Noch heute markieren indische Frauen diese Stellen durch einen roten Punkt oder durch einen in die Haut eingelassenen Edelstein.

Wir brauchen aber nicht so weit zu gehen. In Jawlenskys eigener Kultur gibt es Bildnisse, die ebenfalls an der Stirn ein Weisheitszeichen tragen: Das sind die Mutter-Gottes-Ikonen. Das Weisheitszeichen kommt hier allerdings nicht direkt auf der Stirn vor, sondern ist auf einem Stirn-Kopftuch aufgetragen und erscheint stern- und strahlenförmig. Jawlensky erinnert, ebenfalls 1912, daran mit dem Bildnis »Barbarenfürstin«. Zusätzlich zu einem nur angedeuteten kleinen weißen Fleck über der Nasenwurzel trägt dieser Kopf eine turbanartige, kultisch wirkende Kopfbedeckung, die an der Stirnmitte entweder einen Edelstein trägt oder einen nicht weiter bestimmten ausstrahlenden weißen Punkt. Es strahlt auf jeden Fall Licht von diesem Punkt aus.

Wir scheinen es also mit einem dritten Auge zu tun zu haben, einem Zeichen spiritueller Empfänglichkeit *und* Ausstrahlung. Diese Vermutung liegt um so näher, als dieses Zeichen an der Stirn der Bildnisse durch alle weiteren Entwicklungen der Gesichter hindurch, wenn auch in jeweils gewandelter Form, beibehalten wird. Bei den Heiligengesichtern ist der Fleck meist dunkel, das dritte Auge scheint veranlagt, der Blick ist oft starr, schreckhaft in Abgründe gerichtet, es *sieht* aber noch nicht eigentlich und strahlt noch nicht (»Der Schmerz«, 1991). Bei den Heilandsgesichtern dann wird der Fleck hell, das dritte Auge scheint geöffnet (»Engel Gabriel«, 1920). Bei den »Konstruktiven Köpfen« wiederum fehlt ein solches Zeichen manchmal; aber auch in diesem Falle ist die entsprechende Stelle sehr hell bis weiß gehalten und macht einen durchlichteten Eindruck (»Oktober«, 1928). Auf anderen Bildern der Serie der »Konstruktiven Köpfe« taucht der Fleck als Kreis oder bewegt durchlichtete Scheibe auf, die manchmal disloziert, exzentrisch auftaucht, bei einigen Bildnissen auch durch Verdoppelung bekräftigt ist (»Aurora«, 1931). Das dritte Auge kommt in diesem Fall dann an den Schläfen oder auf der linken Stirnseite vor. Die leiblichen Augen sind dabei bei dieser Serie immer geschlossen.

Bei den »Meditationen«, wo es oft unbestimmt ist, ob die Augen offen oder geschlossen sind, weil dieser Gegensatz transzendiert wurde, setzt Jawlensky wieder einen meist hellen Farbfleck an die Nasenwurzel, den er immer zum Schluß aufträgt und der oft das einzige ist, was von der Stirnfläche noch da ist. Daß die Signatur dieses Lichtflecks sogar auf Bildern auftaucht, die keine Gesichter-bilder sind, scheint ihre zentrale Bedeutung zu unterstreichen. Schon 1901 in dem Bild »Schwarzer Tisch« finden wir genau an der Stelle des Bildes, wo bei den Gesichter-Bildern der Lichtfleck er-scheint, auf dem Tisch einen sehr hellen runden Teller mit einem rosafarbenen Band; er fesselt durch die Intensität seiner Lichtkraft. Es bleibt unbestimmt, ob er Licht einfängt oder ausstrahlt, bzw. er scheint beides gleichzeitig zu tun.

Im letzten Jahr seines Schaffens, wenn es ihm gesundheitlich vorübergehend besser ging, malte Jawlensky einige Blumenbilder. Auf mindestens zweien (»Das Tulpenbeet«, 1937, und »Grüner

Krug mit Pfingstrosen«, 1937) findet sich ebenfalls an der gleichen Stelle des Bildaufbaues ein helleuchtender Fleck, in einem Fall als strahlend gelbe Tulpe, da alle anderen Tulpen dunkelrot sind, im anderen Fall unbestimmt als strahlender oder glühender Doppelfleck zwischen dunklen erdigen Blumen.

Die Signatur des dritten Auges muß für Jawlensky also eine zentrale Bedeutung gehabt haben. Offen ist, ob er die Bedeutung dieses Zeichens beim Malen immer mitgedacht hat. Wir können jedenfalls das Erscheinen des dritten Auges und seine Weiterentwicklung als leuchtenden Weisheitspunkt als eine *Steigerung der Fensterfunktion des Gesichts* auffassen. Das dritte Auge ist das Fenster, vor dem der Vorhang aufgerissen ist. Es ist das geöffnete Fenster zum Geistigen, wo göttliche Kraft hereinstrahlt. Die Ausführung ist immer so, daß wir eine Steigerung des Innen-außen-Themas haben: Denn der Leuchtpunkt strahlt auch hinaus, jedenfalls ab etwa 1918. Er nimmt Licht auf und leuchtet selbst. Geistige Kraft geht von hier aus nach draußen, und geistige Kraft wird hier aufgenommen. Die Öffnung des Fensters, als welche wir das Erscheinen des dritten Auges ansprechen können, geschieht nach beiden Seiten hin. In beide Richtungen drängt der kraftgebende Blick hindurch.

Die Signatur des dritten Auges in der Zeitgestalt

Nun erscheint das Fenstermotiv und dessen Steigerung in der Signatur des dritten Auges auch in der zeitlichen Struktur dieser Biographie. Das Fenster, so wurde oben dargelegt, verbindet innen und außen, vermittelt zwischen Polaritäten, ist auch Ausweg aus einer festgefahrenen Situation, läßt das Neue sichtbar werden. Das dritte Auge als Steigerung dieses Motivs ist das Fenster zum geistigen Bezirk. Einbrüche aus geistig-göttlicher Urquelle sind zu gewärtigen, wo das dritte Auge erscheint.

Wenn wir nun noch einmal die Biographie Jawlenskys betrachten, so kann uns dieses Motiv leiten, nach Brüchen oder Schnittstellen in seiner menschlich-künstlerischen Entwicklung zu suchen, an denen etwas Neues in sein Leben eintritt. Neues nicht im Sinne schierer Abwechslung, sondern im Sinn der stufenweisen

Verwesentlichung der Entwicklung. Wo sind also Wendepunkte in dieser Biographie?

Geleitet von dieser Frage stehen wir vor dem Phänomen, daß wir alle 16 Jahre einen Wendepunkt in Jawlenskys Leben finden:

– Mit 16 Jahren nimmt er zum ersten Mal bewußt ein Bild wahr (Episode in der Tretjakow-Galerie);

– Mit 32 Jahren gibt er die Militärlaufbahn auf und siedelt nach München über, um sich dort ganz der Kunst zu widmen;

– Mit 48 Jahren haben wir einen Wendepunkt, den wir als spirituelle Wendung auffassen können. Dieser markiert sich durch das Auftauchen des dritten Auges, das ab jetzt in den nun immer gebetsartig oder serienartig gemalten Gesichtern lebt. Die spirituelle Wendung markiert sich weiterhin durch den Durchbruch zum Expressionismus, der sich schon im Sommer 1911 abzeichnet und dann ab 1912 zu der Serie der expressionistischen Köpfe führt. Jawlensky schreibt selbst über diesen Wendepunkt in den Lebenserinnerungen: »Ich malte dort in sehr starken, glühenden Farben, absolut nicht naturalistisch und stofflich ... Die Formen waren sehr stark konturiert mit Preußischblau und gewaltig aus einer inneren Ekstase heraus ... Dies war ein Wendepunkt in meiner Kunst.«[65]

Und schließlich ist der Wendepunkt 1912 dadurch markiert, daß hier Jawlenskys eigener Weg beginnt, was sich äußerlich darin ausdrückt, daß er jetzt nach dem Austritt aus der Neuen Künstlervereinigung München keiner Gruppe mehr angehört. Er hatte sich in der Münchner Zeit ja mit verschiedenen, vor allem französischen Richtungen auseinandergesetzt und sie vorübergehend auch assimiliert. 1912 ist dieser Prozeß zu Ende, und das ganz Eigene beginnt. Es ist der entscheidende Schritt in die Selbständigkeit.

– Mit 64 Jahren bricht die lähmende Krankheit aus.

So sehen wir zunächst diese Biographie durch die Zahlenreihe 16–16–16–16 (– 13: Tod) strukturiert. Gehen wir in diese zeitliche

Struktur weiter hinein, so finden wir wie daruntergelegt teilweise einen 8er-Rhythmus.

So liegt genau zwischen dem ersten und dem zweiten Wendepunkt der Studienbeginn an der Petersburger Kunstakademie. Acht Jahre nach der spirituellen Wendung und dem entscheidenden Schritt in die Selbständigkeit trennt sich Jawlensky dann in einem monatelangen schmerzvollen Prozeß von Marianne Werefkin. Acht Jahre nach dieser Trennung bricht die Krankheit aus. Acht Jahre danach malt er sein letztes Bild. Vier Jahre später stirbt er.

Diese Gliederung der Biographie in 16er- bzw. 8er-Schritte geht rechnerisch gar nicht auf. Jawlensky wird 77 Jahre alt. Daß es arithmetisch nicht genau aufgeht, liegt teils daran, daß einzelne Ereignisse oder Neubeginne zeitlich nicht immer ganz genau lokalisiert werden können, zum anderen liegt es daran, daß einige 8er- bzw. 16er-Phasen selbst zwei oder drei Monate länger dauern.

Es gibt aber einen schwerer wiegenden Einwand gegen diese Analyse der Zeitstruktur: Der entscheidende Wendepunkt 1914, von ihm selbst auch als scharfer Einschnitt erlebt (erzwungene Übersiedlung nach St. Préx und Neubeginn eines verinnerlichten Malens) paßt nicht in diese Struktur. Dieser Wendepunkt liegt zwei Jahre nach der spirituellen Wendung von 1912. Es fällt nun aber auf, daß dies der einzige Wendepunkt ist, der *von außen* an sein Schicksal herankommt, bedingt durch das allgemeine Völkerschicksal. Alle anderen Wendepunkte kommen aus ihm selbst, sind von ihm selbst herbeigeführt. Die 8er- bzw. 16er-Struktur zeigt sich also nur da, wo *das Ich selbst* den Lebensgang gestaltet, so daß es also doch berechtigt ist, von einer solchen Zeitstruktur in Jawlenskys Biographie zu sprechen.

Aber wie soll man das verstehen? Als isolierte Feststellung gibt es keinen Aufschluß.

Erst wenn wir auch hier alte Traditionen befragen, die den *qualitativen* Wert von Zahlen erforscht haben, erhalten wir überraschenden Aufschluß: In der jüdischen Tradition der Erforschung geistiger Formkräfte, deren Wesen mit einer Zahl ansprechbar ist, finden wir *die 8 als die Zahl des Fensters.*[66] Die 8 ist das Fenster, das aber ausdrücklich noch geschlossen ist. Die 8 ist die Zahl des Fensters, durch das hindurch wir das Neue schon sehen, ohne daß es aber schon Wirklichkeit geworden wäre.

Erst die Verdoppelung der 8, ihre Steigerung zur 16, bedeutet die gelungene Überwindung des Fensters, den Durchbruch durch das Fenster. Der Buchstabe, der im hebräischen Alphabet den Zahlenwert 16 hat, lautet *ajin*. Als Wort hat *ajin* die Bedeutung *Auge*. Da der Buchstabe *ajin* selbst aber nicht ausgesprochen wird, also keine sinnliche Qualität erreicht, ist *ajin das unleibliche, das dritte Auge*. Seine hebräische Form ist die nach oben offene 8. So ist die 16, die als geistiger Gestaltungsfaktor diesen menschlichen und künstlerischen Entwicklungsweg aus dem ureigensten Kern der Persönlichkeit heraus, aus dem Ich, strukturiert, die Zahl des dritten Auges, des Fensters zur geistig-göttlichen Welt, eben desjenigen spirituellen Fensters, das der Maler als Signatur seinen Gesichterbildern seit 1912 einprägt.

So konvergieren zeitliche Entfaltung des Lebensganges und künstlerisches Schaffen in dieser Zahl, die die Wirksamkeit des dritten Auges anspricht. Und die biographischen Bruchstellen, die in einem 16er-Schritt angeordnet sind, sind jeweils Momente des Öffnens eines Fensters. Das jeweils Nachfolgende, Neue erscheint alle 16 Jahre. Es sind Momente, in denen das Ich, die ureigensten Impulse, mit denen das Ich auf die Erde gekommen ist, sich kraftvoll aussprechen.

Inhaltlich, als Lebensmotiv, ist dieses 16er-Thema schon da, als der Fünfjährige vom plötzlich durch das Fenster hereinflutenden Licht überwältigt ist und als der Neunjährige einen ersten erschrockenen Blick in die Sphäre des Göttlichen wirft, vor der der Vorhang mit Posaunenschall unerwartet aufreißt.

Bei der letzten Gesichter-Serie, den »Meditationen«, malt Jawlensky jeweils *acht* Bilder auf einmal. Hier setzt sich die Fenster-Zahl in der ganz äußeren Organisation der Arbeitssituation durch. Während er Gesichter als Fenster in reinster Durchlässigkeit malt, ist die Arbeitssituation selbst im höchsten Maß durchlässig geworden, wie das sonst nur dem religiösen Vorgang zukommt.

Es handelt sich bei dieser Betrachtung der geistigen Potenz der die Biographie ordnenden Zahlen 8 und 16 nicht um eine Spezialität der jüdisch-kabbalistischen Tradition, wenngleich dieser Gesichtspunkt hier am weitestgehenden ausgearbeitet zu sein scheint. Auch die europäisch-christliche Tradition und auch in vorchristlichen Quellen erscheint die 8 als Zahl des Wendepunktes und Neubeginns, des Heraustretens aus der Abgeschlossenheit. Sie ist hier die *Zahl der Vermittlung*. Sie ist die Zahl des Christus selbst.[67] Es ist die Zahl der Gerechtigkeit, des Ausgleichs und der Vermittlung, weil sie in immer gleiche Teile zerlegt werden kann.

Auch in der stark spirituell geprägten russischen Religiosität, in der Jawlensky aufwuchs, finden wir diese Zusammenhänge angedeutet: Wie schon erwähnt, findet sich auf zahlreichen Mutter-Gottes-Ikonen ein Weisheitszeichen an der Stirn, eben eine Art drittes Auge. Die Konvergenz von Lebensgang und Kunstschaffen bei Alexey Jawlensky rundet sich nun darin ab, daß dieses Weisheitszeichen meist 16-strahlig oder 16-teilig ausgeführt wird[68], oft auch 8-strahlig.[69] Bei anderen Ikonen finden wir die Zahl 16 in der Bildkomposition. So sind einige Ikonen in einem 4 x 4-Aufbau gegliedert in einem Quadrat, das von einem zweiten Quadrat durchdrungen ist, mit geschwungenen Seitenlinien, also eine Art Potenzierung des Quadrats, und damit die Zahl 16 ansprechend.[70]

Die Ikone ist damit selbst als ein drittes Auge bezeichnet, und sie hat ihre religiöse Funktion ja darin, daß sie Fenster ist zur göttlichen Welt.

Es ist unwahrscheinlich, daß Jawlensky diese Zusammenhänge bewußt gewesen sind oder daß er sie gar bewußt eingesetzt hätte. Das soll auch hier nicht behauptet werden. Es geht vielmehr um den Nachweis innerer Entwicklungszusammenhänge, zu deren Vollzug Bewußtheit gar nicht gehören kann, da sich sonst die Eigendynamik der individuellen Entwicklung, wie sie hier durch die Signaturen 8 und 16 geprägt ist, gar nicht entfalten könnte.

Farbe und Form

Versucht man, Jawlenskys Wesen zu fühlen, wie es sich in seinen zahlreichen Briefen ausdrückt, so wird man eine tiefe Gemütskraft empfinden. Die Briefe sprechen von einer weichen, einfühlsamen Seele, die eine enorme Wärme in die Begegnung einbringen konnte. Dieses russische Gemüt ist ebenso stark wie erschütterbar. Nach dem Tod des Vaters muß der achtzehnjährige Jawlensky monatelang immer wieder weinen; als er einmal Beethoven hört, schluchzt er fassungslos. Diese weiche Seele ist so erschütterbar, so beeinflußbar, weil sie unbegrenzt ist, kaum eine eigene Grenze kennt. Im Gegenteil fühlt und schwingt diese Seele mit Naturvorgängen und mit den Empfindungen anderer Menschen mit und droht ständig, ins Uferlose zu schwimmen.

Die emotionale Intensität bedarf der Begrenzung und Formung, damit sie eines Tages spirituell sein kann. Das Gefühl ist noch nicht Religion. Erst das geformte, mit Bewußtsein gehandhabte, von einem starken Ich geführte Gefühl kann religiös werden.

So können wir Jawlenskys Weg zur äußersten spirituellen Verdichtung noch einmal verfolgen, indem wir seine Entwicklung in der Polarität von Farbe und Form sehen. Die Farbe spricht vom Gefühl und spricht zum Gefühl. Und der Gefühlsmensch Jawlensky wollte deshalb am liebsten nur mit der Farbe malen. »Meine Sprache ist doch Farbe.«[71] Lichtdurchtränkte Farbmassen führen ein starkes Leben, besonders in den Bildern bis zur Umsiedlung nach St. Préx 1914. Dabei hat diese Handhabung der Farbe mit der jeweiligen Farbigkeit des Gegenstandes nichts zu tun. Jawlenskys Farbe formuliert seine eigene innere Anteilnahme am Gegenstand, am Landschaftsmotiv, am Gesicht. Alle seine Gesichter, außer den frühen akademischen Übungen, tragen naturfremde Farben. Die Farbgewalt ist hier das, was das Gesicht beim Maler hervorruft. So war Jawlenskys Herz ganz bei der Farbe. Die Formung aber lag ihm zunächst gar nicht. Und seine Bilder enthalten keinen Formreichtum. Im Gegenteil bestehen die Gesichterserien darin, daß eine einmal gefundene Formgebung hunderte Male wiederholt wird. Das Neue von Bild zu Bild liegt dann in dem Farbspiel, das sich innerhalb des einmal gefundenen Rahmens darlebt. So kommt es zu der Aussage: »Meine Bilder sind nur mit der Farbe gesprochen.«

Aber in dieser Absolutheit stimmt das gar nicht. Denn im Gegenteil muß der Maler schon früh empfunden haben, was auch der Betrachter empfindet: Hätte man *nur* die Farbanhäufungen vor sich, man wäre überwältigt und würde zerfließen im Sog dieser

ungerichteten, nur sich selbst bezeichnenden Gefühlsstürme. So ist
der Maler gezwungen, die Formung hinzuzunehmen. Und dankbar greift er das Element des Cloisonnismus auf, als er sich mit den
Fauves auseinandersetzt. Was Macke »Jawlenskys ewige Spiegel-
eier«[72] nennt, das Auslaufende, Verfließende, Unbegrenzte seiner
Farbe, wird in ganz elementarer Weise durch einen dicken schwarzen oder dunkelblauen Strich zusammengehalten, der um die Farbe herumgezogen wird. Wie Dämme stellen sich solche dicken
Striche gegen die Gefühlsflut der Farbe. Sie explizieren die Form.
Aber es mutet fast gewalttätig an, wie sich zum Beispiel in Landschaftsbildern und Köpfen bis 1913 die Form zeigt. Was bei Gauguin, auf den der Cloisonnismus zurückgeht, noch viel poetischer,
leichter wirkt, gerät bei Jawlensky schon damals teilweise bis zur
Starre. Besonders in den Köpfen entsteht durch die dicken schwarzen Striche um das Gesicht und die Augen herum etwas Finsteres,
ja Dämonisches. Zum damaligen Zeitpunkt kann Jawlensky die
Form offenbar nur mit Gewalt, mit forcierter innerer Anstrengung,
auf seine Farbmassen legen. Man meint in diesem Dämonischen
die Gewalt zu spüren, die er sich selbst antun mußte.

Im Unterschied zu Matisse und den Fauves zeichnet bei Jawlensky die Umrißlinie den Gegenstand eigentlich nicht, sondern
sie verhält sich passiv und begrenzt lediglich die Farbströme.

Es ist deshalb folgerichtig, daß Jawlensky am Jugendstil, der im
damaligen München eigentlich nicht zu übersehen war, achtlos
vorbeigeht. Der Jugendstil pflegte eine ornamentale, primär formgebende Linienführung, die dann sekundär noch ausgemalt wird.
Jawlensky konnte damit und mit der darin liegenden Tendenz zum
Ästhetisieren nichts anfangen.

Dieses Weiche, Gefühlsstarke seines Wesens und seiner frühen
Malerei hat einen merkwürdigen schicksalstragenden Gegenpol
darin, daß Jawlensky bis 1921/22 in der massivsten Weise formgebenden Einflüssen *von außen her* ausgesetzt ist. Im Schicksal ist
der Gegenpol zur Farbnähe seines Wesens schon früh angelegt,
tritt in verschiedenster Gestalt immer wieder an ihn heran.

Da ist zunächst das soldatische Milieu, in dem er aufwächst. Hier
geht es um alles andere als um den Ausdruck des Gefühls. Hier
geht es um Form, Haltung, Ordnung und Geregeltheit. Auch au-

ßerdienstlich bewegten sich die höheren Militärs in Uniform, und die militärischen Etikette prägten auch das soziale Leben der Frauen und Kinder. Dies ist das Element der Familie, in der Jawlensky aufwächst. Erst 1896, mit der Umsiedlung nach München, schüttelt er diesen form- und haltgebenden Einfluß ab.

In diesem Moment tritt aber eine ganz andere Formung an ihn heran: In Marianne Werefkin begegnet Jawlensky dem ihn von außen her formenden Gegenpol seines gemütsbetonten Wesens. Damit beginnt ein bis zur zeitweisen Verfeindung ausartender Kampf zwischen unbegrenztem Strömen und dem sich scharf abgrenzenden Verstand, zwischen Farbe und Form.

Jawlenskys weiches Wesen, seine Fähigkeit zur Anpassung und zum Mitfühlen dessen, was im anderen vorgeht, und seine Situation als Lernender in der Malerei waren die Grundlagen dafür, daß er sich die ersten Jahre von Marianne Werefkin führen und leiten ließ. Sofort als sie ihn kennenlernte, hatte sie es ja ausdrücklich zu ihrem Lebenszweck erklärt, ihn zum Künstler zu machen, und zwar zu dem Künstler, der *ihre* künstlerischen Ideale verwirklichen sollte.[73] Ungeduldig, cholerisch drängte sie ihn in *ihre* Form, sie, die in einem Gefängnis aufgewachsen war und die ein Element der Starre und Übergeformtheit mit sich brachte. Sie konnte ihm nicht sein Eigentempo lassen, denn es ging ihr ja auch nicht um *seine* Kunst, und sie konnte nicht erkennen, daß es ihm einfach wesensfremd war, sich etwas auszudenken, zum Beispiel eine Malweise, und dies dann in der Praxis auszuführen. Ihr intellektueller, Standards formulierender Zugang zur Kunst mußte blutleer bleiben und konnte gerade die Gemütstiefe nicht erreichen, die Jawlenskys Kapital war. Seine Kunst war gelebt. Jawlensky malte aus dem Leben. Sie aber wollte, daß er aus dem Kopfe, und zwar aus ihrem, male.

Und hier zeigt sich die ganze Kompliziertheit dieser Begegnung. Denn erstens darf man es sich nicht so vorstellen, als wäre die Anführerschaft der Marianne Werefkin für Jawlensky einfach von Übel gewesen. Das war es nicht. Er hat entscheidende Anregungen durch sie und von ihr erhalten, ohne die er seinen Weg jedenfalls nicht so gegangen wäre. Er mag insbesondere empfunden haben, daß diese Frau die Fähigkeit hatte, die in ihm nur keimhaft angelegten Form- und Gestaltungskräfte zu wecken. Das heißt, sie vertritt etwas in allerdings ungemessener Übertreibung, was in ihm sich durchaus noch entwickeln muß: das Formgebende.

Sie andererseits hat in ihm offenbar etwas gesucht, was in ihr auch nur keimhaft angelegt war: eine freie, großzügige und tiefatmende Gemüthaftigkeit. Es berührt seltsam, daß die einzige konkrete Forderung, die sich in ihren veröffentlichten Aufzeichnungen finden läßt, die ist, daß Kunst emotional sein müsse.[74] Das aber kann man eigentlich nur mit Humor zur Kenntnis nehmen, wenn es ausgerechnet an Jawlensky als Forderung oder Erziehungsziel herangetragen wird. Schließlich gibt es wohl nur wenige Künstler, die so konsequent eine so starke emotionale Kunst geschaffen haben. Man kann diese Forderung angesichts ihrer Überflüssigkeit nur so verstehen, daß die Malerin hier eine eigene persönliche Sehnsucht formuliert. Ja, es spricht vieles dafür, daß dasjenige, was bei Jawlensky Unbegrenztheit war, geradezu ein Traum von ihr war, obwohl sie andererseits ihn und andere Menschen sehr stark durch ihren Erziehungs- und Formwillen eingrenzte. »Ich hasse die Realität, weil sie begrenzt ist. Meine Seele dürstete nach dem Unbegrenzten und Ewigen«[75], so schreibt Marianne Wefekin in ihren Tagebüchern. Sie suchte also genau das, was er überwinden mußte. Insofern war gerade sie die denkbar ungeeignetste Erzieherin für ihn, und dieses spannungsbeladene Verhältnis konnte logischerweise nur in Tragik enden. Seine Ambivalenz – die Form suchen und entwickeln müssen und sie andererseits am liebsten beiseite lassen – und ihre Ambivalenz – die Formlosigkeit und das Emotionale suchen und es andererseits in starre Formen des Willens und der Intellektualität zu pressen – bildeten zusammen ein explosives Gemisch, das nur wegen Jawlenskys eben grenzenloser Güte und seiner aufopferungsvollen Anpassungsfähigkeit so selten explodierte.

Auch bleibt es merkwürdig unbestimmt, was Marianne eigentlich genau von ihm wollte (von dem Ziel der emotionalen Kunst einmal abgesehen). Welches sind genau die Ziele und Methoden, die sie an ihn heranbringen wollte? Worauf wollte sie hinaus mit ihm und seiner Kunst?

Merkwürdigerweise ist es im weiteren Lebensgang Jawlensky, der den geformteren Kunstwillen hat, obwohl er diesbezüglich nie Absichtserklärungen abgegeben oder Pamphlete verfaßt hat. Durch sein elementares, gelebtes Verhältnis zur Kunst brauchte er solche Absichtserklärungen nicht.

In ihren von Fäthke veröffentlichten Aufzeichnungen[76] behauptet Marianne Werefkin, ihn geformt zu haben, und beklagt seine Undankbarkeit, aber auch seine Unfolgsamkeit. Jawlensky hat jedenfalls das Erziehungsziel Marianne Werefkins, er müsse ein emotionaler Künstler werden, sozusagen nach oben verfehlt: seine Gemüthaftigkeit immer mehr selbst formend und durch schmerzliche Entwicklungen immer größere Klarheit erreichend, wurde er ein spiritueller Künstler.

Und wenn sie ihre Enttäuschungen und Kränkungen ausgiebig darstellt, so spricht sie von *ihren* Erlebnissen, die man insofern natürlich ernst nehmen muß. Aber man darf fragen, was dem auf seiner Seite eigentlich entsprochen hat. Hat er sich selbst als ihr Werkzeug gesehen? Hat er ihre Pläne in der Breite wahrgenommen, wie sie diese schildert?

Natürlich hat er zahlreiche Anregungen von ihr aufgenommen, und anfangs war er auf ihre Führung, zum Beispiel zur französischen Kunst hin, auch angewiesen. Aber es zeugt von ihrer Verständnislosigkeit seinem Wesen gegenüber, daß sie dies zunächst als Erfolge ihrer pädagogischen Bemühungen sah. Ihr selbst gegebener Erziehungsauftrag – man hört nicht, daß *er* ihr diesen Auftrag gegeben hätte – rechnet überhaupt nicht mit seinem Temperament: Es liegt in seinem Temperament, zunächst einmal vieles aufzunehmen, es auszuprobieren, in Ruhe sich etwas entwickeln zu lassen, um dann aber mit großer Kraft und Sicherheit zu wissen, daß man es wieder abschütteln muß. Auf welche Einflüsse er sich letztlich wirklich einlassen wollte, das war keine Sache augenblicklicher Entscheidung, sondern das ergab sich ihm nach langer ruhiger Zeit als ganz elementarer Willensakt. Ganz anders sie: Zielsicher packt sie ein mit dem Verstand vorformuliertes Ziel an und beschließt, was sie dazu braucht und was nicht.

Es ist ihre Tragik, daß er so, in aller Ruhe und beharrlich, *seinen* Weg ging. Und so ist er eben nicht ihr Produkt. Er dachte, lebte und malte ganz anders, als es ihren Idealen und Zielen entsprochen hätte.

So ist die ihm schicksalsnotwendige Auseinandersetzung mit der Formfrage prägend für die Begegnung mit Marianne Werefkin, und diese Auseinandersetzung mit ihr und dem Formwillen, den sie vertritt, ist nicht damit zu Ende, daß er schon nach wenigen Jahren seinen eigenen Weg in der Malerei geht, und auch damit nicht, daß er sich 1921/22 persönlich von ihr trennt.

Das Ringen mit der Form und eben auch das Ringen mit dem übertriebenen, ins Starre und Drängende gehenden Formwillen dieser Frau sind für die Entwicklung seiner Kunst notwendige Lebensthemen. Nach der formgebenden Militärwelt und dem Formungswillen der Marianne Werefkin begegnet Jawlensky der Farb-Form-Spannung auch im Rahmen der lebhaften Gespräche in den drei Jahren der Neuen Künstlervereinigung München. So befaßte sich zum Beispiel Verkade damals mit dem Goldenen Schnitt und den damit gegebenen Formfragen. Besonders aber in der Person Kandinskys konnte Jawlensky ein ganz autonomes Ringen um die Farb-Form-Spannung miterleben. Er erlebte es bei dem Freunde mit, ohne selbst von dessen individueller Lösung geprägt zu werden. Kandinsky formte im Geiste, was er sodann malte. Schon Marianne Werefkin konnte Jawlensky diese Reihenfolge nicht nahebringen. Auch Kandinskys theoretische Schärfe war Jawlensky fremd, wie ihm Werefkins Verstandesschärfe fremd war. Hier endet bereits die Parallele zwischen Marianne Werefkin und Kandinsky in bezug auf Jawlenskys Entwicklung. Kandinsky wollte Jawlensky nie zu irgend etwas erziehen, im Gegenteil, es war ihm ein hohes Maß an Achtung für den Weg des anderen eigen.

Kandinsky hatte schon 1908 in Murnau einen ganz eigenen Versuch in Angriff genommen, sich zwischen Farbe und Form zu bewegen. Bei ihm löste sich die Farbe von der Form, und beide begannen, ein Eigenleben zu entwickeln. Zur gleichen Zeit rahmte Jawlensky seine Farbflächen mit dicken schwarzen Strichen ein.

Jawlensky hat Kandinskys Weg zur gegenstandslosen Malerei nie mitvollzogen. Schon das Primat der Form gegenüber der Farbe, wie es Kandinsky in seiner theoretischen Schrift formulierte, hätte sich Jawlensky unmöglich zu eigen machen können. Eine solche theoretische Festlegung muß er gegenüber dem Primat des Farblebens als blasphemisch empfunden haben.

In diesem Primat des farbtragenden Gemüts liegt auch der eigentliche Grund, warum Jawlensky sich mit der von Kandinsky zeitweise sehr forciert vertretenen Anthroposophie nicht verbinden konnte. Die geistige Welt ist Jawlensky gefühlsmäßig so selbstverständlich, daß er den denkerischen, erkenntnisorientierten Zugriff darauf als völlig fremd empfinden mußte. Jawlensky lag das Formende also nicht. Und trotzdem brauchte er es, sollte seine Kunst nicht in privater Gefühlsdarstellung sich erschöpfen. Es ist deshalb folgerichtig, daß ihm in seinem Lebensgang das Formende in verschiedener Gestalt – Militär, Werefkin, Kandinsky – *von außen* entgegenkam.

In den Jahren nach seinem »Emanzipationsjahr« 1912 finden wir nun etwas ganz anderes. Von außen kommt ihm jetzt nicht mehr ein Formungswille entgegen, sondern vielmehr ein vertrauensvolles Wohlwollen, vertreten durch Menschen wie Emmy Scheyer, Lisa Kümmel und andere Künstlerfreunde. *Nun aber kommt das Formende zunehmend von innen.*

In der Gesichterserie 1912/13, den »Quadratischen Köpfen«, erscheint die eigene Formkraft zunächst lediglich als Starre. Ein Beispiel haben wir in »Reife«, 1912. Hier scheint sich die krankheitsbedingt körperliche Erstarrung, die dann aber seelisch-geistig überwunden wird, anzukündigen.

Interessanterweise ist es dann die Serie der »Variationen über ein landschaftliches Thema«, die erste *eigenständige* Formgebung zeigt. Jawlenskys Formkräfte sind nun erwacht, und leise erst sprechen sie sich in den Variationen aus: Als traute er sich kaum, eigene Formungskräfte walten zu lassen, verzichtet er in dieser Serie auf die dicken dunklen Striche als Umrandung, gibt aber dem Gemütsvorgang, den das Malobjekt in ihm auslöst, einen anderen festen Rahmen: den Fensterrahmen. Alle diese Bilder in St. Préx sind *durch das Fenster gemalt.* Das ist noch nicht Form, aber es ist ein Halt, eben ein Rahmen, innerhalb dessen sich das Weitere dann abspielen kann. Die zarte eigene Formgebung erscheint dann zunächst in den feinen Bleistiftzeichnungen, mit denen er die Farbgrenzen festlegt, bevor er die Farbe aufträgt. So hat die Farbe hier ihren Halt nicht mehr in den dicken Strichen, wenn auch das Farbgeschehen selbst noch Halt braucht, den noch recht dicken Rahmen, der ins Bild eingetragen wird wie später auch bei den meisten Gesichterbildern. Andeutungsweise wird die Tätigkeit der Farbe jedoch durch die vorab geführten Bleistiftstriche begrenzt.

Dann, in der Serie der Heilandsgesichter, ab 1917, taucht die eigene Form mit ruhiger Bestimmtheit auf. Es ist das Jahr, in dem er Emmy Scheyer begegnet. Da er nun Zugang zu den eigenen Formkräften hat, ist die cloisonnistische Umrandung des Gesichts logischerweise nicht mehr nötig.

In den »Konstruktiven Köpfen«, der nächsten Serie, erreicht er schließlich eine erstaunlich geometrische Geformtheit. Hier sind die Heilandsgesichter, die die Augen schon geschlossen haben, ins lapidare weitergeführt. Mit den »Konstruktiven Köpfen« zieht etwas sehr Geordnetes in Jawlenskys Formgebung ein. Man hat jetzt keine Farbmassen und Farbberge mehr vor sich, eher Farbklänge, Sphärisches, ansprechende Farbharmonien.

1922, nach der Trennung von Marianne Werefkin, zeichnet Jawlensky eine kleine Serie von Gesichtern. Bei diesen Schwarz-Weiß-Lithographien geht es nur um Linie und Form.[77] Emmy Scheyer hatte ihn dazu angeregt. Aber er fühlte sich nicht wohl dabei. »Meine Sprache ist doch die Farbe.«[78] Er brauchte die *Spannung* von Farbe und Form; nur Farbe oder nur Form hätte ihn nicht weitergebracht.

Während also die Gesichter zunehmend von eigenen Formkräften gestaltet sind und Jawlenskys künstlerische Entwicklung seit 1912 nicht mehr von Außeneinflüssen geformt wird und seine persönliche Entwicklung ab 1921/22 nicht mehr unter der Aufsicht von Marianne Werefkin steht, setzt sich das Formende etwa ab 1928/29 *von innen her*, als Krankheit, in überwältigender Weise durch. Er, der selbst immer ein gespanntes Verhältnis zur Form hatte, wird physisch selbst starre Form. Und wir müssen sehen, in welch erstaunlicher Weise dieser sich nun abzeichnende Endpunkt seiner Entwicklung sich bereits in frühen Jahren ankündigt.

Jawlensky hatte Kandinsky einmal dabei beobachtet, wie er mit dem Lineal, einem äußeren Hilfsmittel zur Formgebung, eine Linie zeichnete. Er selbst lehnte solches Vorgehen für sich ab und betonte, daß die Linie aus der Bewegung, aus dem Zusammenspiel von Fingern, Handgelenk, Ellbogen, Schultern und Rumpf entstehen müsse. *Die Linie müsse aus dem Körper kommen* (persönliche Mitteilung von Maria Jawlensky, Locarno, August 1990). Und man ist betroffen zu sehen, wie sich das dann bei ihm selbst erfüllt: Der starre Körper des Siebzigjährigen bringt nur noch gerade Linien hervor. Die Linie kommt aus dem Körper. Dasjenige, worauf er in dem Gespräch mit Kandinsky besteht, wird sein eigenes Schicksal. Jawlenskys Kunst ist gelebt. Das bestätigt sich hier in einem unerwartet wörtlichen und tiefen Sinn.

Und man erinnere sich, daß Marianne Werefkin, als Jawlensky sie kennenlernte, durch eine Schußverletzung an der rechten Hand stark behindert war, so daß sie den Pinsel nur in der versteiften Hand und nur unter Schmerzen halten konnte. So erscheint hier ein Motiv in Werefkins Biographie, das am Ende in Jawlenskys Biographie prägend wird: das Malen mit der versteiften schmerzenden Hand.

Er hatte ihren Einfluß, als Künstler und Mensch, letztlich zurückgewiesen, war seinen eigensten Weg gegangen. Aber in dieser, den Höhepunkt seines Schaffens prägenden Signatur zeigt sich doch etwas von spätem Gehorsam. Das Starre, das Marianne Werefkin in Jawlenskys künstlerische Entwicklung gebracht hat, äußerlich bezeichnet durch die starre Pinselhaltung, kehrt wieder in Gestalt der von innen kommenden Krankheit, wiederum in das gleiche Bild gebracht: die starre schmerzende Malerhand. Diese Schicksalsverkettung geht noch weiter: 1896 malte Werefkin das bereits erwähnte Ganzkörperbild von Jawlensky mit den erstarrten Fingern![79] Vierzig Jahre später, 1936, wird Jawlensky fotografiert – in genau der Körper- und Kopfstellung, mit der gleichen erstarrten Fingerhaltung wie auf dem Bild von 1896.[80] Die im Gemälde eigentlich unmotiviert nach schräg unten weisenden starren Finger umgreifen im Foto einen Krückstock. Bei erstarrten Gliedern kann die Fingerhaltung gar nicht anders sein, wenn man einen Krückstock halten will, als so, wie Werefkin diese 1896 malte.

Jawlensky wird starr, wird selbst Form. Er wird körperlich dasjenige, mit dem er zeitlebens gerungen hat. Die eigenen Formkräfte, zunächst gar nicht entwickelt und ersetzt durch von außen kommende Formkräfte, erwachen offenbar in der Auseinandersetzung, in der Abgrenzung gegenüber dem ins Starre gehenden Formwillen der Marianne Werefkin. Zaghaft erst bestätigt sich die eigene Formkraft. Dann entfaltet sie ein sparsames eigenes Leben, hat aber immer auch die Note, Eingrenzungen des Gefühls zu sein. Schließlich bricht diese Formkraft mit Wucht von innen her durch und bemächtigt sich des eigenen Körpers. Der Maler, der nie durch die Form sprechen wollte, wird selbst Form. So ist die letzte Gesichterserie der »Meditationen« mit der eigenen Leiblichkeit gemalt, dem Körper abgerungen. Es ist eine Überwindung der Todeskräfte, und es ist deshalb berechtigt, daß man die letzten Bilder auch als Christusköpfe anspricht.

»Plötzlich bemerke ich, daß ich vollkommen allein bin.
Und ich prophezeie, ich weiß es voraus,
daß diese seelische Einsamkeit mein Schicksal sein wird.«
Belá Bartók

Belá Bartók
(1881–1943)

Einleitung

B elá Bartóks Biographie ist in besonderer Weise geeignet, die
starke Entwicklungsdynamik moderner Lebensläufe zu illu-
strieren. Die Entfaltung eines Lebenslaufes auf diesem Hintergrund zu verstehen, die Eigengesetzlichkeit seiner Komposition zu
zeigen, bedarf nicht der Aufzählung vieler Einzelereignisse, sondern der ständig wachgehaltenen Frage nach der Zukunft: Biographische Ereignisse erhalten ihre Bedeutsamkeit durch ihre Funktion für die individuelle Zukunft des betreffenden Menschen.
Erlebnisse und Umstände der Kindheit, Ideale und Versuche des
Jugendlichen, Entscheidungen des Erwachsenen, Begegnungen
und Trennungen, Krankheit, Mißerfolge sind daraufhin zu befragen, inwieweit sie geeignet sind, die weitere Entwicklung des betreffenden Menschen zu befördern, ob sie Zukunft freisetzen oder
Vergangenheit zementieren.

Bartók konnte stets den Zukunftsgehalt dessen aufgreifen,
was schicksalsmäßig auf ihn zukam. Er fand in seinen vielen
Niederlagen immer wieder Anschluß an einen Aufrichteimpuls.
Etwas Mutiges, Ichhaftes kennzeichnen sein Leben und sein
Schaffen.

Der wunderbare Mandarin

Skandal im Kölner Opernhaus am 28. November 1926: »Der wunderbare Mandarin« von Belá Bartók war uraufgeführt worden, das Unerhörte zu Gehör gebracht.

Die »Kölnische Volkszeitung« empörte sich: »Als bei der Uraufführung der einaktigen Pantomime ›Der wunderbare Mandarin‹ von Melchior Lengyel, Musik von Belá Bartók, am Samstagabend der Vorhang fiel, brach in dem stark besetzten Hause ein Entrüstungssturm los, wie ihn das Kölner Opernhaus noch nicht erlebt hat. Minutenlang dauerte das Zischen, Pfeifen und Pfuirufen an, verstärkte sich, als nackte Frauenarme aus einer Loge ... dem Dirnenstück demonstrativen Beifall zu klatschen wagten, und erreichte seinen Höhepunkt, als der anwesende Komponist vor dem Vorhang sich zeigte. Eine Zischwoge einhelliger Entrüstung empfing ihn und scheuchte ihn wieder zurück. Das Fallen des eisernen Vorhanges machte den lärmenden Kundgebungen ein Ende, und es war kein glücklicher Einfall, daß Belá Bartók durch ein nochmaliges Erscheinen vor der kleinen eisernen Tür eine Rehabilitierung zu ertrotzen versuchte.

Aber nicht gegen ihn und die Brutalität seiner Musik, einer Musik jener grimassierenden Rhythmen und durch Denaturierung der Instrumente entstehenden orchestralen Mißklänge ... richteten sich in erster Linie die entrüsteten Protestkundgebungen des sonst so duldsamen und anwesenden Komponisten gegenüber stets so höflich entgegenkommenden Kölner Premierenpublikums, sie treffen vielmehr die verantwortlichen Leiter unserer Oper, die sich durch Annahme und Aufführung der Bartókschen Pantomime ein Attentat auf den sittlichen Ernst, feineres Empfinden und künstlerischen Geschmack haben zuschulden kommen lassen ... Grauenhaft die Selbsterniedrigung, zu der hier die Musik gezwungen wird. Ihrer Natur nach dazu bestimmt, reinen und edlen Empfindungen Ausdruck zu geben, muß sie hier mit dem Verbrechen und Laster gemeinsame Sache machen und wird, entseelte rhythmische Geräuschmusik, selbst zur Straßendirne. Und der Mann, der sie zu dieser Selbstentwürdigung zwang, ist ein um die Musikwissen-

schaft seines Landes verdienter Akademiedozent!«[1] Konrad Ade-
nauer damals Oberbürgermeister von Köln, ließ den Direktor der
Oper zu sich kommen, maßregelte ihn und verbot weitere Aufführungen in seiner Stadt.

Es gibt Gesten, Situationen, Kunstwerke, in denen sich zeichenhaft
ein ganzes Leben verdichtet. »Der wunderbare Mandarin« ist so
ein Kunstwerk. Alle wesentlichen biographischen Themen, alle
»roten Fäden«, die sich durch Bartóks Biographie ziehen, verwe-
ben sich in diesem Musikspiel zu einer Ausdrucksstärke und Dynamik, die das damalige Publikum nicht ausgehalten hat und folglich
ablehnen mußte.

Nachdem das Werk in Ungarn selbst gar nicht erst zur Uraufführung zugelassen wurde, weil es schon aufgrund der Partiturvor-
lage von den konservativen Kulturverwaltern als fremd, exotisch
und barbarisch beurteilt wurde, hatte sich Bartók die Uraufführung
in Deutschland gewünscht, weil er sich da den größten Erfolg er-
hofft hatte. Aber Kunstwerke, die einerseits die Biographie ihres
Autors wie in einem Brennglas verdichten können, haben ihrerseits auch eine Biographie, und sie können die *gleiche* Biographie
haben wie ihr Autor. Und so wie Bartók mit seinem kompositori-
schen Schaffen, seiner Art, als Pianist aufzutreten, seinem spröden
persönlichen Wesen und als Volksliedforscher als fremd, exotisch
und barbarisch zurückgewiesen wurde, so erging es auch diesem
Werk. 1919, nachdem er sich mit Strawinskys »Sacre du printemps«
befaßt hatte, komponierte Bartók den »Wunderbaren Mandarin«
im Klavierauszug, 1924/25 wurde dieser instrumentiert. Die Uraufführung in Budapest wurde abgelehnt. 1926 in Köln fiel das Stück
bei der Uraufführung durch. 1931, zu Bartóks 50. Geburtstag – er
war inzwischen international berühmt und, außer in Ungarn, in
interessierten Musikkreisen gefeiert – wollte, ja mußte ihm die
Budapester Oper ein Gutes tun und setzte in einer sehr entschärf-
ten Fassung das Werk nach vielen Aufschiebungen zur Aufführung
an. Bartók wurde kurz vor dem geplanten Aufführungstermin zur
Beurteilung der Aufführung eingeladen. Er besah sich das verstüm-
melte Ergebnis, verlangte Erklärungen, erhielt verworrene Antworten, die er schließlich beiseiteschob mit den Worten: »Meine

Herren, Sie haben mich irregeführt. Sie kennen nicht einmal meine Musik.«[2] Bartók verbot die Aufführung. 1941 gab es einen erneuten Vorstoß. Einflußreiche Kreise schmetterten ihn ab. Und erst 1946, ein Jahr nach dem Tod des Komponisten, wurde das Werk in Ungarn zur Aufführung gebracht.

Der Inhalt ist so schockierend wie die Musik: In einer finsteren Behausung zwingen drei Ganoven ein junges Mädchen, Männer von der Straße zu locken, damit sie sie ausrauben können. Ein älterer Mann und ein Jüngling sind die ersten Opfer. Als dritter erscheint, fremd und von weit her, eine seltsame Gestalt: der wunderbare Mandarin. Das Mädchen entwickelt seinen verführerischen Tanz. Der Mandarin läßt sich nicht nur anlocken, sondern er entbrennt in leidenschaftlicher Liebe zu dem Mädchen. Als sie dies merkt, entzieht sie sich. Jetzt jagt ihr der Mandarin nach. In dem Moment, als er sie erreicht, kommen die Ganoven aus ihrem Versteck, berauben ihn und versuchen ihn zu töten. Als sie ihn schon tot glauben, hebt er den Kopf, gehalten im Leben vom Verlangen nach dem Mädchen. Ein zweites Mal versuchen die Ganoven, ihn zu töten. Aber der Mandarin erhebt sich wieder und versucht, sich an das Mädchen zu klammern. Ein dritter Mordversuch mißlingt wieder. Da öffnet sich das Mädchen dem Fremden; sie versteht, daß der Mandarin der erste ist, der sie wirklich begehrt. Sie nimmt ihn an in seiner Leidenschaft. Und jetzt kann er sterben.

Indem Bartók diese Handlungsvorlage wählte und dazu eine alles Konventionelle hinter sich lassende Musik komponierte und längst vergessene Rhythmen und Gesänge aufgriff, formulierte er sich selbst. Er war selbst ein wunderbarer Mandarin. Die Großstadt, die hektische Zivilisation war ihm feindlich, beraubte ihn seiner Kräfte. Statt dessen entflammte sein ganzes Wesen für das Ursprüngliche, Naturhafte, im »Wunderbaren Mandarin« als das Mädchen dargestellt. Von diesem Ursprünglichen aufgenommen zu werden war sein Ziel. Musik und Inhalt des »Wunderbaren Mandarin« drücken genau die Spannung aus, aus der heraus Bartóks Werk und Leben sich entwickelt: die Spannung zwischen Fremdsein, Bedrohtsein einerseits und dem Verfügen über elementare vitalste Kräfte andererseits. Die Figur des »Wunderbaren Mandarin« ist das Bild dieser Spannung.

Wer will sich schon zumuten, so etwas anzuhören und anzusehen? Fremd und anstrengend wie sein Werk ist Bartók selbst.

Kindheit

Belá Bartók wurde am 25. März 1881 in Ungarn, in dem kleinen Dorf Nagyszentmiklós, geboren, das heißt auf deutsch »Großsanktmichael«. Der Vater war Direktor einer landwirtschaftlichen Schule; seine Liebe galt aber nicht der Landwirtschaft, sondern der Musik: Er spielte leidlich Cello, komponierte auch ein paar kleine Tanzstücke, veranstaltete Hauskonzerte. Die Mutter, Volksschullehrerin, aus Deutschland stammend, war ernsthafter mit der Musik verbunden. Sie war ausgebildete Pianistin. Sie lebte ganz in der Musik und in der Erziehung des kleinen, ständig kranken Belá.

Belás Serie von Krankheiten begann mit einer allergischen Reaktion auf eine Pockenschutzimpfung im 3. Lebensmonat. Erst bekam er einen Ausschlag im Gesicht, dann einen heftigen und quälenden Juckreiz am ganzen Körper. Fünf Jahre lang hatte er daran zu leiden, viele erfolglose Behandlungsversuche mußte er über sich ergehen lassen. Zeitweise kam er gar nicht zum Einschlafen wegen des ständigen Juckreizes. Sein Gesicht war über Tage und Wochen immer wieder entstellt durch den Ausschlag, so sehr, daß er auf sein Zimmer geschickt wurde, wenn Besuch kam. Man wollte den Gästen den Anblick des geröteten und zerkratzten Gesichts ersparen. Erst als er fünf Jahre alt war, ging dieser Ausschlag nach einer Arsenbehandlung zurück. Aber andere Leiden und Krankheiten folgten. Asthmatische Atembeschwerden verleideten ihm immer wieder das Herumtoben, schwere Bronchitis fesselte ihn mehrmals ans Bett. Eine Rückgratverkrümmung kam hinzu. Der Arzt verbot Belá zu sitzen. Er mußte im Stehen essen. So war er durch die Leiden, Krankheiten und Kränklichkeiten ans Haus gebunden. Mit anderen Kindern kam er gar nicht in Berührung. Er machte nie die Erfahrung, mit Gleichaltrigen zu spielen.

Bald spielte Belá einfache Lieder auf dem Klavier, mit elf Jahren gab er sein erstes Konzert in Preßburg. Seine Karriere als Pianist begann.

1888 starb sein Vater an der Addison-Krankheit (Leukämie). Große finanzielle Probleme entstanden dadurch. Die Mutter war gezwungen, eine Berufstätigkeit aufzunehmen. Zeitweise arbeitete sie als Volksschullehrerin. Sie gab Klavierstunden. Sechsmal innerhalb von vier Jahren mußte die kleine Familie umziehen, teils wegen der chronischen Arbeitssuche der Mutter, teils weil Belá aus medizinischen Gründen Luftveränderungen brauchte.

Die Familie, das waren außer seiner Mutter seine vier Jahre jüngere Schwester Elsa und seine Tante Irma, die nach dem Tod des Vaters in die Familie eingezogen war. So wuchs Belá nun, immer noch kränklich, andererseits schon als begabter Musiker zu erkennen, in einem Frauenhaushalt auf.

Der neunjährige Bartók komponierte bereits. Plötzlich brach es eines Tages aus ihm heraus, und er spielte seiner Mutter auf dem Klavier ein Stück vor, das er am Abend vorher innerlich gehört hatte. Es sind kleine Tanzstückchen, Walzer, die er komponierte. Gewissenhaft numerierte er seine Kompositionen. Nr. 18 heißt »Der Lauf der Donau«, ein Stimmungsstück. Das komponierende und klavierspielende Kind erntete einigen Erfolg in der Preßburger lokalen Öffentlichkeit.

Ein Organist erkannte Bartóks eigentliche Begabung und schlug der Mutter vor, Belá auf der Musikhochschule in Budapest vorzustellen. Sie folgte der Aufforderung. Die Musikhochschule wollte ihn sofort aufnehmen. Die Mutter zog es aber vor, ihm zunächst eine solide Schulbildung zu vermitteln, und schickte ihn erst einmal aufs Gymnasium. Da die Familie immer noch ständig umherzog, mußte Belá immer wieder die Schule wechseln.

So wie er im ersten Jahrsiebt in seinem Körper und unter gleichaltrigen Kindern nicht richtig heimisch werden konnte, so konnte er in den frühen Jugendjahren nach dem Tod des Vaters örtlich nicht heimisch werden, als ob er nirgendwo richtig hingehörte.

Die patriotische Phase

Ein biographisches Thema ist ein Lebensthema, das unter Widerständen, Schmerzen, Hindernissen und Kämpfen immer wieder
mit Beharrlichkeit auftaucht, neu ansetzt und unbeirrt den Lebensgang zu prägen sucht. Auch gegen den eigenen Widerstand des
Betreffenden kann sich ein solches biographisches Thema durch-
zusetzen versuchen: Belá Bartók bekämpfte immer wieder die Erfahrung, ein Fremder zu sein, nicht heimisch zu sein, nicht dazuzu-
gehören.

Er suchte Heimat und fand doch immer wieder Fremdheit. In
der patriotischen Phase erreichte er es einmal, kurz nur, für wenige
Monate, beheimatet zu sein in der eigenen Heimat, um gleich darauf ernüchtert festzustellen, daß er sich politisch, menschlich und
als Komponist chauvinistischer Engstirnigkeit hingegeben hatte.

Nach der von Krankheit, Verlust des Vaters, lokaler Unruhe und
von Fremdheit gegenüber Gleichaltrigen geprägten Kindheit
schloß er sich als junger Mensch der nationalistischen Welle in
Ungarn an.

Bartók wurde Patriot.

Die Ungarn, die unter der Monarchie der österreichischen
Habsburger mit Österreich zusammengeschlossen waren, waren
seit der Jahrhundertfeier 1896 von einer tiefen Sehnsucht nach Unabhängigkeit erfaßt. Auf jedem Gebiet wollte man die ungarische
Eigenart betonen. Auch der junge Bartók ließ sich von dieser Welle
ergreifen und wurde damit für einige wenige Monate »heimisch«,
gehörte dazu.

Bartók war zweisprachig aufgewachsen, zu Hause sprach man
Ungarisch und Deutsch. Besonders die Mutter sprach besser und
lieber Deutsch als Ungarisch. Später lernte Bartók auch noch die
Sprache der slowakischen Landbevölkerung, als er mit seiner Mutter, Schwester Elsa und Tante Irma in Nagyszöllös lebte. Mit Eifer
studierte er auch andere fremde Sprachen. Intensiv befaßte er sich
mit der Sprachgeschichte der ungarischen Sprache.

Jetzt verlangte er von seiner Mutter, daß sie ungarisch spreche.
Der inzwischen schon einigermaßen berühmte Pianist, der sein

Musikstudium gerade ohne Prüfung, aber mit Auszeichnung abgeschlossen hatte, trat auf dem Konzertpodium und in Gesellschaft in ungarischer Nationaltracht auf. Seine Schwester forderte er anläßlich eines seiner Konzerte auf, Bauerntracht anzulegen. Und ihr deutscher Name »Elsa« war nun eine Beleidigung für sein patriotisches Ohr. So schrieb er an seine Mutter: »Ich schlage vor (und rechne unbedingt darauf, daß Ihr meinem Vorschlag sofort allgemein zustimmen werdet), daß wir Elsa künftig Böske nennen.«

Er kaufte sich Briefpapier mit der Kopfaufschrift »Gott segne Ungarn«, das ist die erste Zeile der ungarischen Nationalhymne. Aus dieser Zeit gibt es auch einige arrogante Bemerkungen von ihm über nationale Minderheiten und Juden.

An seine Mutter schrieb der 22jährige anti-habsburgische Widerständler: »Jeder Mann muß sich, wenn er die Mannesreife erreicht hat, darüber klar werden, für welche idealen Ziele er kämpfen will, damit er sein ganzes Wirken und all seine Taten dementsprechend gestalte. Was mich betrifft, so werde ich in meinem ganzen Leben, auf jedem Gebiet und auf jede Weise, ein einziges Ziel verfolgen: der ungarischen Nation und der ungarischen Heimat zu dienen. Ich glaube, diese Absicht habe ich durch meine weniger bedeutenden sowie auch meine wichtigeren Handlungen auch bisher schon bewiesen, soweit meine bescheidenen Kräfte ausreichten.«

Das hier verkündete Lebensprogramm sollte sich in der Tat erfüllen, aber ganz anders, als Bartók sich das damals vorgestellt hatte.

Als Komponist kam er in dieser Zeit nicht recht weiter. Er verkehrte im Salon der Emma Gruber, in dem sich damals die ungarische Musikwelt traf. Man tauschte sich aus, man suchte das spezifisch Ungarische in der Musik, es fehlte jedoch eine Bestätigung der nationalistischen Welle aus dem Kulturschaffen. Am 12. März 1902 hörte Bartók eine Aufführung des »Zarathustra« von Richard Strauß. Er war wie elektrisiert. Endlich taten sich neue künstlerische Möglichkeiten für ihn auf.

Sofort konnte er wieder komponieren, und es entstand die sinfonische Dichtung »Kossuth, ein ungarisches Heldenleben«. Dies war genau das, was die ungarische Musikwelt gesucht hatte: ein nationalistisches Musikwerk.

Lajos Kossuth war ein ungarischer Nationalheld und Republikaner gewesen, der 1848 den ungarischen Aufstand gegen die Herrschaft der Österreicher angeführt hatte. Der Aufstand hatte letztlich zur Aufrichtung der österreichisch-ungarischen Monarchie unter den Habsburgern geführt. Bartók komponierte den Kossuth mit geradezu agitatorischen Absichten. Das Epos sollte die Sehnsucht der Ungarn nach Unabhängigkeit ausdrücken und den heldenhaften Kampf besingen. Die Uraufführung am 13. Januar 1904 war ein triumphaler Erfolg. Es gab minutenlangen Beifall. Bartók, in Nationaltracht, mußte immer wieder vor den Vorhang. So wurde er über Nacht berühmt und gefeiert. Nun war er der Held der Stunde. Er hatte der nationalen Welle hörbaren Ausdruck verliehen. Aber dies war kein Erfolg als Komponist. Es war ein politischer Erfolg. Bartók hatte sich für einen Moment an die Spitze einer emotional-politischen Bewegung gestellt.

Und doch klingt, wie beiläufig und leise, das Lebensthema des Fremden wieder an: Obwohl »Kossuth« noch kaum den späteren sperrigen Bartók erkennen läßt – das Stück folgt romantischen Traditionen –, sind doch einige für das damalige Ohr fremde und neue, leicht schräge Klänge enthalten. In all die politisch motivierte Begeisterung über das Stück mischten sich erste Beanstandungen der Presse ein wegen einiger ungewohnter und deshalb unbequem zu hörender Tonfolgen.

Auch in der Art und Weise, wie das Werk zur Uraufführung kam, zeigt sich etwas wie ein Sprung, ein Riß zwischen Beheimatet-Sein und Fremd-Sein: »Kossuth« konnte zunächst in Ungarn gar nicht aufgeführt werden, denn das Staatliche Orchester bestand in der Mehrzahl aus Deutschen. Diese hätten sich geweigert, ein nationalistisches ungarisches Werk zu spielen. Erst als der »Kossuth« in Manchester, England, aufs Programm gesetzt worden war, nahm ein anderes ungarisches Orchester, die Budapester Philharmoniker, das Werk an. Dies aber auch nur unter Widerständen. Da das Stück eine Art musikalischer Karikatur der österreichischen Nationalhymne enthielt – hier kündigt sich Bartóks Neigung zu grotesken Klängen an –, gab es bei den Proben

Tumulte im Orchester. Dieses Orchester hatte viele österreichische Mitglieder, die nun ihrerseits kein Stück spielen wollten, in dem die eigene Nationalhymne verballhornt wurde. Mit viel Überredungskunst konnte das Werk aber dann doch aufgeführt werden. Am Aufführungstag ließen sich jedoch fünf Mitglieder des Orchesters krank schreiben. So zeigt sich eine kaum zu übersehende Geste des Schicksals: Selbst dieses nationalistische Werk von Bartók konnte im eigenen Land nur unter großen Widerständen aufgeführt werden.

Auch Kunstwerke haben ihre Biographie. Diese ist oft von den gleichen Gestaltungsgesetzen geprägt wie die Biographie des Künstlers selbst. Das wird hier wieder ganz deutlich. Vielen von Bartóks späteren Werken ist es genau so gegangen: Sie konnten nicht oder nur unter großen und zähen Kämpfen und nach langen Verzögerungen im Land des Komponisten aufgeführt werden. Beim »Kossuth« waren es deutsche und österreichische Gruppen, von denen die Ablehnung ausging, während Ungarn begeistert war. Bei den späteren Werken ging die Ablehnung von den Ungarn aus.

Bereits ein Jahr nach der Komposition des »Kossuth« distanzierte sich Bartók von dem Werk. *Seine* nationalistische Phase war zu Ende. Die ungarische Gesellschaft aber verharrte darin, bis sich in den dreißiger Jahren viele Bürger der faschistischen Welle anschlossen.

Es war genau die Suche nach der wahren ungarischen Musik, nach den musikalischen Quellen des Ungartums, die Bartók schnell von allem Nationalismus entfernte und ihn wieder in die Rolle des Fremden in der eigenen Heimat verbannte.

Die Volksliedforschung. Suche nach Heimat

Was ist eigentlich die Heimat, der Ursprung eines Ungarn zu Anfang dieses Jahrhunderts? Ungarn bestand zur Hälfte aus Nicht-Ungarn Rumänen, Slowaken, Deutschen. Politisch gehörte es zu

Österreich. Kulturell wurde es sehr stark vom deutschen und französischen Kulturleben geprägt.

In Bartóks Biographie spiegelt sich dies wider: Sein Vater stammte aus Nordungarn, das ist die südliche Slowakei; die Mutter war deutscher Abstammung. Die rund 10.000 Einwohner der Ortschaft Nagyszentmiklós, in der Bartók geboren wurde, setzten sich aus Ungarn, Rumänen, Deutschen und Slawen zusammen. Zu Hause wurde deutsch und ungarisch gesprochen. Belá selbst sprach meist ungarisch. Die Titel und Texte seiner Jugendwerke sind aber in Deutsch verfaßt. Seine Mutter sprach deutsch. Die meisten Lehrer Bartóks an der Musikakademie in Budapest waren Deutsche.

Wie kann sich auf diesem Hintergrund das Thema der Suche nach Heimat und Zugehörigkeit überhaupt entfalten? Ein früher Versuch, Heimat zu empfinden, war Bartóks Mitschwimmen in der patriotischen Welle. Aber sogleich wurde diese Suche nach den Quellen ernster und tiefer: Noch in der patriotischen Phase plante er, ungarische volkstümliche Lieder zu bearbeiten. Dieser Plan entstand zunächst aus dem Bedürfnis heraus, das »Urungarische« auf dem Gebiete der Musik zu finden. Bartók wollte die musikalischen Quellen des Ungarntums aufsuchen. Nun war der Ausgangspunkt dieser Forschung ein Irrtum, in dem sich damals die ungarische Öffentlichkeit, die Fachwelt und auch Bartók befanden, ein Irrtum, den der Komponist Franz Liszt in den Rang einer Art Staatsmeinung erhoben hatte: Als ungarische Volksmusik galt die Zigeunermusik. Diese aber fußte ihrerseits auf in der Romantik verfaßten Kunstliedern.

In dieser Situation verbrachte Bartók einen Erholungsurlaub fern der Großstadt in Nordungarn auf dem Lande. Er empfand hier die Intaktheit der bäuerlichen Kultur. In dem Haus, in dem er wohnte, hörte er eines Tages ein Bauernmädchen namens Lidi Dósa Bauernlieder singen. Bartók war ergriffen von der Einfachheit, Klarheit und rhythmischen Kraft dieser pentatonischen Lieder. Sofort schrieb er einige auf. Diese Lieder waren völlig neu für ihn. Sie waren ganz anders als das, was damals in Ungarn als »Volkslied« galt. Sie waren von fremdartigem Klang, wie aus einer anderen Kultur. So begegnete Bartók hier in der bäuerlichen, noch ursprünglichen Umgebung das Heimatliche als etwas Fremdes, Neuartiges.

Und ein Spannungsverhältnis klingt an, das in der Zukunft eine starke Bewegung in die Biographie dieses Komponisten bringen sollte: Das Heimatliche, Ursprüngliche ist im Leben und Werk dieses Mannes immer auch das Fremde, Neue, Zukünftige. Bartóks Suche nach Heimat ist *auch* eine Suche nach dem Neuen und Unbekannten. Man darf seine Suche nach den Quellen nicht romantisch mißverstehen. Es ist nicht die Suche nach dem Altvertrauten, Gemütlichen, Traditionellen. Es ist vielmehr der radikale Drang, die Dinge bis auf ihren im Unbekannten liegenden Ursprung zurückzuverfolgen, den Wurzeln des eigenen Musikertums bis in alle Tiefen nachzugehen. Und dabei entsteht das Neue.

Bartók beschloß, solche Lieder, wie er sie von Lidi Dósa hörte, systematisch aufzuzeichnen und zu untersuchen. Wieder zurück aus dem Urlaub, erhielt er einen zweiten Anstoß durch einen Artikel des ungarischen Komponisten Zoltan Kodály in der Zeitschrift »Ethnographia« über die Methodik der Volksliedforschung. Bartók wandte sich an Kodály, um nähere Angaben zu bekommen. Kodály machte ihn vertraut mit der Technik der Tonaufnahmen mit dem Phonographen, einer Wachswalze, auf die die Tonspur eingraviert wird. Dies war der Beginn einer tiefen und das Leben dauernden Freundschaft und Zusammenarbeit zwischen den beiden Komponisten.

Bartók stürzte sich nun in die Volksliedsammlung und -forschung. Für ihn ist das Volkslied eine Art unverdorben gebliebene Natur. »Die Bauernmusik im engeren Sinn ist also das Ergebnis umgestaltender Arbeit einer unbewußt wirkenden Naturkraft. Sie ist die instinktive Schöpfung einer von aller Gelehrtheit freien Menschenmenge. Ein Phänomen wie beispielsweise die verschiedenen Manifestationsformen der Tier- und Pflanzenwelt ...« Er entdeckte auf seinen Sammelreisen viele mehrhundertjährige Melodiegruppen, die aber, wie alles Organische, sich ständig weiter gewandelt haben. Er spricht von der »belebenden Kraft dieser reinen Quelle«. Er schätzt die Knappheit und Präzision, die Vermeidung alles Überflüssigen und Weitschweifigen. Die Lieder »verkörpern die höchste künstlerische Vollendung, die zum Vorbild

dient, wie man in der einfachsten Form und mit den bescheiden-
sten Mitteln einen musikalischen Gedanken am vollkommensten
ausdrücken kann.«

Als Träger dieser urtümlichen Musik sieht er »die Bauern-
klasse«, die von der städtischen Zivilisation unberührt geblieben ist.
Er bezeichnete später die Zeit, die er in Dörfern unter Bauern verbracht habe, als die glücklichsten Tage seines Lebens.

Bartók war aber auch hier, unter den Bauern, der Fremde. Er
sammelte und verehrte ihre Lieder, schwärmte vom Bauerntum,
zeigte damit aber nur, daß er vom wirklichen Leben der Bauern,
der Kargheit und sozialen Unfreiheit, keine Ahnung hatte. Mit
steifem Hut, dem Mantel aus gutem Tuch, die Phonographenwalze
auf den Knien, so fuhr er im Pferdewagen über Land, um Lieder zu
sammeln. Er wähnte sich eingehüllt durch die bäuerlichen Menschen und blieb doch der fremde und vornehme Herr aus der
Stadt, der aus unerfindlichen Gründen mit einer komischen Walze
herumläuft und unbedingt alte Lieder hören will. Auch wenn die
Bauern nach und nach doch Vertrauen zu ihm faßten, so war er
doch nie einer der ihren. Er aber, aus der Sehnsucht nach Heimat,
bildete sich das ein. Wenn er auf Volksliedsammelfahrt war, ist ganz
vergessen, was er 1905 an seine spätere erste Frau geschrieben hat:
»… plötzlich bemerke ich, daß ich vollkommen allein bin. Und ich
prophezeie, ich weiß es voraus, daß diese seelische Einsamkeit
mein Schicksal sein wird.«

Zu Teil mit Kodály zusammen, zum Teil mit anderen Beglei-
tern, sah man Bartók nun in den Jahren 1905, 1906, 1907 durch Ungarn reisen, unter beschwerlichen Umständen, auf staubigen Wegen. Man nächtigte in ungemütlichen Absteigequartieren, schlief
auf Schulbänken.

Nur unter Aufbietung aller Überredungskünste waren die Bauern bereit, alte Lieder zu singen. Oft taten sie zunächst so, als
kennten sie keine. In einem Vortrag berichtet Bartók über diese
Arbeit: »Man kann sich kaum vorstellen, wie viel Arbeit und Anstrengung mit diesem Sammeln verbunden waren. Wir mußten,
um ein von der Zivilisation unberührt gebliebenes Musikmaterial
aufzufinden, Dörfer aufsuchen, die von den Zentren der Zivilisation und den Verkehrslinien so entfernt wie möglich lagen. Damals

gab es noch viele solcher Dörfer in Ungarn. Wollten wir ältere Lieder auffinden, eventuell mehrere Jahrhunderte alte Melodien, so mußten wir uns an alte Leute, insbesondere an alte Frauen wenden, die sich jedoch schwer zum Singen überreden ließen. Sie schämten sich, vor fremden Herren zu singen, und befürchteten, von den übrigen Dorfleuten verspottet und ausgelacht zu werden, auch hatten sie Angst vor dem Phonographen (wir arbeiteten fast immer mit einem Phonographen). Kurz und gut, wir mußten in den elendsten Dörfern und unter den primitivsten Verhältnissen leben und uns bemühen, die Freundschaft und das Vertrauen der Bauern zu gewinnen. Letzteres war besonders schwer, da früher die Bauern vom Adel derart ausgenutzt waren, daß sie jedem, der aus der Herrenklasse zu stammen schien, Mißtrauen entgegenbrachten. Und doch kann ich nur sagen, daß mir unsere auf diesem Gebiet verrichtete mühevolle Arbeit größte Freude bereitet hat. Es waren die glücklichsten Tage meines Lebens, die ich in Dörfern, unter Bauern verbracht hatte.

Im Zusammenhang hiermit muß ich noch der ausschlaggebenden Wichtigkeit eines Umstandes Erwähnung tun: die Tatsache, daß wir das Sammeln eigenhändig verrichten mußten und daß wir das Melodiematerial nicht in Abschriften oder gedruckten Sammlungen kennenlernten, wurde für uns entscheidend. Die Melodien in Handschriften oder gedruckten Sammlungen sind im allgemeinen totes Material. Wir können durch sie, vorausgesetzt, daß sie zuverlässig sind, zwar Melodien kennenlernen, doch ist es unmöglich, auf Grund dieser Sammlungen in das wirkliche, leibhafte Leben der Volksmusik einzudringen. Wer das pulsierende Leben dieser Musik wirklich fühlen will, der muß es sozusagen erleben, und das kann er nur durch den unmittelbaren Umgang mit den Bauern erreichen. Von dieser Musik mit ihrer ganzen Macht ergriffen zu werden, was unumgänglich notwendig ist, wenn sie schöpferisch auf uns einwirken soll, dazu genügt es nicht, die Melodien zu lernen. Ebenso wichtig ist es, auch die Umgebung zu sehen und zu kennen, wo diese Melodien leben. Wir müssen das Mienenspiel des singenden Bauern sehen, wir müssen an seinen Tanzvergnügungen, Hochzeitsfesten, Weihnachtsfeierlichkeiten und Beerdigungen teilnehmen (zu jeder Gelegenheit gibt es nämlich ganz spezielle, häufig außerordentlich charakteristische Melodien).«

Bartók zeichnete also auch die Lebensumstände der Lieder auf. Denn diese Lieder lebten in einem sozialen Zusammenhang.

Rasch erkannte Bartók, daß diese ältesten ungarischen Volksmelodien einige Haupteigentümlichkeiten gemeinsam haben: ein bestimmtes pentatonisches System und eine absteigende »fallende« Melodiestruktur sowie ein parataktisches Element. Das heißt, das Lied besteht nicht aus einer durchgängigen Melodie, sondern entwickelt Ansätze, Anklänge, wechselt den Rhythmus, greift eingangs Entwickeltes wieder auf. Dies sind musikalische Gestaltungselemente, die aus jeder alten Musik bekannt sind. Im asiatischen Raum findet man solche Merkmale, auch in Indianerliedern.

Logischerweise kam Bartók deshalb schnell dazu, auch bei den anderen Volksgruppen des Vielvölkerstaates Österreich-Ungarn nach alten Liedern zu suchen, um vergleichen, Gemeinsamkeiten und Unterschiede finden zu können. Schon 1906 sammelte er auch slowakische Volksmusik, 1907 reiste er mit seiner Phonowalze durch Siebenbürgen und Transsylvanien, die später zu Rumänien gehörten. Auch dort fand er die alten pentatonischen Strukturen.

Bei den Volksliedsammelfahrten in den rumänischen Bevölkerungsgruppen wurde Bartók sehr entgegenkommend unterstützt von Dorflehrern, Pfarrern oder Bürgermeistern. Im ungarischen Kerngebiet war ihm solche Hilfe nicht zuteil geworden. Man hatte von offizieller Seite kein Interesse an seinem »Spleen«. Mit Kodály zusammen gab er eine Sammlung ungarischer Volkslieder heraus. Kein Mensch kaufte das Buch.

Sofort saß Bartók mit seiner Volksliedforschung zwischen allen Stühlen. Die ungarische Öffentlichkeit fing an, es ihm übelzunehmen, daß er auch slowakische und rumänische Lieder sammelte und sogar veröffentlichte. Da er immer auch die Sprache der Volksgruppe intensiv studierte, in der er gerade sammelte, konnte er sich in den Geist der jeweiligen Volksliedtradition tief hineinempfinden und so mit Begeisterung darüber sprechen und schreiben, wie sie nur jemandem zuteil wird, der das Wesen einer Sache erfaßt hat. Gerade dies aber brachte ihm, der vor kurzem noch obenauf auf der patriotischen Welle mitschwamm, den Vorwurf ein, »unpatriotisch« zu sein.

1920 veröffentlichte er in einer deutschen Fachzeitschrift einen Artikel: »Der Musikdialekt der Rumänen von Hunyad«. In Ungarn wurde er deswegen des Hochverrats beschuldigt, denn er hatte sich erlaubt, in einer Zeit, da Siebenbürgen durch die Rumänen von Ungarn abgetrennt worden war, im Ausland wohlwollend und engagiert über die rumänische Kultur in Siebenbürgen zu berichten. Obwohl Siebenbürgen ursprünglich ja ungarisch ist, wurde ihm Heimatverrat vorgeworfen. Er, der die Heimat und die Quellen der ungarischen musikalischen Kultur suchte galt als Heimatverräter, weil er etwas zutage gefördert hatte, was den Ungarn selbst fremd geworden war und was nicht in ihren flachen Patriotismus hineinpaßte.

Bartók reagierte auf solche Anschuldigungen scharf. In einer Presseerklärung antwortete er auf den Vorwurf, unpatriotisch zu sein: »Wer ist unpatriotisch? Derjenige, der seit mehr als einem Jahrzehnt unermüdlich darum bemüht ist, die ungarische Volksmusik kennenzulernen, oder diejenigen, die dieser Arbeit mit Gleichgültigkeit, Feindseligkeit und mit falschen Beschuldigungen begegnen?«

Wegen seinem Artikel wurde er auch in Rumänien angegriffen. Weil er in der rumänischen Volksmusik südungarischen Einfluß festgestellt hatte, warf man ihm dort vor, die rumänische Musik für Ungarn vereinnahmen zu wollen.

1930 erschien die »Cantata profana«, ein Chorwerk, zu dem ihn die Texte der »Colinden«, rumänische Weihnachtslieder, inspiriert haben. Um aber nicht von rumänischen Nationalisten vereinnahmt zu werden und als einer der ihren beansprucht zu werden, brachte er das Werk nur in ungarischer Übersetzung heraus. Auch wollte er damit ungarischen Anschuldigungen zuvorkommen. Ein Eiertanz, der ihm nur Ärger auf allen Seiten einbrachte.

So spiegelt sich in Bartóks Werk und Volksliedforschung das Schicksal des aus vielen Völkern zusammengesetzten Ungarn. Und so ist er in einem tieferen Sinne eben doch ein *ungarischer* Komponist und Forscher, auch wenn ihm seine Landsleute das

Gegenteil vorwarfen. In seinem Leben und Werk versuchte Bartók das, was diesen Völkern nie gelang: eine Integration zu finden für die verschiedenen kulturellen Traditionen durch Aufsuchen der gemeinsamen Quellen. Aber gerade durch diesen Integrationsversuch wurde er eben jenen Völkern fremd, ja verhaßt, deren Kulturgut er zusammenschauend zu würdigen versuchte.

Durch die politischen Wirren 1918/19 nach dem Ende des Krieges wurden die folkloristisch wichtigsten Gebiete von Kernungarn abgetrennt. Bartók mußte die Sammeltätigkeit hier einstellen. Nun war aber durch die innere Logik seiner Volksliedforschung schnell klargeworden, daß »Heimat« in dem vertieften Sinn von Quelle der eigenen Kultur, des eigenen kulturellen Schaffens, überhaupt nicht an nationale Grenzen gebunden sein kann, ja überhaupt nicht politisch zu verstehen ist. Auch geographisch weitete sich das, was als Heimat des eigenen Musikschaffens betrachtet werden kann, immer weiter aus, ging nun auch über Osteuropa hinaus.

Es war folgerichtig, daß Bartók 1913 zu einer Volksliedsammelfahrt ins arabische Afrika aufbrach, nach Biskra. Seine erste Frau, Márta Ziegler, die Bartók auf dieser Reise in seiner Lebensmitte begleitete, schrieb darüber: »Bartók bereitete sich auf diese Reise, die er mit der Sammlung arabischer Volksmusik verbinden wollte, monatelang vor und begann im Interesse der Sache sogar Arabisch zu lernen.

Wir reisten am 3. Juni 1913 ab und schifften uns in Marseille auf dem Dampfer ›Djurjura‹ nach Philippeville ein. Nach kurzem Aufenthalt ... ging es weiter nach Constantine und Biskra. Bartók hatte sich (auf den Baedeker gestützt) im voraus für Biskra entschieden, weil es nicht in die heißeste Zone fiel und er hoffen durfte, von dort aus leicht einige Oasen zu erreichen, wo er Lieder sammeln könnte. In Biskra engagierte er einen arabischen Fremdenführer, M'hammed, der sich als sehr verläßlich und diensteifrig erwies. Er sprach leidlich gut französisch und war bemüht, Bartók in jeder Hinsicht behilflich zu sein.

Die Sammelarbeit ließ sich recht schwierig an. Die drei Musikanten, die M'hammed aufgetrieben hatte (einer von ihnen war ein Neger in prächtiger Tracht), spielten ausschließlich, wie Bartók es nannte, »Kaffeehausmusik«. Nach Bartóks alter Erfahrung ist es bei der Volksliedersammlung schwieriger, mit Männern zu arbeiten; die arabischen Frauen von Biskra aber durften vor fremden Männern nicht singen. Die Polizeibehörden gestatteten jedoch den Ouled-Nails, den Freudenmädchen, denen es streng verboten war, ihre Gassen zu verlassen, in unser Hotel zu kommen und dort zu singen. In ihren Häuschen zu sammeln wäre schwer gewesen, wäre doch selbst für die Aufstellung des Phonographen kein Platz in ihnen ... Wir begaben uns in ihre Gasse, die aus winzigen, gleichförmigen Lehmhäuschen bestand, auf deren flaches Dach eine in die Rückmauer gehauene, halsbrecherisch steile Treppe führte. Auf dieser Dachterrasse hielt jedes der Mädchen eine zahme kleine Gazelle, wie man bei uns Hunde oder Katzen hält ...

Nach Beendigung der Sammelarbeit in Biskra mietete Bartók für drei Tage einen Wagen, der uns nach dem 35 Kilometer entfernten Tolga bringen sollte. Wir fuhren in der guten frischen Luft um vier Uhr morgens ab und gelangten um neun Uhr mit vielen Unterbrechungen nach Tolga ... In Tolga erwies sich der örtliche Scheich als überaus hilfsbereit, wobei wohl auch das arabische Empfehlungsschreiben eine Rolle spielte, das Bartók vom Militärkommandanten von Biskra (einem Kapitän) erhalten hatte. Im Hotel bekamen wir ein Zimmer für die Sammelarbeit, und die üblichen Musikanten fanden sich ein: der Sänger mit seiner Flöte (Basba), Rheitaspieler, Trommler und alte Frauen. Eine blinde Alte wollte wissen, wie ich aussehe ... und improvisierte im Nu ein Lied über mich, das M'hammed übersetzte. Der Scheich hielt treu an unserer Seite aus und notierte für Bartók die Titel der verschiedenen Lieder und Trommelrhythmen auf Arabisch ...

Nach drei Tagen kehrten wir nach Biskra zurück, von wo wir am nächsten Morgen, dem 18. Juni, im Wagen nach Sidi Okba fuhren. Bartók suchte natürlich wieder den Scheich auf, während ich im Wagen blieb. Bald aber kam M'hammed zurück: Bartók lasse mich rufen. Ich folgte ihm durch eine dicht mit Arabern belebte enge Gasse und erblickte plötzlich einen großen Menschenauflauf: vor einem Haus saßen auf einer mattenbelegten Estrade drei Araber, darunter der alte Scheich. Ihnen gegenüber auf einem Stuhl Bartók, vor ihm auf einer Bank Kaffeekanne und eine Schale. Ich nahm neben ihm Platz, bekam eine Kanne, Schale und Zucker, alles voller Fliegenschmutz, und auch der Kaffee war sicherlich nicht ausgesprochen steril, hatten wir doch den einzigen Bach von Sidi Okba gesehen, in dem Enten schwammen, Frauen wuschen und ausgelassene kleine Araber planschten. Und der Kaffee war selbstverständlich aus dem gleichen Wasser bereitet. Es kostete uns eine große Überwindung, ihn zu trinken, aber Bartók sagte, es müsse sein, und wenn es uns das Leben koste, denn eine Ablehnung wäre eine ungeheure Beleidigung gewesen, besonders für einen so reinen Araber wie unseren Gastgeber in Sidi Okba. Übrigens war der Kaffee ganz vorzüglich.

Wir verabschiedeten uns vom Scheich und zogen mit seinem Beauftragten ab, der die entsprechenden Leute auf dem Oberstock eines arabischen Kaffeehauses versammelt hatte. Eine Einrichtung gab es da nicht, wir saßen auf Matten auf dem Boden. Wo Bartók seinen Phonographen hingestellt hatte, ist mir nicht erinnerlich. Jedenfalls wurden wir darauf aufmerksam gemacht, uns nicht an die Wand zu lehnen, in deren Ritzen angeblich viele Skorpione hausten, aber es könnte sich auch um eine Warnung aus Spaß gehandelt haben, denn der einzige Skorpion, den wir in Spiritus mitbrachten, war das Geschenk eines Arabers und stammte nicht aus der Kaffeehauswand. Die Aufnahme der Lieder ging in fröhlichster Stimmung vor sich; anderswo waren die Sänger viel ernsthafter, ja geradezu düster von Gemüt. Hier aber war ein munterer, etwas schielender, großartiger Sänger, der auch den übrigen Lust zu machen verstand. Einen unangenehmen Zwischenfall gab es dennoch: Der Ehemann einer Frau hatte erfahren, daß seine Gattin Fremden vorsinge, er stürzte höchst erbost in den Raum und beschimpfte die Frau ... und beruhigte sich erst, als er mich sah, und wohl auch, nachdem ihm der Beauftragte des Scheichs gut zugesprochen hatte ...

Am 19. Juni fuhren wir drei Stationen zurück nach El Kantara, wo Bartók gleichfalls zu sammeln gedachte. Zum Sammeln kam es jedoch nicht, da Bartók an einem Darmkatarrh schwer erkrankte, hohes Fieber hatte und auf 47 Kilo abmagerte. Nachdem er schlecht und recht in Ordnung gekommen war, fuhren wir nach Algier, von wo wir die Heimreise antreten wollten. Bartók mußte indessen vorderhand noch eine Zwangsruhe einschalten, denn beim Betreten des Hotelaufzuges rutschte er bis zum Knie in den Liftschacht und zog sich dabei beiderseits des Knies eine äußerst schmerzhafte Knochenhautentzündung zu. Er mußte tagelang mit kühlenden Umschlägen liegen, so daß wir etwa neun bis zehn Tage in Algier verweilten. In den letzten Tagen unternahm er Gehversuche, und zwei Tage vor unserer Abreise wagten wir einen Ausflug. Nach einem ziemlich abenteuerlichen Spaziergang in einem Bachbett gelangten wir ans Meer. Wir kamen an einem kleinen Araberhaus vorbei, aus dem Frauen mit merkwürdig geschminkten Wangen und Augen heraustraten und uns nachblickten. Wir saßen stundenlang auf einem Küstenfelsen, sahen und hörten dem Wellenschlag der See zu und nahmen Abschied von Afrika ...«[3]

Bartók, der nach solchen Sammelfahrten zu Hause wochenlang jedes Lied Note für Note niederschrieb und die Lieder verglich, fand altverwurzelte Entsprechungen zwischen der arabischen Musik und der ungarischen Volksmusik. Und es wurde deutlich, daß »Heimat« international, kosmopolitisch war, ein Gedanke, den in dieser Zeit des Nationalismus kaum einer denken konnte.

Nach achtzehnjähriger Unterbrechung ging Bartók dann 1936 ein letztes Mal auf Sammelfahrt. Auf Einladung der türkischen Regierung, die ihn bat, in der Türkei Konzerte zu geben und Vorträge zu halten über Volksmusikforschung, zog er im Pferdewagen durch Nomadengebiet. Er selbst schrieb darüber: » ... Gegen zwei Uhr mittags kamen wir in Osmaniye an und betraten um vier Uhr den Hof eines Bauernhauses. Ich war hocherfreut, daß wir nun wirklich begannen, Bauernmusik so zu sammeln, wie ich es mir vorgestellt hatte. Der Hausherr, Ali Bekir oglu Bekir, nahm uns freundlich auf. Nach seinem Alter gefragt, antwortete er stolz, er könne noch kräftig essen, wonach ihm der Sinn stehe, da er trotz seiner 70 Jahre noch keinen Zahn verloren habe, und in den Bergen laufe er noch wie ein Wiesel herum ... Ohne viel Aufhebens begann der Alte im Hof zu singen, und zwar ein altes Kriegsepos ... Ich traute meinen Ohren nicht: Das war doch die Variante einer alten ungarischen Weise. Außer mir vor Freude machte ich gleich zwei Aufnahmen von dem Lied des alten Bekir ... Das zweite Lied brachte uns nochmals die Variante einer ungarischen Weise. Mir war das beinahe unheimlich. Dieses Lied wurde übrigens im Inneren des Hauses gesungen, in einem Raum, den keine Frau betreten durfte. Um uns herum versammelten sich die Söhne Bekir, des Alten, Bekir und andere Männer, die uns nacheinander ihre Lieder zum besten gaben. Den ganzen Abend über arbeiteten wir nach Herzenslust. Eine Sängerin herbeizuschaffen war freilich unmöglich, so sehr sich meine Begleiter auch darum bemühten.

Der nächste Tag hätte uns zu einigen entfernteren Nomadenstämmen bringen sollen, doch hinderte uns ein unvorhergesehener Sturzregen daran. Da die Straße mit einer dicken Schlammschicht bedeckt war, konnte selbst das beste Auto die Fahrt nicht wagen. Nachdem wir ziemlich viel Zeit vertan hatten, fuhren wir schließlich in den nahegelegenen Ort Cardak. Ich war aber fest entschlossen, nur weiterzuarbeiten, wenn uns eine Sängerin geschickt würde. Zu meinem Erstaunen fand sich auch bald eine Frau ein, aus der wir allerdings nichts von Wert herausbekamen. Sie sang zwei uninteressante Lieder, und das unsicher und abgehackt. Ich schrieb sie gar nicht erst auf. Wir versuchten dann unser Glück an einem kleinen Jungen, und gegen vier Uhr hatte ich glücklich einige Melodien aufgenommen. Dann schienen wir aber an einem toten Punkt angekommen zu sein. Traurig packten wir unsere Instrumente zusammen: wir sollten nach Osmaniye zurück, da sprach uns ein Mann an: ›Die Herren sind wohl nicht zufrieden mit dem, was sie hier gefunden haben!‹ Wir erwiderten: ›Das stimmt; wir haben kaum jemanden gefunden, der singen kann.‹ ›Das tut nichts‹, sagte der Mann, der, wie wir später erfuhren, Parlamentsmitglied war, ›ich kenne meine Leute, und ich werde Ihnen Sänger haufenweise schicken. Wenn Sie die alle anhören wollen, haben Sie was zu tun!‹

Er stand zu seinem Wort. Im Schulzimmer des Ortes rief er eine Versammlung ein, holte aus dem Nachbardorf zwei Musikanten, und das Volk begann zu tanzen. Und wie es tanzte! Die Musik war eigenartig, fast erschreckend. Einer der Musiker spielte ein Instrument, das sie Zurna nennen, eine Art Oboe, recht schrill im Ton. Der andere hatte eine große Trommel, eine Davul, um die Schulter gebunden, auf die er in grimmigem Ungestüm mit einem Holztrumm einschlug; jeden Moment erwartete ich, daß die Trommel oder mein Trommelfell platzen würde. Sogar die Flamme unserer

Öllampe, die friedlich blakte, zuckte bei jedem Schlag hoch. Und der Tanz! Vier Männer führten ihn auf, einer davon als ›Solotänzer‹, die übrigen drei unterstützten ihn eng aneinandergekettet, mit wenigen knappen Bewegungen ... Urplötzlich stockte die Musik, der Tanz verebbte und Gesang brach los. Mit dem Ausdruck einer Hingegebenheit, den ich in Worten unmöglich beschreiben kann, hatte einer der drei Begleitmänner zu singen begonnen. Er fing in der äußersten Falsett-Lage seines hohen Tenors an und sank, als sich das Lied dem Ende näherte, allmählich in menschlichere Sphären herab. Ich hatte allen Grund, mich der Schäbigkeit und Unzulänglichkeit meines Phonographenapparates zu schämen ...

So ging es nun weiter zum nächsten Lager. Unser Wagen zog quer durch große und kleine Flüsse, die Straße wurde immer steiniger und hörte schließlich ganz auf, aber immer weiter ging es über felsige Hügel. Diese Art zu reisen machte nicht allzuviel Vergnügen. Ohne die Sorge um unsere Instrumente, die wir auf dem Schoß festhielten, wäre es noch angegangen. Schließlich aber waren wir es leid, gingen zu Fuß und trugen unsere zerbrechlichen Schätze auf dem Rücken und in den Armen weiter. Bei Sonnenuntergang erreichten wir endlich das Winterlager der Tecirli, auch ein Nomadenstamm, der den Winter über aber nicht in Zelten, sondern in Lehmhütten haust. Unser Führer brachte uns zu dem Haus eines ihm bekannten Mannes, der auf die Familien seines Stammes einigen Einfluß zu haben schien, und der uns äußerst liebenswürdig empfing. Gut erzogen und taktvoll, wie er war, fragte er nicht erst nach Zweck unseres Besuches und nach den komischen Apparaten, die wir mit uns schleppten. Er wollte gleich ein Schaf zum Essen abstechen lassen, doch meinten wir, es genüge auch ein Huhn. Er lud uns in sein Haus ein, eine muffige Lokalität, ohne ein einziges Fenster. Entlang der Wand lagen Matten, in der Mitte befand sich eine Feuerstelle. Nach Landessitte zogen wir die Schuhe aus und ließen uns in türkischer Art auf den Matten nieder, während unser Wirt ein Feuer machte. Es gab weder Kamin noch Fenster; innerhalb weniger Minuten war der Raum voll stickigen Rauches, und wenn in der vorhergegangenen Nacht unser Trommelfell einem schweren Ansturm standhalten mußte, so waren es diesmal die Bindehäute ...

Langsam füllte sich das Haus mit Nachbarsleuten, mit denen wir uns bis gegen sieben Uhr auf das freundschaftlichste unterhielten. Allem Anschein nach hatte unser Führer noch gar nicht erwähnt, was uns hergeführt hatte, und ich saß wie auf Kohlen. Schließlich hörte ich ihn etwas wie, ›würki, türk halk müsiki‹ sagen und von Volksliedern sprechen. Ich hoffte, das Eis würde nun bald gebrochen sein, und tatsächlich sang ein Fünfzehnjähriger ohne Scheu und Zögern das erste Lied. Die Melodie klang wieder ganz ungarisch. Rasch bereitete ich meine auf dem Boden verstreuten Instrumente vor und schrieb beim Schein des Holzfeuers das Lied nieder. So, dachte ich, und jetzt der Phonograph! Das war aber nicht so einfach. Mein guter Sänger fürchtete, er verlöre die Stimme, wenn er in die Maschine sänge, die offenbar vom Teufel betrieben wurde. Er dachte, sie würde seine Stimme nicht nur auf-, sondern ganz abnehmen. Es dauerte eine ganze Weile, bis ich seine Bedenken zerstreut hatte. Dann arbeiteten wir ununterbrochen und ungestört bis gegen Mitternacht. Ich hielt nun die Zeit für gekommen, einige heikle Fragen zu stellen, besonders betreffs der Frauen: Ob Frauen andere Lieder als die Männer sängen? ›Oh nein, auf keinen Fall!‹ Die Antwort war kurz und bündig. Sie kennen aber doch sicher diese Lieder auch, und wir hätten sie so gerne einmal von Frauen gehört. In einiger Verwirrung teilten sie uns mit, daß Frauen in Gegenwart von Männern niemals sängen, selbst der Ehemann hätte nicht das Recht, seine Frau um ein Lied zu bitten ... Diese Nacht bei den Nomaden in Tecirli bildete den Abschluß meiner Reise.«

Noch einmal also fand er die Gemeinsamkeit der Quellen. Auch diese Nomaden sangen bestimmte pentatonische Lieder.

So gelangte Bartók durch seine Volksliedforschung zu einer kosmopolitischen Einstellung. »Heimat«, Quelle, ist nicht etwas, das man auf der Landkarte mit einem Fähnchen markieren kann, sondern Quelle und Ursprung liegen im Menschenwesen selbst, sofern es noch Anschluß hat an das Leben in natürlichen Zusammenhängen. Dieses Menschenwesen kann überall aufgesucht werden, überall außerhalb der Großstädte. So etwa muß Bartók das erlebt haben. Eine solche Einstellung war nun aber nicht das, was man sich in Ungarn von ungarischer Volksliedforschung versprach. Schon der Nachweis, daß das eigentliche ungarische Volkslied pentatonischen Charakter hat und etwas ganz anderes ist als die romantischen Zigeunerweisen, in die man so gut hineinträumen konnte, stieß auf pikiertes Desinteresse. Auch die Kulturbehörde hatte keine Neigung, die Veröffentlichung, der Forschungsergebnisse Bartóks und Kodálys zu unterstützen. Andere Gremien lehnten Pläne Bartóks zur systematischen Erforschung des alten Liedgutes ebenso ab. »… 80 oder 90 % des ungarischen vornehmen Publikums halten mich … geradezu für einen Vaterlandsverräter, weil ich die Musik der ungarischen Dörfer studiere und propagiere.«

Für Bartók selbst stand zunehmend das Völkerverbindende des Volksliedgutes im Mittelpunkt. Hieran knüpft sein politisches Engagement in der zweiten Lebenshälfte und seine klare Haltung zu jedem Nationalismus.

Erst 1934 erhielt er, nachdem er nun auch international mit seiner Volksliedforschung berühmt geworden war, von der ungarischen Akademie der Wissenschaften den offiziellen Auftrag, sein ganzes gesammeltes Material durchzuarbeiten für eine groß angelegte Herausgabe der Volkslieder. Bis zu seiner Auswanderung arbeitete er daran. Aber auch schon vor diesem Auftrag war sein Alltag in erster Linie von der Bearbeitung des gesammelten Materials bestimmt. Vieles ist noch gar nicht veröffentlicht.

Nun darf man sich aber Belá Bartók nicht vorstellen als trockenen Gelehrten, der abgehobene Bücher schreibt über einen exotischen Forschungsgegenstand. Er war kein Theoretiker. Sein Interesse galt der verantwortungsvollen Weitergabe des Erforschten und der Verarbeitung des Gefundenen und Gesammelten mit künstlerischer Intuition. Dabei ist die Art der Integration der Volkslieder in sein Werk ganz unterschiedlich: von schlichter Wiedergabe über Transskriptionen und Einfassungen in ein Vor- und Nachspiel über Variationen der Themen bis zur völligen Neuschöpfung unter Anwendung der Gesetzmäßigkeiten, die er in den Volksliedern fand. Entscheidender aber als das direkte Anknüpfen an das gesammelte musikalische Material erscheint Bartóks Bemühung und Fähigkeit, sich in das Wirken des *Geistes* der alten Musik dieser Völker hineinzuleben und aus diesem Geist heraus selbst zu komponieren. Um diesen Geist aufzuspüren, legte Bartók auch so großen Wert darauf, die Lieder persönlich zu sammeln und sie in ihrem natürlichen Lebenszusammenhang zu erfahren.

So ist das alte Liedgut in seiner Fremdartigkeit zeugendes Urmaterial geworden für sein eigenes kompositorisches Schaffen. Und dadurch, daß er auf diese Weise inspiriert war von rumänischer, slowakischer, ukrainischer, bulgarischer, russischer, südslawischer, arabischer, türkischer, javanischer, chinesischer und schließlich amerikanischer Negermusik, kann sein Werk völkerverbindend wirken. Die Entfaltung einer völkerverbindenden Wirksamkeit konnte Bartók aber nicht mehr erleben. Zu fremd war den Völkern ihre eigene kulturelle Quelle geworden, zu fremd wirkte deshalb seine Musik.

Das Schweigen in der Lebensmitte

Das Spannungsverhältnis zwischen Bartók und der ungarischen Öffentlichkeit kommt in seiner Lebensmitte-Phase auf den Gefrierpunkt. Als Komponist war er konsequent den Weg weitergegangen, den er 1907 nach der ersten Begegnung mit der Volksmusik begonnen hatte. Er lernte aus dem ganz alten Lied- und Melodiegut Neuestes zu formen, je weiter er diesen Weg ging, um so mehr kühlte sich das Verhältnis zum Publikum ab.

Schon in dieser Stimmung des Scheiterns komponierte er von März bis September 1911 die Oper »Herzog Blaubarts Burg«. Aus der alten blutigen Sage des frauenmordenden Finsterlings wurde bei Bartók ein pessimistisches Seelendrama, in dem er seine eigene Verschlossenheit musikalisch formulierte. Die aus der Bauernmusik abgeleitete expressionistische Musik dieses anstrengenden Singspiels wurde auf zwei verschiedenen Kompositionswettbewerben 1911 und 1912 als »zur Aufführung ungeeignet« abgelehnt. Damit war für Bartók das Maß voll. »Man hat mich als Komponisten offiziell hingerichtet. Entweder haben die Betreffenden recht: dann bin ich ein untalentierter Pfuscher; oder ich habe recht: dann sind sie die Idioten. In beiden Fällen kann zwischen mir und ihnen ... von Musik nicht die Rede sein ... Ich habe mich also damit abgefunden, von nun an nur für meinen Schreibtisch zu schreiben.«

Hinzu kam, daß der Versuch gescheitert war, mit der »Neuen Ungarischen Musikgesellschaft« ein Forum zu schaffen für neue Musik. Bartók hatte diese Gesellschaft 1911 zusammen mit seinem Freund Kodály gegründet. Man wollte eine eigene Zeitschrift herausgeben, die zu Fragen der modernen Musik Stellung nehmen sollte. Konzertabende waren geplant. Ein Sinfonieorchester sollte aufgebaut werden, das die neuen Kompositionen verantwortungsvoller aufführen sollte, als es die klassische und romantische Musik gewöhnten Orchester taten. Dies waren große Pläne. Sie stießen auf keinerlei Interesse. Lediglich einige Konzertabende konnten veranstaltet werden. Aber auch diese waren nur schlecht besucht. Schon Ende 1911 erschien Bartók bei den Veranstaltungen dieser Gesellschaft nicht mehr. Auch bei anderen Veranstaltern trat er als Pianist nicht mehr hervor. Er ging nicht einmal mehr als Zuhörer in Konzerte.

Ab 1912 komponierte er fast drei Jahre lang gar nicht mehr. Schließlich ging er ins »Exil«. Er zog mit Frau und Sohn aufs Land. Dort, wo er ja immer seine eigentliche Heimat gesehen hat, pflegte er nun eine »natürliche Lebensweise«, aß vegetarisch und bewegte sich viel in Luft und Sonne.

Von diesem Exil aus führte er noch Scharmützel mit der ungarischen Fachwelt. So unterbreitete er 1913 der Kisfaludy-Gesellschaft einen Plan zur systematischen Erforschung des alten Liedgutes. Der Plan wurde abgelehnt.

Als Bartók zu Gehör kam, daß die Budapester Philharmoniker seine erste Suite unter Auslassung zweier schwieriger Sätze aufgeführt hatten, richtete er ein gereiztes Schreiben »An die Direktion der Budapester Philharmonischen Gesellschaft«: »Rákoskeresztúr, den 10. Dezember 1915: Weil ich kein Spielverderber sein wollte, habe ich anläßlich Ihres Wiener Festkonzertes keinen Einspruch gegen die Barbarei erhoben, daß Sie meine Erste Suite verstümmelt zum Vortrag gebracht haben. Doch jetzt, nachdem Sie das gleiche, wie ich den Zeitungen entnehme, in Budapest wiederholt haben, sehe ich mich gezwungen, gegen Ihr Vorgehen Protest zu erheben. Es hat sich allgemein eingebürgert, daß es sich nicht paßt, ja geradezu nicht erlaubt ist, sonaten- oder symphonieartige Werke in ernsten Konzerten unter Auslassung ganzer Sätze vorzutragen ... Mein vorliegendes Werk ist nicht nur unzweifelhaft symphonieartig, sondern darüber hinaus ist der thematische Zusammenhang der einzelnen Sätze so eng, daß die Takte einiger Sätze nicht vorausgehen. Unter diesen Umständen muß ich Ihnen erklären, daß Sie mich außerordentlich zu Dank verpflichten würden, wenn Sie in Zukunft keines meiner Werke mehr zum Vortrag brächten. Diese meine Bitte ist um so berechtigter, als mich die bedauerlichen Verhältnisse des Budapester Musiklebens sowieso gezwungen haben, mich seit vier Jahren von jeder Art öffentlichen Auftretens als Komponist fernzuhalten und meine seitdem komponierten Werke nicht vor die Öffentlichkeit zu bringen. Belá Bartók.«

Derartige Unverschämtheiten haben Bartók gerade in der Lebensmitte-Phase besonders getroffen, weil er in dieser Zeit von 1911/12 bis 1915 durch Selbstzweifel zutiefst verunsichert war über Richtigkeit und Berechtigung des von ihm eingeschlagenen Weges als Komponist. Alles, und schließlich auch sein Selbstwertgefühl als Pianist standen in Frage. Er empfand jetzt, daß er nicht zur allerersten Garnitur der internationalen Pianisten gehörte.

Wer bin ich *wirklich*? Diese für die Lebensmitte so typische Frage wurde von Bartók drei Jahre lang durchlitten. Der Komponist, der sich trotz aller Anfeindungen durch selbsternannte »Patrioten« immer als *ungarischer* Komponist gesehen hat, suchte in dieser Lebensmitte-Phase sich selbst, seine Quellen. Aber wo? In Afrika.

In den drei Jahren des Abtauchens aus der Öffentlichkeit arbeitete Bartók intensiv an seiner Volksliedforschung. Er durchstreifte sammelnd weite Gebiete Osteuropas. Er systematisierte und verglich das Gefundene. Es ist ganz folgerichtig, daß er auf diesem Wege schließlich auch nach der arabischen Musik fragte und 1913/14 in die Oase Biskra in Algerien reiste. Dort suchte und fand er weitere Tiefenschichten des alten osteuropäischen Liedgutes. Räumlich am weitesten von Ungarn entfernt, sieht man von den letzten Lebensjahren in Amerika ab, ist er hier in Biskra doch ganz bei sich und den Wurzeln seines Werkes.

Bartók *lebte* die Suche nach sich selbst in dieser Lebensmitte-Phase ganz konkret: Er reiste unermüdlich, suchend und sammelnd, umher. Und wie um ein Bild zu schaffen des Spannungsverhältnisses zum offiziellen Ungarn, führte ihn diese Suche bis ins arabische Afrika. Dort war er am weitesten weg von »den« Ungarn und doch eigenartig nahe den Wurzeln der wirklichen ungarischen Volksmusik.

Überschaut man Bartóks gesamten Lebensgang, so stellt sich die Lebensmitte-Phase dar als ein Bezugspunkt für paarweise zusammengehörende Lebensereignisse. Man kann sich schlecht des Eindrucks erwehren, daß eine Reihe von Wendepunkten, aber auch längere Phasen sich geradezu symmetrisch oder spiegelbildlich um diese Lebensmitte-Zeit von 1912 bis 1915 anordnen. Ein Beispiel: 1904 beginnt Bartóks Suche nach dem alten Volkslied, also acht Jahre vor dieser Lebensmitte-Zeit. Acht Jahre nach Ende dieser Zeit, 1923, formuliert er musikalisch die Internationalität der volksmusikalischen Quellen in der »Tanzsuite«. Diese »Tanzsuite« ist eine Art Ernte der Volksliedforschung. Er durchstreift darin alle Gegenden, in denen er bis dahin gesammelt hatte. Genau zwischen diesen beiden Daten, 1913/14, liegt die Reise nach Algerien.

Auch im Privaten und Persönlichen zeigen sich Beispiele für eine solche symmetrieartige Gestaltung des Lebensganges. Die ersten fünf Jahre seines Lebens war Bartók ständig krank und kränklich. Allergische und asthmatische Reaktionen quälten ihn, dazu Fieber, mehrfach Bronchitis. Die letzten fünf Jahre seines Lebens in Amerika wirken in gesundheitlicher Hinsicht wie ein Spiegelbild dieser ersten fünf Jahre: Fieber, Bronchitis, Schwächeanfälle, schließlich Lungenentzündung.

Man kann auch weiter ins einzelne gehen: Sieben Jahre nach Bartóks Geburt stirbt sein Vater. Sechs Jahre vor Bartóks Tod stirbt seine Mutter. Vom Tod des Vaters bis zum Beginn der Lebensmitte-Zeit sind es 24 Jahre; vom Ende der Lebensmitte-Zeit bis zum Tod der Mutter sind es ebenfalls 24 Jahre.

Bartók wird geboren in dem Dorf Nagyszentmiklós, das heißt Großsanktmichael. Man kann es kaum übersehen, daß es der Vorabend des Michaelfestes ist, der 26. September 1945, als er stirbt.

Rechnet man solche Beispiele auf den Monat genau um, so stellt man fest, daß eine Symmetrie im mathematisch-geometrischen Sinn gar nicht besteht. Trotzdem hat man in der Anschauung von Bartóks Biographie das *Bild* einer Symmetrie, so wie man das Bild einer Symmetrie haben kann, wenn man ein Gesicht anschaut. Würde man genau nachmessen, so ergäbe sich auch hier, daß linke und rechte Gesichtshälfte eben nicht genau symmetrisch sind. Selbst die Mittellinie eines Gesichts, der Nasenrücken, verläuft eben nicht genau in der Mitte des Gesichts. So ist es auch mit der Symmetrie in Bartóks Leben. Die Lebensmitte-Phase – Bartók ist zu Beginn 31 Jahre alt und am Ende 34, sein Gesamtalter ist aber 64 – liegt rechnerisch gar nicht genau in der Mitte.

Bartóks Leben ist ebensosehr oder ebensowenig symmetrisch, wie, sagen wir, ein Tannenbaum symmetrisch ist. Der Gesamteindruck, den man vom Tannenbaum hat, ist jedoch der der Symmetrie. Würde man aber nachmessen, so würde man durchweg Abweichungen von der Symmetrie feststellen. Wenn wir also die Lebensmitte-Zeit als Bezugspunkt oder Spiegelungspunkt einer diesseits und jenseits aufeinander bezogenen Lebensgestaltung auffassen können, so wird die Funktion dieser drei Jahre im Gesamtgefüge dieses Lebensganges erkennbar. Es ist nicht einfach eine Phase, in der der Komponist schweigt und sich beleidigt seinem Hobby zuwendet. Es ist im Gegenteil eine Phase, in der Bartók durch alle Zweifel und Anfeindungen hindurch in einem vertieften Sinn zu sich selbst kommt. Er ist hier ganz bei den Quellen seines Schaffens. Wie in einem Brennpunkt kommt hier zusammen, was ihn bisher vorangebracht hat, und was ihn weiter trägt.

Und nun finden wir, daß in dem nach der Lebensmitte Komponierten selbst das Gestaltungsgesetz der Symmetrie waltet. Der größere Teil der Werke, die nach 1915 entstehen, ist aufgebaut nach der Regel A B A' oder A B C B' A'. Auch hier ist die Symmetrie nicht meßbar. Sie ist aber erlebbar.

Ein Beispiel sind die »Drei Dorfszenen« (1926). In der Mitte enthalten sie ein Wiegenlied, überirdisch, fremd und von außermenschlicher Schönheit, das seinerseits wieder spiegelbildlich aufgebaut ist, also A B A und B = C D C.

Auch im »Wunderbaren Mandarin« (1918) entwickeln sich das Musikalische und der Inhalt symmetrisch. So antworten zum Beispiel auf die drei Lockspiele am Anfang die drei Mordversuche am Ende. Das Klavierkonzert Nr. 2 (1930) hat die Struktur A B C B' A', wobei B' und A' Variationen und Steigerungen von B und A sind, also auch hier ist es nicht die mathematische Symmetrie, sondern eine Symmetrie, wie sie in organischem Wachstum sich darlebt. Sicherlich war dem Komponisten die symmetrische Gestaltung seines Lebensganges nicht bewußt, während ihm der symmetrische Aufbau der Werke natürlich bewußt war. Aber dem Werk und dem Leben scheint ein gemeinsamer Gestaltungswille zugrunde gelegen haben. Die Formen, die Bartók im Musikalischen schafft, lebt er auch. Das ist ja nicht nur mit der Symmetrie so. Auch sein Werk ist fremd wie er selbst. So verdichtet und bringt zu Gehör das Werk, was der Schaffende lebt.

Das kosmopolitische Engagement

Bartók geht selbstbewußt aus den Zweifeln der Lebensmitte hervor, als ob er sich an den Quellen gestärkt hätte. Unbeirrbar geht er nun seinen Weg als Komponist, und kompromißlos bleibt er in dem auf beiden Seiten gereizten Verhältnis zur ungarischen Öffentlichkeit. Man findet Bartók in der zweiten Lebenshälfte tief in politischen Auseinandersetzungen. Die überwiegend ablehnende Haltung der ungarischen Öffentlichkeit seinem Werk gegenüber steigert sich nun ins Politische.

An der bürgerlichen Kriegsbegeisterung 1914, die auch Ungarn erfaßte, nahm er in keiner Weise teil. Infolge seiner Magerkeit, der er durch eine Hungerkur vor der Musterung noch etwas nachhalf, wurde er vom Militärdienst befreit. Es war seine klare Haltung, daß man die Volksmusikforschung und den durch sie erbringbaren Beitrag zur Völkerverständigung entscheidend voranbringen würde, wenn man etwas weniger Geld für die Herstellung von Kriegswerkzeug und etwas mehr für Volksliedforschung aufwenden würde.

Bartók lebte in diesen Jahren mitten unter »seinen« Bauern. Diese konnten mit der nationalistischen Begeisterung durchaus nichts anfangen. An sie hielt er sich, sammelte ihre Lieder, er, der ja ohnehin allem Bürgerlich-Großstädtischen schon immer feindlich gegenüber stand, wie er es dann im »Wunderbaren Mandarin« formuliert hat. Seine Sammeltätigkeit bestätigte nur seine Abneigung gegen das Bürgertum: »Auf unseren Forschungsreisen bekamen wir unzählige Male von Dorfnotaren, Lehrern und höheren Beamten Äußerungen zu hören wie: ›Aber ich bitte Sie, diese Bauern haben doch keine Ahnung, und wenn sie doch einmal etwas wissen, dann taugt es nichts; es lohnt sich nicht, deswegen auch nur einen Schritt zu tun‹ .... Ich kann vorbehaltlos erklären, daß ich mit Ausnahme der Szekeler Komitate von seiten der Oberklasse nirgendwo eine solche Indolenz, ja Verachtung der Musik des Bauernstandes angetroffen habe ...«

Zwischen 1917 und 1919 schien sich zunächst ein Umschwung anzukündigen im Verhältnis Bartóks zur bürgerlichen Öffentlichkeit. Gegen Ende seiner Schweigephase hatte er ein heiteres Ballett komponiert, »Der holzgeschnitzte Prinz«. Es ist die Geschichte eines Liebespaares, das durch Überwindung aller Hindernisse schließlich zueinander findet.

Schon im Vorfeld der Aufführung rief das Tanzspiel zunächst wieder Ablehnung hervor. Der Regisseur wollte die Regie nicht übernehmen, wenn nicht die Hälfte gestrichen würde. Der Ballettmeister fand sich in der rhythmischen Struktur der Bartókschen Musik nicht zurecht. Das Ballettensemble war nur »Klassisches« gewöhnt. Mehrere ungarische Dirigenten weigerten sich, das Stück einzustudieren. Schließlich nahm sich der italienische Dirigent Egisto Tango der Musik an. Während der ersten Proben erklärten verschiedene Orchestermitglieder, das Stück sei unspielbar. Tango konnte aber das Orchester davon überzeugen, daß es sich lohnen würde, das Ringen mit der schwierigen Partitur aufzunehmen. Tango setzt 30 Proben durch. Dies hatte es am Opernhaus noch nie gegeben.

Die Uraufführung am 12. Mai 1917 war ein großer Erfolg. Es war überhaupt Bartóks erster öffentlicher Erfolg als Komponist in Budapest seit dem »Kossuth«-Rausch. Unter dem Eindruck dieses Erfolges erklärte sich der Operndirektor sogar bereit, auch »Herzog Blaubarts Burg« aufzuführen. Diese Uraufführung ein Jahr später scheint wenig Begeisterung hervorgerufen zu haben.

Trotzdem war Bartók auf einmal wieder ein Mann des öffentlichen Lebens in Budapest. So war es nur folgerichtig, daß er 1918 zusammen mit den Komponisten Kodály und Dohnányi in ein Musikdirektorium berufen wurde, das die bei Kriegsende eingesetzte revolutionäre Räteregierung eingesetzt hatte. Die drei Komponisten waren in dieser nur wenige Monate dauernden Phase mit der obersten Leitung des ganzen ungarischen öffentlichen Musiklebens betraut. Keiner der drei war Kommunist. Sie nahmen diese Aufgabe einer kommunistischen Regierung trotzdem an, um mitwirken zu können an der Besserung der Lage des Musiklebens, also auch der Musikforschung.

Bartók hat auch mit dieser Regierung sympathisiert, weil sie mit dem engstirnigen und großbürgerlichen Nationalismus aufräumen wollte. Andererseits war er auch schnell enttäuscht von der Räteregierung, weil sie eher bürokratisch verwaltete, als Impulse zu geben.

1919 gab es eine bürgerliche Gegenrevolution in Ungarn. Der Admiral Mikós Horthy kam an die Macht. Die drei Mitglieder des Musikdirektoriums wurden umgehend beurlaubt. Der Geiger Hubay wurde als Direktor der Budapester Musikakademie eingesetzt. Dieser inszenierte nun eine öffentliche Kampagne gegen Bartók, in der ihm »unpatriotisches Verhalten« vorgeworfen wurde. Schließlich spitzte sich das zu zu einem Disziplinarverfahren gegen die drei Professoren.

Bartók erwog zum ersten Mal, sich im Ausland niederzulassen. Auch machte er keinen Hehl aus seiner Abneigung gegen das bürgerliche Regime und die Bevölkerungsschicht, die es trug. So nahm er Einladungen zu offiziellen Empfängen gar nicht erst an.

1921 nahm Bartók, nach langer Pause, seine Konzerttätigkeit wieder auf. Teilweise trat er jetzt zusammen mit seiner zweiten Frau auf, Ditta Pásztory. Er reiste zu Gastspielen nach London und

Paris. 1927 war er zum ersten Mal auf Amerikatournee, kurz danach konzertierte er in Rußland. So wurde er als Pianist international berühmt.

Ebenfalls international berühmt – außer eben in Ungarn – wurde er auch als Komponist. Bei einem internationalen Musikfest in Frankfurt, 1922, wurden seine Werke mit großer Achtung aufgenommen. Fast alle zeitgenössischen Komponisten waren anwesend. Die ungarische Öffentlichkeit aber blieb ganz unbeeindruckt von den internationalen Erfolgen ihres Landsmannes.

Bartóks politische Einstellung wurde in diesen zwanziger Jahren immer kosmopolitischer: Die Suche nach Heimat und Quelle hatte ihn die kulturellen Traditionen *anderer* Völker schätzen gelehrt. Er hatte nicht nur ihre Lieder gesammelt, sondern auch ihre Sprachen gelernt und war dadurch in den Geist der verschiedenen kulturellen Traditionen eingedrungen. Aus dieser Verehrung der verschiedenen Kulturen ergab sich mit Notwendigkeit sein Einsatz für die Verständigung und Aussöhnung der Völker.

In der »Tanzsuite«, 1923, formulierte er diese Idee der Völkerverbrüderung musikalisch. Die Tanzsuite, die sich aus slowakischen, ungarischen, walachischen und arabischen Quellen speist, bringt zur Anhörung, was die Völker selbst nicht geschaffen haben: sich in einem großen Völkerverbund harmonisch zusammenzuschließen. Die Tanzsuite ist ein sicherlich idealistisches Bild der Eintracht der Völker. Dieselbe Idee formulierte Bartók 1931 in einem Brief an den rumänischen Diplomaten und Schriftsteller Octavian Beu, der ihn als »compositorul român«, als »rumänischen Komponisten« bezeichnet hatte:

»Sehr geehrter Herr!

Entschuldigen Sie freundlichst die Verzögerung meiner Antwort auf Ihren Brief vom 3. Dezember, ich war in der Zwischenzeit zu sehr mit Konzertieren beschäftigt. Vor allem will ich Ihnen meine Bemerkungen zu Ihrem Aufsatz über meine Werke rumänischen Charakters mitteilen …

… Ich halte mich für einen ungarischen Komponisten. Auf Grund jener Originalwerke, in welchen ich Melodien eigener Erfindung, die rumänischer Volksmusik nachgebildet oder nachempfunden sind, benütze, kann ich ebensowenig als ›composi-

torul român‹ bezeichnet werden, wie Brahms, Schubert und
Debussy nicht auf Grund ihrer Originalwerke, in welchen sie
ungarisch bzw. spanisch nachempfundenes thematisches Material
verwenden, als ungarische bzw. spanische Komponisten bezeich-
net werden können. Sie oder andere Forscher sollten meiner
Ansicht nach auf diese Bezeichnung verzichten und sich auf die
Feststellung beschränken, ›da und da in diesem oder in jenem
Werk ist rumänisch nachempfundene Thematik vorhanden‹.
Wäre Ihre Auffassung richtig, so könnte ich mit ebensolchem
Recht als ›slowakischer Komponist‹ gelten; ich wäre also dann ein
Komponist von dreifacher Nationalität! Da ich nun schon im
Aufrichtigsein mich befinde, möchte ich Ihnen einige meiner
diesbezüglichen Gedanken mitteilen: Eigentlich kann man mein
kompositorisches Schaffen, eben weil es aus dieser dreifachen
(ungarischen, rumänischen, slowakischen) Quelle entspringt, als
eine Verkörperung jener Integritäts-Idee betrachten, die heute in
Ungarn so sehr betont wird. Freilich schreibe ich Ihnen dies
nicht, um Sie zu bewegen, es zu verkünden, und Sie werden sich
auch davor hüten, sowas ist ja nichts für die rumänische Presse.
Ich erwähne es bloß als ein nicht unmöglicher Blickpunkt ..., auf
den ich ungefähr vor zehn Jahren kam, als unsere Chauvinisten
mich wegen meinem angeblichen musikalischen Scotus Viatoren-
tum [Scotus Viator war das Pseudonym eines englischen Schrift-
stellers, der Ungarn bereist und sehr kritisch über dessen Natio-
nalitätenpolitik geschrieben hatte] am heftigsten angegriffen
haben. Meine eigentliche Idee aber, deren ich, seitdem ich mich
als Komponist gefunden habe, vollkommen bewußt bin, ist die
Verbrüderung der Völker, eine Verbrüderung trotz allem Krieg
und Hader. Dieser Idee versuche ich, soweit es meine Kräfte
gestatten, in meiner Musik zu dienen, deshalb entziehe ich mich
keinem Einflusse, mag er auch slowakischer, rumänischer, arabischer oder sonst irgendeiner Quelle entstammen. Nur muß die
Quelle rein, frisch und gesund sein! Infolge meiner, sagen wir,
geographischen Lage ist mir die ungarische Quelle am nächsten,
daher der ungarische Einfluß am stärksten. Ob nun mein Stil
ungeachtet der verschiedenen Quellen einen ungarischen Charakter hat (und darauf kommt es ja an), müssen andere beurteilen,

nicht ich. Jedenfalls fühle ich es, daß es ihn hat. Charakter und Milieu müssen ja doch irgendwie im Einklang stehen …

Hochachtungsvoll Ihr ergebener Belá Bartók.«

Im selben Jahr konnte Bartók auch wieder politisch tätig werden für sein Ideal der Völkerverständigung: 1931 wurde er Mitglied der Kommission für geistige Zusammenarbeit im Völkerbund. Zusammen mit anderen Menschen des Geisteslebens anderer Völker wie Thomas Mann aus Deutschland und Paul Valéry aus Frankreich diskutierte er auf Sitzungen in Genf, Budapest, Venedig, Frankfurt über die Möglichkeit, das geistige, kulturelle Leben zur Grundlage der Völkerverständigung zu machen.

Die politische Wirklichkeit überholte solche Impulse. Bartók, Abgesandter Ungarns beim Völkerbund, war in Ungarn wieder mehr und mehr in die Isolation gekommen, politisch und als Komponist. Auf beiden Ebenen kommt das Verhältnis zum ungarischen Bürgertum wieder auf einen Tiefpunkt. 1930 hatte er die »Zwanzig ungarischen Volkslieder« aufgeführt. Man wollte in solchen Schöpfungen nach wie vor nicht das Ur-Ungarische sehen und reagierte frostig. Und während er als Komponist im Ausland zunehmend berühmt wurde, schnitt ihn das faschistisch gesonnene Ungarn wieder. »Ich selber bin leider ganz ohne Einfluß: mein Verhältnis zu unserer Oper ist sehr böse, zu Hubay ganz schlecht, zu Dohnányi sehr kühl, mit der Regierung stehe ich sehr schlecht, und soeben bin ich im Begriffe, mich mit unserem Radio zu verzanken, obzwar unser Verhältnis auch bisher nicht besonders freundschaftlich war.«

Das Verhältnis des ungarischen Komponisten zu seinem Land war schließlich wieder so miserabel, daß er sich zwischen 1930 und 1936 weigerte, seine eigenen Werke in Ungarn zu spielen.

Bartóks politische Haltung, die freilich nie parteipolitisch war, veranlaßte ihn auch zu einem etwas anderen Umgang mit den Volksliedern selbst. Früher hatte er Volkslieder bearbeitet, die sein idyllisches Bild vom Bauerntum bestätigten. Nun stellte er zunehmend den *Inhalt* der Lieder, ihre soziale und politische Haltung, in den Vordergrund. Leid und Unterdrückung drücken die Lieder nun aus. Schon die Titel sprechen davon: »Im Kerker«, »Traurige Weise«, »Lied der Trauer«. Und in dem Lied »Aus vergangenen Zeiten« heißt es: »Schuften nur für andere, alle Tage lang, für die Gutsherren, Pfaffen, keiner sagt ihm Dank. Rutscht ihm aus der Arm, kommt gleich der Gendarm, steckt ihn rein ins Kittchen ...«[4]

Es fällt auch auf, daß Bartók in der Zeit der politischen Auseinandersetzungen wieder stark mit Volksliedkompositionen befaßt war (»Szekler Lieder«, »Zwanzig Ungarische Volkslieder«, »Cantata profana«). Dies zeigt, daß die Bauernlieder für ihn nicht in einer musikwissenschaftlichen Hinsicht allein eine Quelle waren, sondern daß er überhaupt sein Menschenbild daran erbildete.

1934, meint man, anerkenne Ungarn doch, wer er war. Er wurde an die Akademie der Wissenschaften berufen, um in ihrem Auftrag die früher gesammelten Bauernlieder für eine Veröffentlichung vorzubereiten. Um sich dieser Aufgabe widmen zu können, gab er die Klavierprofessur auf, die er schon 1907, als Nachfolger seines Lehrers István Thomás, erhalten hatte.

Aber schon ein Jahr später wird wieder deutlich, daß man ihn als Komponisten eigentlich nicht akzeptierte. Die Kisfaludy-Gesellschaft, die ungarische Künstler mit Preisen zu fördern suchte, verlieh Bartók die Greguss-Medaille (nach dem Kunstförderer August Greguss benannt). Also scheinbar eine Ehrung. In Wahrheit drückt das Preiskomitee damit seine Geringschätzung des fast gesamten Werkes von Belá Bartók aus. Denn die Medaille, verliehen im Jahre 1935, wurde zuerkannt für ein Werk, das Bartók 1905 komponiert hatte und das 1909 uraufgeführt wurde. Damit war ja ausgedrückt, daß alles, was der Komponist seitdem geschaffen hatte, eben nicht preiswürdig war. Bartók reagierte postwendend:

»An die Kisfaludy-Gesellschaft Budapest ... 29. Dezember 1935. Sehr geehrte Herren!

Ich habe den heutigen Blättern entnommen, daß mir die Kisfaludy-Gesellschaft in diesem Jahr für meine Erste Orchestersuite ... die Greguss-Medaille zuerkannt hat. Ich möchte dazu folgendes bemerken:

1. Die Behauptung in der Begründung, daß die *erste* vollständige Aufführung dieses Werkes in Ungarn im November 1929 stattgefunden hat, ist falsch, da das ganze Werk, Gott sei Dank, bereits 1909 von Jenö Hubay ... aufgeführt wurde. Ich sage, ›Gott sei

Dank‹, weil man es doch für sehr eigenartig ansehen müßte, wenn ein so ausgezeichnetes Werk, das die Greguss-Medaille verdient und bereits 1905 komponiert wurde, 24 Jahre lang hätte darauf warten müssen, bis es in seiner Gesamtheit in Ungarn zum Vortrag gelangen kann.

2. Doch wenn auch oben erwähnte Begründung in der Behauptung stimmen würde …, dann würde doch in der Zuerkennung ein Fehler begangen. Ich habe zwar dieses meiner Werke sehr gern und halte es für eine wirklich ausgezeichnete Leistung eines 24jährigen jungen Mannes, doch wurden in dem Zeitraum 1929–1934 in Ungarn viele bessere Werke zum Vortrag gebracht, wie z.B. die ›Szekeler Spinnstube‹ oder die ›Tänze aus Galánta‹.

3. Zwar ungebeten, doch gutgemeint möchte ich Ihnen den Rat geben, sich schnellstens einen anderen Referenten in dieser Sache zu wählen. Wer nicht einmal feststellen kann, welche Werke … chronologisch in Betracht gezogen werden können, ist auch unmöglich imstande, den Wert der Werke zu beurteilen.

4. Erlauben sie mir schließlich die Erklärung, daß ich weder jetzt noch in Zukunft, weder lebendig noch tot die Greguss-Medaille anzunehmen wünsche.

Mit vorzüglicher Hochachtung
Ihr ergebener Belá Bartók.«

So war man zwiespältig ihm gegenüber selbst noch da, wo man vorgab, ihn anzuerkennen.

Der Nationalismus, an dessen Spitze sich Bartók als Dreiundzwanzigjähriger in seiner sinfonischen Dichtung »Kossuth« gesetzt hatte, hatte in Ungarn weitergelebt, und Bartók war zeitweise durchaus gezwungen, sich gegen falsche Freunde zu wehren. Rechtsgerichtete Kreise suchten ihn als national-ungarischen Volksliedforscher für ihre rassistischen Ziele zu vereinnahmen. Mühelos mündete dieser Nationalismus in den dreißiger Jahren in den Faschismus. Große Teile Ungarns gaben sich dem faschistischen Denken hin, verbanden sich innerlich mit Hitler, längst bevor er Osteuropa politisch vereinnahmte. Und im ganzen Einflußbereich des Faschismus wurde damals das gesamte Geistesleben Kunst, Wissenschaft, Religion drangsaliert.

So war Bartók nun nicht nur in Ungarn der Abgelehnte und

Fremde. Europaweit, wie seine Heimat geworden war, war nun auch seine Heimatlosigkeit.

1937 wurde der weltberühmte Dirigent Toscanini aus seinem Heimatland Italien ausgewiesen, weil er sich geweigert hatte, die faschistische Hymne Mussolinis zu spielen. Bartók protestierte öffentlich gegen diese Ausweisung und trug die Angelegenheit unbeirrt auch im Internationalen Komitee für geistige Zusammenarbeit beim Völkerbund vor. Gleichzeitig untersagte er die Aufführung seiner Werke im faschistischen Italien und im Nazi-Deutschland. Wegen solcher und ähnlicher Stellungnahmen wurde er zunehmend belästigt von den Nazis. So verlangten sie einen »Ariernachweis« von ihm. Da nun auch die Musikverlage in Wien den Nazis gehörten, konnte er über seine Urheberrechte nicht mehr verfügen. Er sah klar, was auf ihn zukommen würde: »Die politischen Geschehnisse der jüngsten Vergangenheit werden mich bald in eine kritische Lage bringen: Ein bedeutender Teil meiner Werke ist einer Bande von Räubern in die Hände geraten, ebenso die Verwaltung aller Honorare. Wenn es mir nicht gelingt, irgendwie aus ihren Krallen zu entkommen, dann folgen für mich schwere Zeiten ... Abgesehen von obenerwähntem persönlichen Schaden hatten die Geschehnisse [gemeint ist der Anschluß Österreichs] in allgemeiner Hinsicht die Wirkung eines verheerenden Erdbebens auf mich ... Das Schlimmste ist, daß man eine ähnliche Wende auch bei uns zu erwarten hat, es ist nur die Frage, wann? Und wenn der Fall eintritt, wo soll man dann eine Bleibe finden? ... Es ist nämlich die imminente Gefahr, daß sich auch Ungarn diesem Räuber- und Mördersystem ergibt. Die Frage ist nur, wann, wie? Wie ich dann in so einem Land weiter leben oder, was dasselbe bedeutet, weiter arbeiten kann, ist gar nicht vorstellbar. Ich hätte eigentlich die Pflicht auszuwandern, so lange es noch möglich ist ... Das bisherige betrifft Ungarn, wo leider die ›gebildeten‹ christlichen Leute fast ausschließlich dem Nazisystem ergeben sind: Ich schäme mich wirklich, aus dieser Klasse zu stammen ... Was nun meine spezielle Lage anbetrifft, so ist sie vorläufig eine ziemlich böse, denn nicht nur mein Verlag [Universal Edition] ist jetzt ein Naziverlag geworden (man hat die Inhaber und Leiter einfach hinausgeworfen), sondern auch die AKM [Gesellschaft für Aufführungsrechte], der ich angehöre ... ist ja eine Wiener Gesellschaft, die jetzt ebenfalls ›nazifiziert‹ wurde. Eben vorgestern erhielt ich den berühmten Fragebogen, mit Fragen über Großväter usw., dann: ›Sind Sie deutschblütig, rassenverwandt oder nichtarisch?‹ Natürlich wird dieser Fragebogen weder von mir noch von Kodály ausgefüllt ... Eigentlich schade, denn man könnte bei der Beantwortung schöne Späße machen; zum Beispiel sagen, wir sind *nicht* arisch weil ja schließlich (wie ich aus meinem Lexikon erfahre) ›arisch‹ heißt ›indoeuropäisch‹; wir Ungarn sind jedoch finnougrisch, ja sogar vielleicht rassenmäßig nordtürkisch, demzufolge nicht arisch ...«

Bartók brachte nun seine Manuskripte in Sicherheit, in die Schweiz und nach England. Und er zeigte seine Haltung bis zum Schluß ganz offen. So protestierte er gemeinsam mit anderen ungarischen Künstlern gegen die rassistischen Verfügungen des deutschen Komponistenverbandes.

Auswanderung stand an. Aber noch konnte Bartók sich nicht dazu durchringen: »Der verhängnisvolle Einfluß der Deutschen nimmt in Ungarn ständig zu, es wird nicht mehr lange dauern, und wir werden ganz zur deutschen Kolonie ... Am liebsten möchte ich ganz Europa den Rücken kehren. Aber wohin soll ich gehen? Und soll ich überhaupt weggehen, bevor die Lage unerträglich wird, oder tue ich besser daran, zu warten, bis das Chaos vollständig ist? ... Wenn jemand hier bleibt, obwohl er weggehen könnte, gibt er damit stillschweigend zu allem, was hier geschieht, seine Zustimmung könnte man sagen. Und dies ließe sich nicht einmal öffentlich bestreiten, denn es zöge Ärger nach sich, und das Bleiben wäre sinnlos. Man könnte aber auch sagen, einerlei, wie das Land sich festfährt, es ist jedermanns Pflicht, zu Hause zu bleiben und zu helfen, soweit es in seinen Kräften steht. Fraglich ist nur, ob man in absehbarer Zeit erfolgreiche Hilfsarbeit leisten kann. Hindemith hat es fünf Jahre lang in Deutschland probiert, dann schwand ihm offenbar das Vertrauen. Ich habe ... überhaupt kein Vertrauen. Einige Arbeiten wiederum kann ich nur hier ausführen ..., weil sie an das Material des Museums gebunden sind. Andererseits sehe ich nirgends ein Land, das, wenn man mehr als einfach sein Leben fristen möchte, als lohnendes Ziel erschiene. Ich bin also vorläufig ratlos, obwohl mein Gefühl sagt: Wer kann, soll gehen.«

Auch wollte er seine Mutter nicht allein in Ungarn zurücklassen und zögerte deswegen noch mehrere Monate. Als sie aber am 19. Dezember 1939 starb, war dies das Zeichen zum Aufbruch. Am 8. Oktober 1940 gab er in Budapest zusammen mit seiner Frau ein Abschiedskonzert.

In diesen Tagen verfaßte er auch ein Testament, in dem er unter anderem verfügte: »Wenn etwa nach meinem Tode eine Gasse nach meinem Namen genannt werden sollte, oder wenn man an einem öffentlichen Orte in Verbindung mit mir eine Gedenktafel anbringen will, so ist mein Wille folgender: Solange der gewesene Budapester Octogon-Platz und der gewesene Körönd-Platz nach jenen Männern genannt werden wie gegenwärtig [gemeint sind Hitler und Mussolini], ... möge man nach mir in diesem Lande weder einen Platz noch eine Gasse noch ein öffentliches Gebäude nennen.«

Anschließend brachen Belá Bartók und seine Frau nach New York auf.

Amerika. Die letzten Lebensjahre

Bartók war nun ein älterer Herr von 59 Jahren. Am 12. Oktober begann die anstrengende, immer wieder durch bürokratische Hemmnisse und zeitliche Verzögerungen erschwerte Reise durch Italien, die Schweiz, Frankreich, Spanien nach Portugal. Nach der Ankunft in New York, vierzehn Tage nach der Abreise aus Lissabon, schrieb er an seinen Sohn, der in Budapest geblieben war: »Am 16. vormittags kamen wir an der spanischen Grenze an, und hier begann es schwierig zu werden. Es stellte sich heraus, daß es weiter keinen Autocar gibt; der Zoll wollte unerbittlich sein, die Zeit war knapp, weil der Zug abfuhr, spanisch sprechen habe ich verlernt, schließlich haben sie ausgeheckt, ich sollte das schwere Gepäck plombiert aufgeben, dann werde keine Zollkontrolle sein. Ohne zu fragen, schrieben sie in den Reisepaß, daß ich die Grenze bei Badajoz passieren muß (und nicht bei Valencia, wie meine

Fahrkarte besagte). Erst drei Tage später stellte sich bei Badajoz heraus, daß sie das Gepäck als ›Expreßgut‹ aufgegeben hatten … Geld darf nur in den Grenzstationen und in den Banken gewechselt werden; beim Verlassen des Landes werden nicht mehr als 100 Peseten zurückgetauscht. In Badajoz also stellt es sich heraus, daß die Expreßsendung erst in fünf Tagen dort eintreffen kann! Ich fand einen Zollbeamten, der auch französisch konnte, ihm mußte ich die Erledigung der Gepäckangelegenheit anvertrauen. Er wird es dann weiter nach Lissabon aufgeben, von dort geht es mit dem nächsten Schiff nach New York. Wir sind also *ohne jegliches Gepäck* weitergefahren. Am 19. abends erfuhr ich im Zug nach Portugal, daß unser Schiff nicht am 23., sondern am 20. geht! Am 20. morgens 2 Uhr trafen wir in Lissabon ein; eine 3/4 Stunde lang wanderten wir von Hotel zu Hotel, bis wir ein Zimmer bekamen. Am anderen Tag konnten wir vormittags alles erledigen und bestiegen nachmittags das Schiff.

Wir trafen also in New York sozusagen ohne einen Anzug zum Wechseln ein, wir besaßen weder einen Frack, noch ein Abendkleid. All diese Sachen können erst in ein bis zwei Wochen eintreffen, wenn sie überhaupt eintreffen … «

Tatsächlich eingetroffen ist das Gepäck dann vier Monate später, im Februar 1941. Dies ist so typisch für Bartóks Leben: Ständig hat er gegen Widrigkeiten zu kämpfen, hat Unannehmlichkeiten und Beschwernisse auf sich zu nehmen. Nie »klappt« irgend etwas auf Anhieb.

Die Amerikazeit begann mit einem monatelangen Papierkrieg mit den Behörden wegen seiner Einwanderungspapiere. Immer neue bürokratische Vorschriften mußten erfüllt werden, bis er endlich eine langfristige Aufenthaltsgenehmigung hatte. Bartók zog in Amerika ständig um. Einmal war die Wohnung zu klein, er konnte das Klavier kaum unterbringen. Ein andermal war die Wohnung zu laut. Er hatte ein überaus feines, empfindliches Gehör. In Amerika wurde es ihm zur Last. Straßenlärm, Radios und Klavierklimpern in den Nebenwohnungen quälten ihn und trugen dazu bei, daß er in den ersten drei Jahren seines Aufenthaltes nicht komponieren konnte. Dann wieder mußte er aus gesundheitlichen Gründen aufs Land. Insgesamt zog er sechsmal um. Diese räumliche Unruhe spiegelt den sechsmaligen Wohnortwechsel nach dem Tod des Vaters wider.

Und wie in den Jahren nach dem Tod des Vaters die Mutter mit drückenden finanziellen Schwierigkeiten zu kämpfen hatte, so in Amerika, nach dem Tod der Mutter, auch Bartók. Der inzwischen weltberühmte Pianist und in Fachkreisen auch berühmte Komponist mußte sich sein Leben wieder mit einfachem Klavierunterricht verdienen.

Damit er überhaupt ein geregeltes Einkommen hatte, wurde ihm an der Columbia Universität ein Forschungsauftrag vermittelt. Da er auch als Volksliedforscher internationales Gewicht hatte, sollte er eine Sammlung jugoslawischer Volkslieder systematisieren und zur Veröffentlichung vorbereiten. So verbrachte Bartók seine ersten Jahre in Amerika tagsüber in einem winzigen Raum in der Columbia Universität und arbeitete das Volksliedmaterial durch. Bis zur Auswanderung war er ein international gefragter Pianist, der in diesem Beruf auch gut verdiente, wenngleich er sicher nie reich war. Jetzt aber in Amerika blieben die Engagements zunehmend aus.

Der finanzielle Kampf ums Dasein verschärfte sich, als Amerika in den Krieg eintrat und Belá keine Honorare mehr von seinen Veröffentlichungen und Aufführungsrechten in Ungarn beziehen konnte.

Auch die Behandlung der beginnenden schweren Erkrankung verschlang viel Geld. Schon vor der Abreise hatte Bartók Gelenkschmerzen gehabt. Immer häufiger traten nun Fieberanfälle und länger dauernde Fieberphasen auf, begleitet von heftigen Schmerzen in den Schultern. Schmerzen in den Kniegelenken behinderten stark das Gehen. Er kränkelte immer mehr, bekam verschiedene Infekte. Die Kräfte schwanden ihm im Lauf der Jahre. Dazwischen gab es immer wieder Phasen, in denen er sich relativ gesund fühlte. Er brauchte viele Behandlungen, Kuraufenthalte. Dieses jahrelange Kränkeln, diese Last am eigenen Körper ist die spiegelbildliche Entsprechung zu den langen und qualvollen Krankheitsjahren in der Kindheit.

An Wilhelmine Creel, Pianistin und früher seine Schülerin, schrieb er über diese Situation:

»Liebe Mrs. Creel! Ja, wir sind wahrhaftig in Nöten seit meinem Zusammenbruch im Februar. Dies hat sich folgendermaßen abgespielt: Wie ich Ihnen bereits geschrieben habe, bin ich seit April 1942 krank, und obgleich die Ärzte ›Polyzythämie‹ festgestellt hatten, vermochten sie die wirkliche Ursache meines Leidens nicht zu finden, denn Polyzythämie erklärt nicht dieses stets wiederkehrende hohe Fieber. Trotzdem konnte ich aber arbeiten und meine Aufgabe durchführen, obgleich meine Temperatur allabendlich um 2 Grad (Fahr.) über die normale obere Grenze hinaufging. Da meine Krankheit nicht festgestellt werden konnte, konnte auch nicht an eine Heilung gedacht werden. Im Januar, besonders aber im Monat Februar trat eine sichtliche Verschlimmerung ein, die zu einem vollkommenen Zusammenbruch führte. Ich war außerordentlich schwach, konnte kaum aus einem Zimmer in das andere gehen und hatte des öfteren 4° Temperaturerhöhung über der normalen. Wiederum eine Untersuchung im Spital, wiederum ohne Resultat. Die Harvarder waren sehr besorgt (ich hatte dort im Februar drei Vorlesungen gehalten, die mich gänzlich erschöpft hatten) und redeten mir zu, mich einer neuerlichen Untersuchung zu unterziehen, und zwar auf ihre Kosten und unter Leitung eines von ihnen hochgeschätzten Arztes. Diese Untersuchung hatte einen gewissen Erfolg, da eine Röntgenaufnahme in der Lunge eine kleine Unregelmäßigkeit zeigte, von der man annahm, daß es Tbc sei, was begeistert und mit großer Freude begrüßt wurde:

›Endlich kennen wir die Ursache‹, sagten sie. (Beim Hören dieser Nachricht war ich weniger froh.) Ich ging nach Hause, und wochenlang hielten sie mich im Bett fest. Da kam die ASCAP [American Society of Composers, Authors and Publishers], die irgendwie sich für meinen Fall zu interessieren begann und sich entschloß, mich auf ihre eigenen Kosten kurieren zu lassen (obgleich ich kein Mitglied der ASCAP bin). Sie führten mich zu ihren Ärzten, die mich wiederum ins Spital schickten. Die neuen Röntgenaufnahmen zeigten jedoch immer weniger und weniger Defekte in der Lunge, so daß diese in Wirklichkeit ganz bedeutungslos sind. Es ist möglich, daß ich überhaupt nicht Tbc habe! *Das begründet nicht die hohe Temperatur.* Die alte Geschichte: die Ärzte kennen nicht die wahre Ursache meiner Krankheit, demzufolge können sie sie weder behandeln noch heilen! Sie tappen im dunkeln herum und versuchen verzweifelt, die ausgefallensten Hypothesen aufzustellen. Was nützt das alles? In der Erscheinungsform meiner Krankheit, und zwar in den Symptomen, ist eine äußerliche Änderung eingetreten: seit April zeigen sich periodisch niedrigere und höhere Temperaturen, jede dauert ungefähr neun Tage. In der ersten Periode ist die Temperatur nicht mehr als 1 Grad über der normalen, in der zweiten Periode liegt der Höhepunkt 4 Grad über der normalen. Eine neue Etappe: seit Mai treten Schmerzen in den Gelenken, besonders in den Knien, auf, so daß ich während der schlechten Perioden, was ziemlich unangenehm ist, kaum gehen kann. Der einzige Gewinn ist der, daß ich im April und Mai neun Pfund zugenommen habe (mein lächerliches Körpergewicht war früher 87 Pfund)! Im Juni hat mich leider die fürchterliche New Yorker Hitze völlig appetitlos gemacht, und von den wertvollen neun Pfund habe ich wieder zwei eingebüßt. Hier ist also in gedrängter Kürze meine Krankheitsgeschichte, die eine ziemlich langweilige und gar nicht erfrischende Lektüre ist. Keine Hoffnung auf Genesung, und auch die Annahme einer Stellung kommt gar nicht in Frage. Auf Kosten der ASCAP fahren wir nun für drei Monate nach Saranac Lake, so daß wir bis Ende September einen Aufschub haben. Bis dahin wird uns unser ganzes Geld ausgegangen sein, und ich habe keine Ahnung, was wir dann beginnen sollen. Meine Frau ist Optimistin und glaubt, daß sie irgendwie Geld verdienen kann. Ich bin fest überzeugt, daß sie keine Stellung bekommen wird! Mein Sohn Peter hat dieser Tage die ›Regent‹-Prüfung [Aufnahmeprüfung an der Universität] mit gutem Erfolg bestanden. Er wird in einer Fabrik Arbeit bekommen, so was ist jetzt leicht zu haben; so wird er unabhängig sein. Im März habe ich von der Kunst- und Literatur-Akademie (Academy of Arts and Letters) einen Preis erhalten. Das hat für eine Zeit geholfen. Als Komponist beziehe ich einige hundert Dollar Tantiemen und sonstige ähnliche Einnahmen; das ist aber nur ein Tropfen auf den heißen Stein!

Zu all dem habe ich noch Sorgen im Zusammenhang mit irgendeiner Verlagsangelegenheit (bezüglich meiner wissenschaftlichen Arbeiten), wo man mich nicht entsprechend behandelt. Aber es würde zu weit führen, wenn ich das näher erklären wollte ...«[5]

Belá Bartók hatte Leukämie wie sein Vater. Diese hat sich vermutlich schon vor der Auswanderung angekündigt, brach in Amerika voll aus und trat dann zeitweise wieder in den Hintergrund; in hartnäckigem Fieber setzte sie sich dann schließlich durch. Trotzdem arbeitete Bartók unermüdlich, in den ersten Amerikajahren hauptsächlich an dem erwähnten Volksliedprojekt, in den letzten beiden Jahren komponierte er wieder viel, auch im Fieber. Im Januar 1943 gab er zusammen mit seiner Frau sein letztes Konzert. Danach brach er körperlich zusammen. Er wurde bestrahlt. Das schwächte ihn sehr. Er arbeitete aber weiter. Nun plötzlich, nachdem man ihn in Amerika drei Jahre lang als Komponisten völlig ignoriert hatte, bekam er eine Menge Kompositionsaufträge und arbeitete unermüdlich. Am Ende kam noch eine Lungenentzündung hinzu. Schon ans Bett gefesselt, komponierte er noch bis zwei Tage vor seinem Tode.

Als Komponist war Bartók die ersten drei Jahre in Amerika geradezu von den US-Orchestern boykottiert worden. Seine dissonanten, sperrigen, in keiner Weise gefälligen Werke waren technisch schwer zu spielen. Sie entsprachen einfach nicht dem amerikanischen »Geschmack«. Bartók schrieb darüber: »Die Sinfonieorchester boykottieren praktisch meine Werke. Welche Schande, nicht für mich natürlich.« Er komponierte deshalb in Amerika zunächst gar nicht, es wäre nur für die Schublade gewesen. Statt dessen vertiefte er sich ganz in das Volksliedprojekt und arbeitete das Material aus seinen Volksliedsammlungen auf, das er in Europa noch selbst zusammengetragen hatte.

In Amerika kommt das Lebensthema Bartóks, das Nicht-Heimisch-Sein, von ihm selbst zu Gehör gebracht im »Wunderbaren Mandarin«, auf seinen Höhepunkt. Bartók war in Amerika selbst der wunderbare Mandarin: ein völlig Fremder, aus einer anderen Welt, fremd dem Publikum, der musikalischen Fachwelt ein Exot. Fremd war ihm die Großstadt. Das Gehetze und Getriebe waren ihm lebensfeindlich. Bis in die täglichen Einzelheiten hinein sehen wir ihn bedroht durch das Großstadtgetriebe, das er nicht verstand: Der Straßenverkehr erschreckte ihn zutiefst. Selbst bei grünem Licht ging er nur ganz vorsichtig über die Straße, gehetzt um sich blickend.

1943 trat eine Wende ein. Der Geiger Yehudi Menuhin machte Bartóks Bekanntschaft. Menuhin bestellte ein Violinsolo bei Bartók. Der Dirigent Koussevitzky bat um ein Orchesterwerk. Bartók machte sich sofort an die Arbeit. Plötzlich besserte sich auch sein Gesundheitszustand. Weitere Aufträge gingen ein. Mit großer Schaffenskraft arbeitete er an den bestellten Kompositionen. Plötzlich war er wieder gefragt, war ein viel gespielter Komponist. Ein großer Erfolg und Beginn der »Bartók-Welle« war die Uraufführung des »Konzerts für Orchester« in Boston durch Koussevitzky.

Wenige Monate vor seinem Tod, die Naziherrschaft war zusammengebrochen, der Krieg zu Ende, rief ihn die neue ungarische Regierung zurück. Mit großer Freude nahm er die Nachricht entgegen. Aber er war schon zu schwach. Eine Rückkehr nach Ungarn war nicht mehr erwägbar.

Belá Bartók starb nach zuletzt fast ständigem Fieber und heftigen Schmerzen an einer Lungenentzündung am 26. September 1945.

Begegnungen

Eine Biographie entwickelt sich nicht im luftleeren Raum. Sie ist immer schon bezogen auf andere Biographien. Sie wird von anderen Biographien mitgestaltet und gestaltet diese mit.

In Freundschaften und auch Feindschaften, in Mißverständnissen und im verstehenden Erkannt-Werden spiegelt sie sich wider. So sind Begegnungen nicht schmückendes Beiwerk zu einer Biographie, sondern sie sind das Milieu, in dem diese sich nur entwickeln kann. Und wenn es ganz gut geht, sind Begegnungen Auslöser von Entwicklungsschritten.

Unter diesem Gesichtspunkt sind nun einige Begegnungen in Auswahl zu betrachten.

Ernö von Dohnányi (1877–1960)

Bartóks Mathematik- und Physiklehrer am Preßburger Gymnasium war Amateurcellist. Sein Haus war Mittelpunkt des Preßburger Musiklebens. Ungarische und ausländische Musiker und Komponisten verkehrten hier. Bartók war im Haus Dohnányi oft eingeladen, als Solist aufzutreten bei den Hauskonzerten und an den Auseinandersetzungen um die Musik teilzunehmen.

Ein Sohn des Hauses, Ernö Dohnányi, studierte damals in Budapest an der Musikakademie und pflegte in den Ferien ins elterliche Haus zurückzukommen. Bei einer solchen Gelegenheit lernte Bartók ihn kennen und schätzen. Dohnányi erzählte ihm begeistert von Thomán, seinem Klavierprofessor in Budapest, und forderte Bartók mehrfach auf, nach dem Abitur auch an die Budapester Musikakademie zu gehen. Dohnányi wurde dann für viele Jahre Bartóks Vorbild; Dohnányi war vier Jahre älter, schon ein gefeierter Pianist, und auch als Komponist erlebte er bereits schöne Erfolge. Beide verstanden sich auch noch nach Jahren sehr gut, obwohl sie sich in ihrem musikalischen Schaffen unterschiedlich entwickelten. Dohnányi lebte ganz in der Musik von Brahms, und seine Kompositionen haben den neuromantischen Rahmen nie überschritten. Seine Werke wurden gern gehört, betraten aber kaum musikalisches Neuland.

Dohnányi hat als Pianist später oft Werke von Bartók aufgeführt, und Bartók spielte seinerseits oft Dohnányis Werke. Dohnányi hat als einer der ersten Bartóks Bedeutung erkannt; er war andererseits der einzige, der von Bartóks sinfonischer Dichtung »Kossuth« nicht begeistert war, obwohl diese sich weitgehend in den traditionellen Formen bewegte. Bartók machte damals Dohnányi den gleichen Vorwurf, der ihm selbst später von den Offiziellen des Musiklebens immer wieder gemacht wurde: er sei »unpatriotisch«. Dohnányi wurde weltberühmt als Pianist und Komponist. Für mehrere Jahre lehrte er in Berlin an der Hochschule. 1915 kehrte er nach Budapest zurück und übte, zusammen mit Zoltán Kodály und zeitweise auch Bartók, großen Einfluß aus auf das Budapester Musik leben.

Im Februar 1919, kurz nach Kriegsende, wurde er zum Direktor der Musikakademie ernannt, Bartók und Kodály zu seinen Stellvertretern. Nach der bürgerlichen Gegenrevolution im August 1919 wurde Dohnányi seines Postens wieder enthoben und war nun ähnlichen Anfeindungen ausgesetzt wie Bartók. Er zog sich daraufhin aber nicht, wie Bartók, zurück, sondern wirkte unbeirrt musikpädagogisch weiter. Als Chefdirigent der Philharmonie brachte er verschiedene Werke Bartóks zur Aufführung. 1934 wurde er wieder Direktor der Musikakademie und setzte in dieser Stellung den Auftrag für Bartók durch, die ungarischen Bauernlieder herauszugeben. Auch Dohnányi hatte unter dem zunehmenden nazistischen Einfluß in Ungarn zu leiden. Er blieb aber weiterhin im Land; und als Chefdirigent behielt er trotz vieler Beschimpfungen und Schikanen aus der faschistischen Ecke die jüdischen Mitglieder im Orchester bis zu dessen Auflösung im November 1944. Noch 1936 gaben Dohnányi und Bartók gemeinsam ein Konzert in Budapest.

Nach dem Zweiten Weltkrieg ließ sich Dohnányi in Florida nieder.

Zoltán Kodály (1882–1967)

Eine tiefe Freundschaft verband Bartók mit Zoltán Kodály. Kodály studierte ebenfalls an der Budapester Musikakademie und war dort wie Bartók Schüler in Komposition bei Koessler. Trotzdem waren sie nie ins Gespräch gekommen. Erst als Bartók einen Artikel von Kodály über Volksliedforschung gelesen hatte – Kodály hatte sich schon länger damit befaßt –, sprach Bartók den Studienkollegen an. Kodály war es, der nun Bartók aufklärte über die Natur des wahren ungarischen Volksliedes. Er führte Bartók ein in die Technik der Tonaufnahmen mit der Phonowalze. Und gemeinsam, später auch teilweise getrennt, sammelten, analysierten, verglichen und systematisierten sie daraufhin ungarische Bauernlieder. Diese Jahrzehnte während Zusammenarbeit begründete eine neue Epoche in der ungarischen und internationalen Volksmusikforschung.

Bartók bewunderte und suchte in Kodály den wissenschaftlichen Geist. Kodály bewunderte in Bartók den Künstler. Kodály komponierte auch, ebenfalls auf der Grundlage der alten Volksmusik. Als Komponist war er längst vor Bartók berühmt. Über einen Abend, an dem in Budapest Werke Kodálys aufgeführt wurden, schrieb Bartók in einem Brief: »Kodály hat riesigen Erfolg gehabt. Sein Abend war eine richtige Sensation, denn es tauchte ja da ein bisher völlig unbekannter Mann als einer der ersten auf. Von Kodály wurde allgemein konstatiert, daß seine Musik viel zahmer, menschlicher ist als meine.«

Kodály wurde auch Professor an der Musikakademie und widmete sich außer seinen Kompositionen besonders der Musikerziehung. Nach der bürgerlichen Gegenrevolution 1919 war er, wie Dohnányi und Bartók, Verleumdungen und Anfeindungen ausgesetzt. Sogar ein Disziplinarverfahren wurde gegen ihn eingesetzt. Als Bartók davon hörte, schrieb er an den Vorsitzenden des Disziplinarausschusses: »Es ist mir erst jetzt zur Kenntnis gelangt, daß bei dem unter Ihrem Präsidium laufenden Disziplinarverfahren gegen Zoltán Kodály auch die Mitgliedschaft beim Direktorium als Anklagepunkt figuriert. Da an der Tätigkeit des Direktoriums ich ebenso teilgenommen habe wie Kodály, muß ich mich dagegen verwahren, daß – sei es wegen der bloßen Tatsache der Mitgliedschaft, sei es wegen einer beanstandeten Betätigung – Zoltán Kodály allein irgendwelche Verantwortung trage. Ich bitte darum, daß diese Zeilen vor dem Disziplinarausschuß verlesen und ins Protokoll aufgenommen werden.«

Bartók bezog in dieser sich hinziehenden und immer wieder aufflackernden Kampagne gegen Kodály eindeutige, öffentliche Stellung: Es gab Versuche in der Presse, Kodály gegen Bartók auszuspielen. Kodály traute man sich in dieser Zeit direkter anzugreifen, Bartók wollte man angeblich »gewinnen«. In einer Zeitschrift stellte Bartók klar: »Das bedeutendste musikalische Ereignis der Saison war die Uraufführung der beiden Lieder Zoltán Kodálys im Konzert der Philharmonischen Gesellschaft vom 10. Januar. Der größte Teil der Tagespresse ›würdigte‹ dieses Konzert, indem er die Kunst Kodálys mit der niederschmetterndsten Kritik bedachte …

Glücklicherweise wird sich die Kodály-Frage nicht in Ungarn, sondern im Ausland entscheiden. Die bis jetzt unveröffentlichten Werke Kodálys werden dank einem Wiener Verlag in der nächsten

Zukunft in rascher Folge erscheinen, wir werden also bald die Meinung des Auslandes über sie erfahren. Und dann wird sich die eigenartige Erscheinung wiederholen, die wir vor kurzem aus Anlaß einer anderen ›Frage‹ beobachten konnten: dieselben, die einen Musiker eben noch mit einer Flut von Beschimpfungen übergossen, werden sich in fromme Lämmer wandeln, oder, Gott sei uns gnädig, in begeisterte Schwärmer. Ich höre ihre vorwurfsvolle Bemerkung: aus mir spricht der ›befangene Freund‹. Aber hier ist die Reihenfolge vertauscht: Ich schätze Kodály nicht deshalb als den besten ungarischen Musiker, weil er mein Freund ist, er wurde mein einziger Freund, weil er (abgesehen von seinen großartigen menschlichen Qualitäten) der beste ungarische Musiker ist ...

Dieser Mann, dem die ungarische Kultur so viel zu verdanken hat, wird auf Schritt und Tritt angegriffen, einmal von den offiziellen Kreisen, das andere Mal von den ›Kritikern‹. Beide sollen um jeden Preis verhindern, daß er zum Nutzen unserer Kultur ruhig weiterarbeitet, während sie gleichzeitig von der Wichtigkeit der kulturellen Überlegenheit des Ungartums faseln, diese Unbegabten, Müßigen, diese Niemande. Das ist es, was ich zu sagen habe ...«

Kodály ließ sich von solchen Schikanen aber nicht beeindrukken. Er arbeitete nach seiner Entlassung aus der Akademie als Musikkritiker und schrieb unter anderem begeisterte Rezensionen über Bartóks Werke.

Kodálys internationaler Ruhm als Komponist gründet sich auf den Psalmus Hungaricus (1923) und die Háry-János-Oper (1926). Nach Bartóks Auswanderung führte er die Herausgabe der gesammelten Volkslieder alleine weiter.

In der faschistischen Zeit rettete er viele bedrohte Menschen vor den Verfolgungen der Nazis, bis er dann selbst untertauchen mußte und sich in einem Keller in Budapest versteckte. In diesem Keller komponierte er seine »Missa brevis« zu Ende.

Nach dem Kriege wurde nach seinen Plänen und unter seiner Anleitung eine differenzierte Musikerziehung in den ungarischen Grundschulen eingeführt.

1961 wurde er Präsident des Internationalen Musikrates.

Stefi Geyer (1888–1956)

1906 verliebte sich Bartók in die 18jährige Violinistin Stefi Geyer. Er suchte hartnäckig ihre Gesellschaft. Sie war stets freundlich. Das sah er als Ermunterung. Als Stefi 1907 zu einem Ferienaufenthalt aufs Land ging, schloß er sich ihr unter dem Vorwand an, dort Volkslieder sammeln zu wollen. Es gab aber dort gar nichts zu sammeln. Das hatte er vorher auch schon gewußt. So konnte er die Zeit mit ihr und ihrem Bruder verbringen. Durch diese gemeinsam erlebte Ferienzeit steigerten sich seine Gefühle für sie, und er schrieb ihr fordernde Briefe. Er verlangte von ihr, daß sie seine Ansichten und Interessen teile.

Für sie schrieb er das Erste Violinkonzert, das er ihr dann auch widmete, mit dem berühmtem »Stefi-Motiv« (d-fis-a-cis). Im September 1907 legte er ihr in einem weitschweifigen Brief seine Auffassungen dar über »Gott« und den »Glauben«, nachdem sie ihm geschrieben hatte: »Das Leben ist doch so schön, es gibt soviel Schönes in der Natur, in der Kunst, in der Wissenschaft.«

Dieser Brief Bartóks, in dem er alles als Illusion hinstellt, was mit Religion und religiösen Gefühlen zu tun hat, muß für Stefi sehr verletzend gewesen sein. Denn sie war einfach und unmittelbar gläubig und konnte mit theologischen Konflikt-Diskussionen sicher nichts anfangen. Auch erwiderte sie seine Gefühle offensichtlich nicht. Sie antwortete nur kurz. Er setzte ihr danach noch einmal in aller Ausführlichkeit seinen damaligen Nicht-Glauben auseinander und begann: »Ich hatte ja im vorhinein gewußt, daß Sie in dieser Art antworten würden, und dennoch tat es mir weh. Warum konnte ich den Brief nicht mit kalter Gleichgültigkeit zu Ende lesen, warum konnte ich ihn nicht mit einem Lächeln hinlegen, warum kann mir all das nicht gleichgültig sein? Viele ›Warum‹, deren Lösung ich Ihnen überlasse, wenn Sie es denn der Mühe wert halten, sich damit zu befassen.«

Am 13. August 1908 erhielt er einen Brief von ihr: Sie wünsche keinen weiteren Verkehr mit ihm. Wenige Tage zuvor hatte er die Partitur des Ersten Violinkonzertes beendet, das er ihr widmete. Stefi bat dann noch um Zusendung des Manuskripts. Sie erhielt es. Auf den Umschlag schrieb er Worte des Abschieds. Stefi Geyer hat dieses Violinkonzert nie aufgeführt. Es blieb 50 Jahre lang unbekannt. Erst 1958, 13 Jahre nach dem Tod des Komponisten, wurde es unter Paul Sacher uraufgeführt.

Mit diesem Werk beginnt eine ganz neue Schaffensphase bei Bartók. Es ist von einer Spannung und Unmittelbarkeit, wie sie für sein weiteres Schaffen dann so typisch wurden. Bartók selbst spürte, daß damit aus der Erfahrung innerer Einsamkeit und zwischenmenschlicher Fremdheit heraus etwas ganz Neues begann.

Das »Stefi-Motiv« taucht in einigen Kompositionen der Jahre 1907 und 1908 immer wieder auf.

1929 begegneten sich Bartók und Stefi Geyer wieder. Unter Paul Sacher gaben sie gemeinsam in Basel ein Konzert. Stefi Geyer war inzwischen verheiratet und konnte Bartók nun freundschaftlich-distanziert begegnen. Sie blieben fortan in Kontakt, und bei Bartóks Auswanderung, als er quer durch Europa nach Lissabon reisen mußte, machte er bei ihr und ihrem Mann Station.

Emma Gruber (1863–1958)

Eine ähnliche Rolle wie das Haus der Familie Dohnányi in Preßburg spielte in Budapest der Salon von Emma Gruber. Während die Familie Dohnányi aber ein Treffpunkt der schon etablierten Musiker und Komponisten war, scharte Emma Gruber um sich junge, zu Neuem strebende Künstler, die erst am Anfang ihrer Laufbahn standen. Auch Zoltán Kodály verkehrte hier. Er und Emma Gruber heirateten später. Belá Bartók war geradezu die Attraktion des Salons. Er wurde dort immer wieder aufgefordert, als Pianist aufzutreten, und er beeindruckte durch seine hochentwickelte Fähigkeit, Partitur zu lesen.

Auch außerhalb dieser Salon-Abende trafen Bartók und Emma Gruber sich häufig. Eine Zeitlang hatte sie auch Klavierunterricht bei ihm, wenn sie auch schon ausgebildete Pianistin war. Bartók widmete ihr zwei Stücke. Sie erkannte von Anfang an seine eigenständige Bedeutung als Komponist und förderte sein Schaffen. So arrangierte sie zum Beispiel ein Treffen Bartóks mit Béla Balács. Bei diesem Treffen las sie selbst aus Balács Drama »Auf Herzog

Blaubarts Burg« vor. Bartók war vom Thema und von der Sprache sogleich gefesselt und erklärte, daß er darüber eine Oper schreiben wolle. So entstand das Werk »Herzog Blaubarts Burg«, das ja dann lange Zeit abgelehnt wurde und in Ungarn erst sieben Jahre später zur Aufführung kam.

Auch geht es vermutlich auf Emma Grubers Einfluß zurück, daß Bartók schon als Sechsundzwanzigjähriger, nachfolgend seinem Lehrer István Thomán, Professor für Klavier an der Budapester Musikakademie wurde. Emma Gruber und Bartók verband eine lebenslange Freundschaft, auch nach ihrer Eheschließung mit Kodály.

Jenö Hubay (1858–1937)

Jenö Hubay, Geiger und Komponist, Dozent an der Musikakademie – Stefi Geyer war eine Schülerin in seiner Violinklasse gewesen –, führte 1904 gemeinsam mit Bartók dessen Jugendwerk auf: die Sonate für Violine und Klavier. 1909 brachte er die 1. Suite Bartóks zur ersten vollständigen Aufführung.

Hubay gehörte aber dann zu denen, die Bartóks weitere schöpferische Entwicklung nicht mitvollziehen mochten. Die Beziehungen zwischen beiden wurden frostig. Bartóks Feststellung im Jahre 1911 »zwischen mir und Ihnen [kann] von Musik nicht die Rede sein« zielt vor allem auf Hubay.

Politisch stellte sich Hubay ins bürgerliche Lager. Es wurde ihm reichlich entlohnt, indem er 1919 von der bürgerlichen Regierung unter Admiral Horthy zum Direktor der Musikakademie ernannt wurde. Er versuchte zunächst noch, Bartók für sich zu gewinnen, obwohl er ihn bis dahin bekämpft hatte: Er setzte Bartók ohne Rücksprache mit ihm in einen neu gebildeten Musikrat ein und ließ die Liste der Teilnehmer dieses Musikrates veröffentlichen. Bartók stellte daraufhin in einem Leserbrief klar, daß er keineswegs an einem solchen Musikrat teilnehmen wolle, in dem die besten Musiker des Landes fehlten. Denn Dohnányi und Kodály waren nicht auf der Liste. Nach dieser offiziellen Abfuhr durch Bartók reihte sich Hubay wieder nahtlos in die stattliche Schar der Bürger, die dem Volksliedforscher seine Volksliedforschung übelnahmen, weil sie auch benachbarte kulturelle Traditionen berücksichtigte: Nachdem Bartók 1920 in einer deutschen Fachzeitschrift einen Artikel über den »Musikdialekt der Rumänen von Hunyad« veröffentlicht hatte, stimmte Hubay in den Chor der Entrüstung mit einer öffentlichen Erklärung ein: »Ich muß im voraus bemerken, daß mich an Belá Bartók schon lange ein Wohlwollen und sogar eine Freundschaft bindet und daß ich ihn für ein ausgezeichnetes Talent halte ... Dies kann mich aber nicht hindern, der Wahrheit entsprechend zu erklären, daß ich die Publikation eines Artikels über die walachische Volksmusik in einem deutschen Blatte für ungemein unzeitgemäß halte. Jetzt, da wir mit jedem Tropfen Blut um die Aufrechterhaltung unserer Integrität kämpfen müssen, halte ich es für nicht entschuldbar, uns mit irgendeiner Schilderung der Kultur unserer Nationalitäten zu befassen ... Diese Frage muß und soll heute nicht vom wissenschaftlichen Standpunkte beurteilt werden, sondern nur vom Standpunkte der nationalen Interessen des Ungartums, welche heute ebenfalls wichtiger sind als eine Detailfrage der Musikwissenschaft, der überhaupt keine große Bedeutung beigemessen werden kann.«[6]

Bartók reagierte sofort mit einer Gegenerklärung in derselben Zeitung: »Ich las mit Verwunderung in der heutigen Nummer des ›Szózat‹, daß Herr Direktor Hubay sich den Beschuldigungen der ›Nemzeti Ujság‹ anschloß. Dies zwingt mich, nun auch vor die Öffentlichkeit zu treten und auf die auffallendsten Beispiele der in den Anschuldigungen sich zeigenden Unwissenheit, des Übelwollens und der tendenziösen Irreführungen hinzuweisen. Ich hege zwar nicht viel Hoffnung, daß ich mit Argumenten etwas erreichen werde, da es doch klar ist, daß meine Angreifer sogar den Grundprinzipien der musikalischen Folklore völlig unorientiert gegenüberstehen (so können sie z.B. nicht verstehen, daß es beim Studium des ungarischen Volksliedes unerläßlich ist, das Volksliedmaterial auch der Nachbarvölker eingehend zu kennen), und da es weiter klar ist, daß meine Angreifer keine wissenschaftliche Diskussion, sondern persönliche Angriffe heraufbeschwören wollen ... Gegenüber der Beschuldigung, daß die Publikation dieses Artikels ›gegenwärtig überaus unzeitgemäß, ja sogar unglücklich‹

wäre, erkläre ich, daß meine Auffassung gerade Gegenteil hiervon ist, weil daraus die kulturelle Überlegenheit des Ungartums hervorleuchtet ... Die Publikation des Artikels war auch deshalb erwünscht, damit das Ausland sehe, wie hoch wir unsere Nationalitäten bewerten, wie sehr wir uns um ihre kulturelle Fragen bekümmern, daß wir sie überhaupt nicht unterdrücken. Oder fordert es vielleicht das Interesse Ungarns, die Beschuldigung unserer Feinde über die Unterdrückung unserer Nationalitäten nicht zu entkräften? ...«

Márta Ziegler (1893–1967)

1907 wurde die damals vierzehnjährige Márta Ziegler Klavierschülerin bei Bartók. Bartók verliebte sich bald in sie. Von Anfang an nahm sie hingebungsvoll seine Anschauungen und Interessen auf, bemühte sich, seine Gedanken zu verstehen und seine Ideale zu teilen. War Bartók bei Stefi Geyer mit seinem erzieherisch-belehrenden Ehrgeiz gescheitert, so hatte er bei Márta vollen Erfolg.

Am 16. November 1909 heirateten sie. Sie war 16, er 28. Die Eheschließung fand zwischen einer Klavierstunde und dem Abendessen statt. Lange Zeit wurde die Heirat geheim gehalten. Gratulanten wies Bartók ab.

Márta wurde Bartóks Assistentin in der Volksliedforschung. Sie mußte Rumänisch lernen und sich in der Technik der Tonaufnahmen unterweisen lassen. Sie kopierte seine Originalpartituren und war schließlich auch die Hausfrau, die seine Wünsche und Gewohnheiten bis in die letzte Einzelheit hinein erfüllte.

1910 wurde der Sohn Belá geboren. Im Lauf der Jahre wurde Márta Ziegler Bartóks verläßliche Gefährtin, gerade in der Zeit der Lebensmitte, als er sich von allen Seiten ignoriert und abgelehnt fühlte. Er widmete ihr einige Arbeiten, darunter den »Blaubart«.

1916, Bartók war sieben Jahre verheiratet, faßte er vorübergehend Zuneigung zu der jungen Klára Gombossy. Sie schrieb kitschig-schwüle Gedichte, die er vertonte.

1923, Bartók war vierzehn Jahre verheiratet, verliebte er sich in die schöne und junge Ditta Pásztory, ebenfalls seine Klavierschülerin. Márta begriff die Tragweite sofort und regte die Scheidung an. Sie brachte es fertig, Bartóks neuer Frau – er heiratete Ditta Pásztory noch 1923 – mit Rat und Tat zur Verfügung zu stehen. Die erste Frau führte die zweite Frau ein in Bartóks Gewohnheiten, gestaltete den »Übergang« für ihn so störungsfrei wie möglich.

Márta Ziegler heiratete später wieder. Sie heiratete einen Mann, der sich schon in sie verliebt hatte, bevor sie Bartók heiratete. Zwischen Bartók und ihr bestand eine lebenslange Freundschaft.

Ditta Pásztory (geb. 1903)

Als der 41jährige Bartók sich 1923 in die Zwanzigjährige verliebte, war sie schon zwei Jahre lang seine Schülerin gewesen.

Ein Jahr nach der Heirat wurde sein zweiter Sohn, Peter, geboren. Ditta arbeitete nach der Ausbildung als Pianistin und trat zum Teil zusammen mit Bartók auf, so bei der Uraufführung der »Sonate für zwei Klaviere und Schlagzeug« und beim Abschiedskonzert, wenige Tage vor der Auswanderung.

Als letztes abgeschlossenes Werk verfaßte Bartók das 3. Klavierkonzert. Er schrieb es eigens für seine Frau, damit sie durch seine Aufführung etwas Geld verdienen konnte. Sie hat es öffentlich nie gespielt. Nach dem Tod ihres Mannes kehrte sie nach Ungarn zurück und lebte dort von einer Staatsrente.

Paul Sacher (geb. 1906)

Sacher, Dirigent in Basel und Gründer des Basler Kammerorchesters, ein engagierter Vorkämpfer der Neuen Musik, wurde mit Bartók 1929 bekannt. Es entwickelte sich eine langjährige Freundschaft, die Anlaß gab zu einigen der größten Meisterwerke des Komponisten. 1936 gab Sacher Bartók den Auftrag zu einem Werk für Streichorchester, und Bartók komponierte daraufhin die »Musik für Saiteninstrumente, Schlagzeug und Celesta«. 1937 regte Sacher ein Kammermusikwerk an, und Bartók komponierte die

»Sonate für zwei Klaviere und Schlagzeug«. 1938 beauftragte Sacher Bartók mit einem Werk für Kammerorchester, und das »Divertimento für Streichorchester« entstand. Sacher schrieb über Bartók: »Wenn man bisher nur seine Musik mit ihren explosiven elementaren Rhythmen gehört hatte, war man überrascht, wie zart und zerbrechlich Belá Bartók aussah. Er war der Typ eines stillen, beinahe fanatischen Gelehrten, von unerbittlicher Strenge gegen sich selbst, und er machte aufgrund seiner kühlen Höflichkeit den Eindruck der Unnahbarkeit. Aber seine Augen leuchteten mit heimlichem Feuer. In den Strahlen seines forschenden Blicks hatte nichts Unwahres oder Unklares Bestand.«[7]

Yehudi Menuhin (geb. 1916)

Der in Amerika lebende Geiger Yehudi Menuhin wurde 1943 auf Bartók durch einen gemeinsamen Bekannten aufmerksam gemacht. Die persönliche Begegnung zwischen beiden war dann der Auslöser für die letzte Schaffensphase des Komponisten. Menuhin schildert selbst seine Begegnung mit Bartók in seiner Autobiographie: Dorati, so hieß der gemeinsame Bekannte, erzählte Menuhin eines Tages bei einer Abendeinladung »von Bartók, drang in mich, seine Musik kennenzulernen, und spielte mir Auszüge einiger Werke am Klavier vor. Wie alle Offenbarungen erschien auch diese mir klar, schlicht und wie seit langem bekannt. Bartóks Musik stammte aus dem Osten, schon dadurch hatte sie großen Reiz für mich, doch alles Folkloristische war durch sein musikalisches Format umgedeutet, umgestaltet in etwas, das alle anging und zu unserer Zeit und Kultur sprach wie zu jeder anderen. Bei ihm wurde Volksmusik zu etwas universell Gültigem ... Bei aller erdhaft-urtümlichen Kraft hatte seine Musik das Verfeinerte, Stählerne, Kompromißlose einer Disziplin, die sich allem Schwelgerischen verschließt ...

Doratis Drängen folgend, machte ich mich mit Bartóks Musik vertraut und liebte am meisten das zweite Violinkonzert und die erste Sonate für Klavier und Violine (Bartóks eigentliches Instrument war, wie bei jedem Ungarn, das Klavier, doch er begriff die

Geige). Ich nahm beide Werke in mein Repertoire für 1943 auf und spielte das Violinkonzert in Minneapolis ... Einige Tage später spielte ich mit Baller in der Carnegie Hall. Zwischen den beiden Konzerten im November 1943 lernte ich Bartók persönlich kennen. Ich wollte vor der ersten Wiedergabe seiner Sonate sein Urteil hören und bat ihn in einem Brief, sie ihm vorspielen zu dürfen. Meine alte Freundin, ... die selbst Geigerin ... war, ... lud Bartók, Baller und mich in ihre Wohnung in der Park Avenue ein. Als Baller und ich an jenem winterlichen Spätnachmittag bei ihr eintrafen, war Bartók schon da. Er saß in einem hart ans Klavier geschobenen Lehnsessel, die Noten vor sich, den Bleistift in der Hand: nach meinen Erfahrungen ein typisches ungarisches Verhalten. Bartók war wie Kodály erbarmungslos streng mit seinen Schülern. Höflichkeiten gab es nicht. Baller ging ans Klavier, ich suchte mir einen niedrigen Tisch, legte meinen Geigenkasten darauf, packte aus, stimmte. Wir fingen an zu spielen. Nach dem ersten Satz stand Bartók auf – das erste Nachlassen seiner starren Konzentration – und sagte: ›Ich dachte, so könne man einen Komponisten erst spielen, wenn er längst tot ist.‹ Wäre ich wirklich bescheiden, hätte ich dieses Lob nicht erwähnt, aber es ist für mich ein unvergeßlicher Glücksfall, daß ich einen Komponisten durch die Wiedergabe seiner Musik gewinnen konnte und daß er, der Lebende, dem wir sie verdankten, sich verstanden fühlte. Damit war das Eis gebrochen. Wir wechselten kein überflüssiges Wort und kannten uns doch ...

Bis auf die außergewöhnlich knappe, präzise Sprache, diamantenscharf und klar, die sich aufs Wesentliche beschränkte und jedes unnötige Wort vermied, merkte man Bartók in seinen letzten beiden Jahren, in denen ich ihn kannte, sein inneres Feuer nicht mehr an. Nichts an seinem beherrschten Äußeren ließ auf die barbarische Größe ... schließen. Hätte ich ihn in seinen gelösten Jugendjahren, als begeisterten Bergsteiger, kennengelernt, hätte ich vielleicht keine so tiefe Ehrfurcht vor ihm empfunden und er wiederum vielleicht noch nicht jedes Gespräch so verachtet, obwohl ich bezweifle, daß er je redselig war. Bei einem schöpferischen Menschen tritt das Leben hinter seiner Schöpfung zurück, wird zweitrangig. Bartóks Genius zehrte den Menschen Bartók auf, ließ ihn vereinsamt und ausgesetzt zurück. Worte waren kaum noch nötig, verglichen mit dem Umsetzen dieses Lebens und seiner Überzeugung in die Musik. Das Exil machte Bartók zum Unbehausten, Ausgestoßenen, der nichts mehr brauchte außer einem Bett, einem Tisch, um daran zu schreiben, und was vielleicht als Luxus gelten kann, absoluter Ruhe, in der seine innere Konzentration fruchtbar werden konnte. Waren diese Bedürfnisse gestillt, so verströmte er die Reichtümer seines Geistes. Er brauchte dazu offenbar weder den Beifall der Kritiker noch die Zustimmung eines Publikums.

Was er aber brauchte und in den Straßen New Yorks schmerzlich vermißte, war der Kontakt zur Natur. Manchmal blieb er mitten in den Benzindünsten stehen, schnupperte und rief aus: ›Ich rieche es, irgendwo ist ein Pferd!‹ Seine Sinne waren unendlich scharf. Seiner Nase folgend kam er tatsächlich zu einem kleinen Stall, in dem man fürs Reiten im Central Park Pferde mietete, und er füllte seine Lungen mit dem nostalgischen Duft. Alle Tiere kamen ihm immer vertrauensvoll entgegen, und er hatte für sie die gleiche Sympathie wie für naturverbundene Menschen. Seine Sehnsucht nach solchen natürlichen Gemeinschaften zeigt sich für mich in der immer stärkeren Schlichtheit seiner letzten Werke, die er im Wettlauf mit dem Tode im freudlosen New York geschrieben hat. Die Straßen müssen ihm unmenschlich vorgekommen sein, er verschloß sein Ohr dem Verkehrsgebrüll und öffnete es voller Interesse den Rhythmen und Melodien des Jazz, dieser Verschmelzung amerikanisch-afrikanisch-europäischer Elemente, die er teilweise in seinem Konzert für Orchester verwendete.

Ich wußte, daß es ihm finanziell schlecht ging, daß er zu stolz war, um Almosen anzunehmen, und daß er der größte zeitgenössische Komponist war. Ich verlor keinen Augenblick und bat ihn schon am ersten Nachmittag, als wir uns kennenlernten, etwas für mich zu schreiben. Ich redete ihm zu: es brauche nichts Großes zu sein, ich hoffte nicht auf ein drittes Violinkonzert, nur auf ein kleines Stück für Solovioline. Ich ahnte damals nicht, daß er eins der Meisterwerke aller Zeiten für mich schreiben würde. Und doch, als ich es im März 1944 zu Gesicht bekam, erschrak ich tief: Ich muß gestehen, daß es mir fast unspielbar vorkam.

Der erste Eindruck trog: die Solo-Sonate ist ausgezeichnet spielbar, wunderbar für die Geige geeignet, eines der dramatischsten und befriedigendsten Stücke, die ich kenne, und seit Bach wohl die wesentlichste Komposition für Solovioline, ein Stück äußerster Kontraste …

Bartók schickte mir die Partitur aus Asheville, Northcarolina, wohin er, von Leukämie gezeichnet, auf Rat seines Arztes gereist war. Er hatte meine Einladung angenommen, den Sommer 1944 in unserem Haus zu verbringen, und interessierte sich auch für den Vorschlag der Washington-Universität in Seattle, dort seine Studien der Indianermusik des Nordwestens weiterzuführen. Leider konnte er nicht mehr so weit reisen … Er schrieb mir:

›Die ‚Spielbarkeit‘ einiger Doppelbegriffe macht mir ziemliches Kopfzerbrechen. Auf der letzten Seite gebe ich Ihnen verschiedene Möglichkeiten an. Auf jeden Fall hätte ich gern Ihren Rat. Ich schicke Ihnen hier zwei Kopien. Wären Sie so freundlich, in einer davon die erforderlichen Änderungen in der Bogenführung zu notieren, die unbedingt notwendigen Fingersätze zu ergänzen und mit anderen Vorschlägen an mich zurückzuschicken? Bitte vermerken Sie auch, was unspielbar ist. Ich werde dann versuchen, es zu ändern.‹

Ich machte sehr wenige Vorschläge, weil ich das, was er geschrieben hatte, schwierig, aber durchaus möglich fand. Für einige technische Anregungen bedankte er sich in weiteren Briefen. Wir trafen uns im November 1944 wieder, unmittelbar ehe ich die Sonate zum erstenmal auf dem Konzertpodium spielte, um noch einige Probleme miteinander zu besprechen. Zu meinen Vorschlägen äußerte er sich knapp, mit sanfter Stimme, aber unerschütterlich. Als ich ihn bat, eine Passage auf eine andere Saite zu verlegen, sah er mich einige Sekunden lang mit seinem hypnotischen Blick an und erwiderte: ›Nein‹. Wieder stand er im Applaus des Publikums auf dem Podium der Garnegie Hall. Und wieder weigerten sich die Kritiker, sein Genie anzuerkennen. Nochmals genoß er es, sich ›wie aus einer anderen Welt‹ zu hören. Seiner Freundin Wilhelmine Creel schrieb er: ›Es war eine wundervolle Wiedergabe. Die Sonate hat vier Sätze und dauert ungefähr zwanzig Minuten. Ich fürchtete schon, das sei zu lang. Stellen Sie sich das einmal vor:

zwanzig Minuten lang nur Solovioline zu hören! Doch es war völlig in Ordnung, zumindest für mich.‹ Ihm gefiel die Wiedergabe besser als mir. Vielleicht spürte er meine gute Absicht und ahnte, daß ich zwanzig Jahre später seiner Solo-Sonate erst wirklich gerecht werden würde.«[8]

Der Beruf

Bartóks Beruf, durch den er ein weitgehend regelmäßiges Einkommen hatte, war Pianist. Die Volksliedforschung selbst erforderte eher finanzielle Aufwendungen, als daß sie Geld einbrachte, und auch später an den Veröffentlichungen des gesammelten Materials ließ sich nur wenig verdienen. Honorare aus den Kompositionen waren lange Zeit auch keine zuverlässige Einnahmequelle, schon deshalb, weil in Ungarn seine Stücke kaum gespielt wurden. Erst in den zwanziger und dreißiger Jahren, als er wenigstens im Ausland in engagierten Kreisen als Komponist berühmt geworden war, erhielt er aus seinen Urheberrechten einige Honorare. In der Amerikazeit aber war ihm diese Einnahmequelle wieder verschlossen.

Bartóks Berufsausbildung begann genau an seinem fünften Geburtstag: Am 25 März 1986 erhielt er die erste offizielle Klavierstunde bei seiner Mutter. Natürlich hatte das Kind schon zuvor selbständig das Klavier und seine Möglichkeiten erforscht. Bereits einen Monat später könnte man vom ersten Auftritt sprechen: Vierhändig spielte er mit seiner Mutter zusammen dem Vater ein leichtes klassisches Stück vor.

Mit elf Jahren, in Nagyszöllös, hatte der Junge seinen ersten öffentlichen Auftritt: Er spielte die Waldsteinsonate von Beethoven und seine eigene Komposition »Der Lauf der Donau«. Das Publikum reagierte mit endlosem, begeistertem Beifall. Das Fremdheitsthema, das Leitmotiv in Bartóks Lebensgang, erscheint im Zusammenhang der Pianistenkarriere nur selten und nur am Rande; erst in Amerika setzte es sich auch in diesen Lebensbereich durch.

Im Vordergrund steht aber eine schöne Karriere als Konzertpianist. Schon als Jugendlicher, noch Gymnasiast, trat er immer wieder auf, besonders dann in Preßburg, wo die Familie – das sind seine Mutter, seine Schwester Elsa und »Tante Irma« und er – sich nach vielen Umsiedlungen endlich niederlassen konnte. So war er in der Preßburger Gymnasialzeit ein stadtberühmter Pianist. Und sonntags durfte er, während der Messe, die Orgel spielen.

Der erste öffentliche Auftritt in Budapest, Bartók war jetzt Student an der Budapester Musikakademie, galt der h-moll-Sonate von Liszt. Anlaß war der 90. Geburtstag des Komponisten. Bartók hatte monatelang mit den technischen Schwierigkeiten gerungen, die das Stück beinhaltete. Das Ergebnis muß beeindruckend gewesen sein. Presse und Kritik lobten einstimmig das Spiel des jungen Pianisten und sahen in ihm schon den Nachfolger des damals bereits gefeierten Ernö Dohnányi.

Durch seine Qualität als Pianist fand der junge Bartók rasch Zugang in die führenden musikalischen Kreise der Hauptstadt. Emma Gruber lud ihn in ihren Salon ein, wo er bald zur Attraktion der Konzertabende wurde.

Sein Lehrer in Budapest war István Thomán, Schüler Liszts. Thomán und Bartók waren bald durch eine sehr innige Freundschaft verbunden.

Bartóks Stil als Pianist war durchaus eigentümlich. Er faßte das Instrument als Schlag- bzw. Hammerinstrument auf. Sein Anschlag muß ebenso hart wie klar gewesen sein.

Mit 22 Jahren gab Bartók sein erstes Konzert im Ausland, in Wien.

1905 trat er als Pianist und Komponist beim Rubinstein-Wettbewerb in Paris auf. Aber in beiden Sparten erhielt er nicht den 1. Preis, wie er selber erwartet hatte. Im Fach Klavier wurde dieser vielmehr an Wilhelm Backhaus vergeben, der später als Beethoven-Interpret berühmt wurde.

Trotz dieses Rückschlages erhielt Bartók immer mehr Aufführungsangebote im In- und Ausland. 1907 wurde er, eine Sensation, mit 26 Jahren Professor für Klavier an der Musikakademie Budapest in der Nachfolge seines Lehrers István Thomán.

Zu Beginn seines resignativen Rückzuges 1911/12 aus der ungarischen Öffentlichkeit sah er auch seine bis dahin entwickelte Pianistenkarriere eher skeptisch. 1911 schrieb er: »Nach Beendigung meines Musikstudiums versuchte ich mein Glück in Ungarn und im Ausland als Konzertpianist. Aber mir fehlten die dazu nötige Ruhe und die physische Kraft.« Das klingt nach Scheitern. Tatsächlich lassen sich aber keine Hinweise oder Dokumente finden, die diese Einschätzung rechtfertigen würden. Er wird es so erlebt haben. Die Konzerttätigkeit hat ihn wahrscheinlich sehr angestrengt und seelisch belastet. Wenn er sich damals so kritisch beurteilt, so erfahren wir dadurch etwas über die scharfen Ansprüche, die er an sich selbst stellte.

In der Phase der Lebensmitte trat Bartók dann gar nicht als Pianist auf. Am Ende dieser Phase erscheint er wie gekräftigt aus dem Abtauchen in die Volksliedforschung. Jetzt beginnt eine beeindruckende internationale Karriere des Konzertpianisten.

Schon Anfang der zwanziger Jahre begründete Bartók seinen internationalen Ruf als Pianist mit Tourneen in England und Frankreich. Er verbrachte in diesen Jahren den größten Teil seiner Zeit mit Konzerten im Ausland. Stationen dieser Reisen sind Leipzig, London, Frankfurt, Berlin, Paris, Städte in der Sowjetunion, 1928 gastierte er in New York und Boston, dann Prag, Palermo, Neapel, Utrecht, Amsterdam. Er kam in der ganzen Welt herum, und seine kosmopolitische Gesinnung wurde dadurch sicher bestätigt.

Auch reiste er sehr gern, lernte gern fremde Städte kennen. Dies galt nicht nur dem fernen westlichen Ausland, sondern auch den Nachbarstaaten. So konzertierte er mit Vorliebe in Rumänien. Auch in der Slowakei trat er oft auf. Manchmal klappte die Organisation nicht. Diese Art von Hindernissen amüsierte ihn dann sehr:

»Kassa, den 5. April 1923. Liebe Mama und Tante Irma! Endlich ist es uns nach Überwindung riesiger Schwierigkeiten gelungen, das Konzert hier zu geben. Visa haben wir bloß auf Umwegen erhalten; 20 Minuten vor Beginn des Konzerts erschienen Amtspersonen und wollten das Konzert verbieten, weil eine ›Ministerstvo‹-Genehmigung gefehlt hatte; endlich erteilten sie aus Gnade zum ersten und allerletzten Mal die Erlaubnis. Das Podium war dermaßen wackelig, daß der Stuhl, das Klavier und das Notenpult auf die kleinste Bewegung nur so hin- und herschwankten. Der Stuhl des Umblätterers hatte kaum neben dem Klavier Platz, so daß ich ihn mit meinem linken Ellbogen ständig in den Bauch stieß. Es war keine Treppe zum Podium vorhanden, so daß eine aus einem Stuhl und einem blankgeriebenen Küchenschemel improvisiert werden mußte; darauf jonglierten wir mit Waldbauer [dem Geiger] zum allgemeinen Gaudium herauf und herunter. Das Programm war ganz falsch gedruckt (weil inzwischen ein Brief verlorengegangen war); …

Das Podium war schlecht beleuchtet, der arme Umblätterer konnte kaum die Noten lesen. Während meiner Sonate mußte Imre Waldbauer auch etwa viermal umblättern, was auch jedesmal ein mächtiges Knarren seiner Schritte hervorrief und ein noch heftigeres Schwanken des Podiums verursachte. Imre vergaß an einer Stelle meiner Sonate, das Sordino herunterzunehmen, die Geige gab einen dünnen, zwirnsdünnen Klang, er aber bemerkte gar nichts …

Die ›Krone‹ allen Mißgeschicks ereignete sich aber, als der Umblätterer meine Noten vom Pult herunterwarf und sie vom Boden auflesen mußte. Na, ich war schon nahe daran, vor Lachen laut loszuplatzen. So ein Konzert habe ich noch nie durchgemacht …«

Nur wie beiläufig klingt in dieser erfolgreichen Karriere das Fremdheitsthema wieder an. Bartók war kein Publikumsliebling. Man schätzte sein diszipliniertes, äußerst konzentriertes, aber eben auch leidenschaftliches Spiel. Sein Auftreten selbst aber verbreitete eine kühle und strenge Stimmung. Vor und nach der Aufführung verneigte er sich kurz, ernst und zurückhaltend.

Eine Irritation der Begeisterung über sein Spiel ergab sich auch daraus, daß er sehr oft eigene Werke spielte, die dem ausländischen Publikum, und hauptsächlich dem ungarischen, keineswegs auf Anhieb zugänglich waren. Teilweise geschah auch die Uraufführung seiner Klavierwerke durch ihn selbst. Das Publikum kam dadurch in die etwas angespannte Lage, trennen zu müssen zwischen der Faszination über sein Spiel und dem Werk, das durchaus Fremdheitsgefühle auslöste, ja, aggressiv und barbarisch wirken konnte, auf jeden Fall aber ungemütlich war.

Während Bartók im Ausland der zwar etwas unzugängliche, aber gefeierte Pianist war, wurde er in Ungarn in den dreißiger Jahren zunehmend angefeindet – aus politischen Gründen. Aus politischen Gründen trat er in Deutschland nach 1933 nicht mehr auf. Und der auch in Ungarn zunehmende Faschismus führte dazu, daß Bartók hier ebenfalls immer seltener Konzerte gab.

Schließlich engte sich europaweit die Reiseroute für Konzerttourneen immer weiter in dem Maße ein, wie die einzelnen Länder sich gezwungenermaßen oder aus Begeisterung der faschistischen Bewegung anschlossen. Bartók lehnte es ab, unter faschistischer Fahne zu spielen.

Nach der Übersiedlung nach Amerika mußte er die Erfahrung machen, daß die Konzertangebote ausblieben. Das amerikanische Publikum, stets an strahlende Stars gewöhnt, wollte Konzerte mit Showeffekten haben: große, dramatische Gesten waren gefragt, Kußhände ins Publikum und dergleichen. Bartók war für so etwas nicht der Richtige. Die karge Verbeugung vor und nach dem Spiel machte deutlich, daß er nicht in diese Glitzerwelt gehörte. Da er auch nicht bereit war, den Beifall wenigstens mit einem Lächeln entgegenzunehmen, konnte das Publikum sich nicht in ihm spiegeln. Das war langweilig.

Dazuhin galt er als altmodisch, weil er fast nie auswendig spielte, sondern von den Noten ablas, also immer mit einem Blattumwender auf der Bühne erschien. So etwas tat man nicht in Amerika. Und es wird berichtet, daß auch die Qualität seines Spiels nachließ, möglicherweise als Folge der bereits untergründig arbeitenden Blutkrebserkrankung. Er war schnell erschöpft und sicher sehr rückzugsbedürftig. Das reimt sich, in Amerika, nicht auf das, was man unter einem Star versteht. So geriet Bartók, der weltberühmte Pianist, in Amerika in die Situation, daß er von seinem Beruf nicht mehr leben konnte. Er mußte wieder Klavierstunden geben.

Im Januar 1943, als er als Komponist plötzlich wieder gefragt, aber schon krank war, trat er zum letzten Mal in seinem Leben öffentlich auf. Zusammen mit seiner Frau gab er die »Sonate für zwei Klaviere und Schlagzeug«.

Der biographische
Entstehungszusammenhang des Werkes

Fragen wir nach den Umständen der Entstehung des Werkes, so finden wir zuerst, daß das Schaffen selbst rhythmisch immer wieder gegenüber anderen biographischen Entwicklungslinien zurücktritt, bis zu einem Schweigen von meist ungefähr zwei Jahren. Das Schaffen hat also auch eine Biographie. Diese entfaltet sich in sieben oder je nach Einteilung in acht Kompositionsphasen. Zwischen den Phasen komponierte Bartók gar nicht oder nur vereinzeltes. Das Werk schält sich stufenweise und mit Pausen heraus.

Die stillen Jahre zwischen den Kompositionsphasen sind immer Zeichen einer Weiterentwicklung in seinen Anschauungen über das kompositorisch Richtige und Notwendige. Wie Pflanzen in der Nacht wachsen, unbemerkt, erfährt Bartóks Kompositionskunst in den Ruhephasen ihre Wandlung.

Bartók hat immer gesucht und experimentiert. Die strenge geometrische Ordnung seiner Werke ist nie ausgedacht oder konstruiert, sondern im Ausprobieren entdeckt, erlebt und dann eingesetzt. Ein Besucher beschreibt einmal Bartók bei der Arbeit: »... Auf seinen Knien lag eine Trommel ... In der einen Hand hielt er einen Trommelschlegel, mit der anderen spielte er auf einer Schnarrseite oder Darmsaite, die man auf die Trommel spannt, damit sie ratscht. Zu seinen Füßen lagen ein paar Becken. Leider erinnere ich mich nicht genau, was er damit tat. Das Wesentliche ist jedoch, daß er einen neuen Klangeffekt entdeckt hatte, und während der folgenden 5 bis 10 Minuten ... schlug er eine Weile mit lebhaften, raschen Bewegungen die Trommel und lauschte dann wieder mit weit geöffneten Augen auf das Echo, wie die Amsel im Gras auf das Geräusch von Tritten horcht.«[9] Und wir erinnern uns an den kleinen Jungen. Im Spiel entlockte er dem Klavier, später auch der Trommel ihre Möglichkeiten.

Im Laufe der Zeit wollte er gar nicht mehr mit anderen Kindern spielen. Sie waren ihm zu lärmend. Ein Fremder unter den Kindern; ein Fremder im eigenen Haus, wenn Besuch kam; ein Fremder selbst im eigenen Körper, der ihn quälte. Es erklärt seine Menschenscheu, die er zeitlebens behalten hat.

Der kränkliche Belá war auf die Mutter verwiesen und auf das, was deren eigentliches Leben war, die Klaviermusik. Mit drei Jahren, bevor er noch sprechen konnte – Belá lernte sehr spät laufen und sprechen – forderte er durch Gesten seine Mutter auf, auf dem Klavier bestimmte Tanzstücke zu spielen, die er mochte. Ebenso mit drei Jahren bekam er eine Trommel geschenkt. Ohne daß ihn jemand dazu aufgefordert hätte und ohne daß es ihm jemand beigebracht hätte, begleitete er nun mit rhythmischen Trommelschlägen das Klavierspiel der Mutter, wenn sie Tanzlieder spielte. 1938 entfaltete sich dieses Wechselspiel in der »Sonate für zwei Klaviere und Schlagzeug«.

Der kleine Belá hatte sich schon immer spielerisch und ernsthaft zugleich mit dem Klavier beschäftigt. An seinem fünften Geburtstag gab ihm die Mutter die erste offizielle Klavierstunde. Von da an betrieben sie mit großem Ernst den Klavierunterricht. Die Mutter hatte seine Begabung erkannt, und Belá erkannte in der Musik, wie sie sich ihm durch die Mutter zeigte, seinen Zugang zur Welt.

Einmal wurde er zu einem Konzert in ein Gasthaus mitgenommen. Man aß, während die Musik spielte. Der kleine Belá aber legte sein Eßbesteck aus der Hand und lauschte mit ganzer Hingabe der Musik. Und empört fragte er die Mutter, wieso die anderen denn weiter essen. So erkannte der Fremde schon früh, was ihn aus der Fremdheit befreien konnte: die Musik. Was er noch nicht ahnen konnte, ist dies, daß er eben durch die Musik, durch seine Musik, wie er sie später als Komponist entfalten sollte, erst recht ein Fremder werden würde. Und andererseits sollte es letztlich doch die Musik sein, durch die er als Pianist und, sehr spät, auch als Komponist, Anerkennung finden würde. Die so entstehenden Werke können hier nur exemplarisch erwähnt werden, soweit sie eine der Kompositionsphasen vertreten. Im Anhang sind Biographien aufgeführt, die sich gut eignen, wenn man sich weitergehend mit dem Werk Bartóks auseinandersetzen möchte.

Eines Morgens kommt der neunjährige Belá zu seiner Mutter und will ihr auf dem Klavier etwas vorspielen, eine Melodie, die er gestern abend gehört habe, innerlich gehört offenbar. Die Mutter schreibt die Melodie sogleich auf. Es ist Bartóks erste Komposition, ein kleiner Walzer. In kurzer Folge entstehen einige weitere Tanzstücke, Polkas, ein Marsch auch und das Stimmungsstück »Der Lauf der Donau«. Dieses zu »opus 18« ernannte Werk spielte Bartók ja dann auch öffentlich. Eine Seite des Lebensthemas des Komponisten, die Auseinandersetzung mit der Besonderheit ungarischer Heimat, tritt hier zum ersten Mal im Bereich des Hörbaren auf. Das Stück malt die einzelnen Phasen im Lauf der Donau in Klänge aus. Die Phasen werden auch benannt: »Die Donau freut sich, daß sie sich Ungarn nähert« – »Die Donau unterhält sich mit ihren Nebenflüssen« – »Die Donau kommt in Budapest an« – »Die Donau ist traurig, weil sie Ungarn verläßt«, und da fließt sie in Moll davon: »Die Donau ergießt sich ins Schwarze Meer«. Auch Bartóks besonderer Patriotismus macht sich hier hörbar.

In diesen ersten Kompositionen ist Bartók keineswegs ein kleiner Mozart. Die Stücke sind naiv, bewegen sich an der Grenze zum Kitsch, sie sind sehr konventionell gemacht. Andererseits hört man schon einige der für den späteren Bartók ganz typischen Gesten wie das scharfe Akzentuieren des Rhythmus und die derb-burleske Führung.

Das erste Komponieren flaut dann ab. In den Jahren 1892/93 entstehen nur wenige Stücke. Ab 1894, in der Preßburger Zeit, setzt sich Bartók in ernsteren Kompositionsversuchen besonders mit den Möglichkeiten auseinander, die sich aus der Musik von Brahms ergeben. Außer Klavierstücken entstehen nun schon kleine Phantasien und Sonaten für Violine, auch Lieder.

Dann gibt es eine Pause von gut einem Jahr. Der Umgang mit den Brahmsschen Schemata hatte sich nun erschöpft. Und Bartók sah sich der pädagogischen Unfähigkeit seines Kompositionslehrers Koessler ausgesetzt, der kein Verständnis für den jungen Bartók aufbrachte und ihn nicht weiterbringen konnte. Er scheint den Schüler eher gelähmt zu haben.

Die patriotische Phase 1902–1905

In seiner Autobiographie beschreibt Bartók das Ende der Zeit der Lähmung selbst. Am 12. März 1902 wohnte er einer Aufführung der sinfonischen Dichtung »Also sprach Zarathustra« von Richard Strauß bei: »Aus dieser Stagnation riß mich wie ein Blitzschlag die erste Aufführung von ›Also sprach Zarathustra‹ in Budapest (1902). Das von den meisten dortigen Musikern mit Entsetzen angehörte Werk erfüllte mich mit dem größten Enthusiasmus: endlich erblickte ich eine Richtung, die Neues barg. Ich stürzte mich auf das Studium der Strauss-Partituren und begann wieder zu komponieren.«

Das folgenreichste Werk dieser Phase ist die sinfonische Dichtung »Kossuth« für großes Orchester, mit dem Bartók so großen politischen Erfolg hatte.

Auch dieses Werk enthält in musikalischer Hinsicht keine neuen Impulse. Bartók distanzierte sich wenig später davon. Aber eine leichte Neigung zum Grotesken finden wir auch hier, so in der aggressiven, höhnischen Verzerrung der österreichischen Nationalhymne.

Die Phase endet mit Bartóks erfolgloser Beteiligung am Rubinstein-Wettbewerb für Klavier und Komposition in Paris. In beiden Sparten bekommt er nicht den ersten Preis. In Komposition erhält er ein eigentlich beleidigendes »Ehrendiplom«. Mit solchen eher herabsetzenden als würdigenden Auszeichnungen hatte sich Bartók auch später immer wieder auseinanderzusetzen. Nach dem Rubinstein-Wettbewerb schreibt er an seine Mutter: »Daß von den Pianisten nicht ich den Preis gewann, ist nicht so sonderbar, es schmerzt mich nicht einmal. Aber was bei der Verteilung, vielmehr der Nichtverteilung des Komponistenpreises vor sich ging, das ist empörend ... Ich schicke mein Ehren(loses)-Diplom, sowie ich es erhalten, sofort Auer nach Petersburg zurück. Solch einen Blödsinn nehme ich nicht an ... Ich bemerke, daß Brugnolis Sachen [der ebenfalls ein ›Ehrendiplom‹ erhalten hatte] völlig wertlose zusammengetragene Konglomerate sind. Das Empörendste ist, daß die Jury nicht gesehen hat, wieviel besser meine Werke sind ... Wenn einer, der wenigstens etwas Format hat, mir den ersten Preis weggewonnen hätte, würde ich nichts sagen. Aber daß diese Ochsen meine Sachen des Preises nicht für würdig befanden, das ist denn doch ein Zeichen unglaublicher Dummheit ...«

Die nun beginnende Kompositionspause war sicher ausgelöst durch die Rubinstein-Affäre. Und Bartóks Kompositionslehrer Koessler durchdrang auch hier nicht, worum es ging, und riet ihm sogar, für einige Zeit vom Komponieren abzulassen.

Ein anderer Grund für die Pause lag aber auch darin, daß Bartók sehr in Anspruch genommen war von seinen ersten Schritten in der Volksliedforschung, dem Sammeln und Auswerten. Und durch diese Volksliedforschung kam er zu einer negativen Einschätzung seiner bisherigen Kompositionen und verwarf sie.

Die experimentelle Phase 1907–1911

Die dritte Phase wird ausgelöst durch die Auseinandersetzung mit Debussy. Bartók entdeckte in ihm einen Geistesverwandten. »Als ich noch im selben Jahr [1907] auf Anregung Kodálys die Werke Debussys kennenlernte und studierte, nahm ich mit Erstaunen wahr, daß auch in dessen Melodik gewisse unserer Volksmusik ganz analoge pentatonische Wendungen eine große Rolle spielen ...«

Der Impuls zum ersten Werk dieser stilistisch ganz neuen Schaffensphase war die Begegnung mit der jungen Geigerin Stefi Geyer. Bartók wollte ihr Antlitz musikalisch beschreiben und komponierte ein Violinkonzert, das er Stefi Geyer dann auch widmete. Mit diesem Werk kommt etwas ganz Neues in Bartóks Schaffen. Er wendet sich hier radikal von der Romantik ab und versucht seine erste Synthese von Bauernmusik und Kunstmusik, setzt pentatonische Themen ein und wendet alte Tonleitern an. Bartók hat jetzt die Kraft entdeckt, die in den alten Liedern lebt. In dieser dritten Phase entstehen unter anderem die »14 Bagatellen«, Klavierstücke, in denen Bartók einen gezielt dissonanten und grotesken Expressionismus entwickelt. Das »Allegro barbaro«, die »Vier Klagelieder«, die »Drei Burlesken« und die Klavierbearbeitung ungarischer und slowakischer Bauernlieder »Für Kinder« und schließlich »Herzog Blaubarts Burg« machen Bartók in kurzer Frist zum Gegenstand geliebter Empörung. Bartók will in dieser Schaffensperiode ausdrücklich auch das Unschöne zu Gehör bringen, denn es gehöre zum Menschen immer dazu. Aber damit macht man sich nicht beliebt. Die Presse reagiert unmittelbar: »Der Künstler ist verrückt«; seine Musik sei »gekünstelter Weltschmerz«. Bereits 1908 ist es soweit, daß die Budapester Philharmoniker seine Erste Suite angeblich wegen einer Erkrankung des Dirigenten nicht aufführen. Die Aufführung der Zweiten Suite 1909 wird direkt abgelehnt. In der Musikakademie, an der Bartók seit 1907 immerhin Klavierprofessor ist, werden einige Aufführungen seiner Klavierwerke verboten. Schon die »14 Bagatellen«, in denen sich zum ersten Mal die dissonante Fremdheit seiner Musik entfaltet, können nur unter Widerständen und nach einem Hindernislauf aufgeführt werden.

Die Ablehnung des Blaubart und das Scheitern des Neuen Musikvereins, den er mit Kodály zusammen ins Leben gerufen hatte, um eine kompetente Aufführung der Werke der neuen ungarischen Komponisten zu gewähren, machten das Maß voll. Bartók komponiert fast vier Jahre gar nicht mehr.

Die expressive Phase 1915–1923

Heiter und von Grund auf gekräftigt kehrt Bartók aus der langen Schweigephase der Lebensmitte zurück. Das erste größere Werk, in wenigen Skizzen schon in der Schweigephase 1914 begonnen, erst wieder aufgegriffen 1916, ist ein heiteres Tanzspiel: »Der holzgeschnitzte Prinz«, ein krasser Gegensatz zu dem tief-tragischen Blaubart-Stück, dem letzten großen Werk vor der Schweigephase. Außer vielen Volksliedbearbeitungen entstehen jetzt einige größere Stücke, das »Zweite Streichquartett«, »Der wunderbare Mandarin«, in dem Bartók wie in keinem anderen Werk sein Lebensthema in eine musikalische Form hineinkristallisieren läßt, zwei Sonaten für Violine und Klavier und schließlich, am Ende der Phase, die »Tanzsuite«. Die »Tanzsuite« ist das erste auf Bestellung geschriebene Werk. Zum Anlaß des 50. Jahrestages der Vereinigung von Buda und Pest zur großen Hauptstadt Budapest wurden Dohnányi, Kodály und Bartók um Kompositionen gebeten. Zu beachten ist, daß Bartók auf diesen durchaus patriotischen Anlaß mit einem kosmopolitischen Bekenntnis antwortet. Die Tanzsuite formuliert eine viel weiterreichende, wichtigere Vereinigung: die der Völker.

Danach entsteht wieder eine neue Pause von etwa drei Jahren, in der nur ein neues Stück entsteht: die »Dorfszenen«, eine Bearbeitung slowakischer Volkslieder, die unter anderem ein Wiegenlied von außerirdischer Schönheit enthalten.

Bartók war der expressive Charakter und der teilweise groteske Zug seiner Musik nun fragwürdig geworden. Er suchte nach neuen Möglichkeiten und setzte sich jetzt mit Strawinsky auseinander.

In dieser Phase erfuhr er schroffeste Ablehnung durch die offiziellen Kulturstrategen in Ungarn, während andererseits ein kleiner, jüngerer Teil des Publikums sehr für seine Arbeiten begeistert war. Zum Beispiel leitete der Kultusminister ein Disziplinarverfahren gegen ihn ein, weil er in Siebenbürgen, ehemals ungarisch, seit 1921 rumänisch, Konzerte gegeben hatte. Und anonyme Drohungen belästigten ihn im Zusammenhang mit der Aufführung seiner »unungarischen Werke«. Im Ausland dagegen erlebte Bartók als Komponist, als Pianist ohnehin, einen ersten Siegeszug. Die »Tanzsuite« und »Der wunderbare Mandarin« wurden rasch überall ein begehrtes Hörerlebnis für Kenner.

Daß Bartók in den Jahren 1924 und 1925 nicht komponierte, liegt wahrscheinlich auch daran, daß er durch die Konzerttourneen sehr stark in Anspruch genommen war.

Phase der Klärung zum Einfachen 1926–1931

Bartók beginnt die fünfte Kompositionsphase mit einem Stil, der einfacher ist und sich ganz aufs Wesentliche beschränkt. Klassische Werke entstehen wie die ersten beiden Klavierkonzerte, das 3. und 4. Streichquartett und die »cantata profana«, ein Chorwerk von fremdester Schönheit. Dieses Werk geht zurück auf Bartóks Befassung mit den Colinden. Das sind rumänische Weihnachtslieder,

»… auch ihr Text ist außerordentlich wertvoll und interessant, sowohl vom folkloristischen als auch vom kulturhistorischen Gesichtspunkt aus. Unter diesen ›Weihnachtsliedern‹ dürfen wir aber nichts verstehen, was den andächtigen westeuropäischen Weihnachtsliedern entspräche. Der wichtigste Teil des Textes … steht mit dem christlichen Weihnachten in keinerlei Verbindung: statt von der Geschichte von Bethlehem spricht der Text von wunderbaren, siegreichen Kämpfen mit dem unbesiegbaren Löwen (oder Hirsch); eine Legende erzählt von neun Brüdern, die in der Wildnis solange nach Hirschen jagten, bis sie selbst Hirsche wurden; oder ein wunderbares Märchen erzählt, wie die Sonne ihre Schwester, den Mond, zur Frau nahm … Alles Textdenkmäler aus heidnischen Zeiten!«

Im Ausland, besonders in Deutschland, ist Bartók nun berühmt unter Musikbegeisterten, die das Neue suchen. Er gehört jetzt zum Repertoire aller großen Orchester. In Ungarn wird er zwar nicht ignoriert, das kann man sich nicht leisten, aber sein Wirken wird mit Mißtrauen verfolgt.

Bartók *spricht* in dieser Phase erstmals über seine Musik und seine Art zu komponieren. So schreibt er einmal in einem Brief: »Sicher haben Sie beobachtet … daß ich den musikalischen Gedanken nicht gern unverändert wiederhole und kein einziges Detail noch einmal genauso wie vorher bringe. Dieses Verfahren geht aus meiner Neigung zum Variieren, zum Umgestalten der Themen hervor. Es ist kein bloßes Spiel, wenn ich am Ende meines zweiten Klavierkonzertes das Thema umkehre. Der extreme Abwechslungsreichtum, der für unsere Volksmusik charakteristisch ist, ist zugleich die Manifestation meiner eigenen Natur.«

Auslöser für die nächste Schaffenspause ist die Tragikomödie, die sich zu Bartóks 50. Geburtstag abspielt. 1931, zum 25. März, machen die Kulturbehörden einen halbherzigen Versuch, den »Wunderbaren Mandarin« in Budapest aufzuführen. Der international berühmte ungarische Komponist sollte zu Hause doch auch irgendwie geehrt werden. Die Ehrung sieht so aus, daß man an Musik und Inhalt des »Wunderbaren Mandarin« Entscheidendes entschärft, damit es gefälliger zu hören ist. Bartók wird vor der geplanten Aufführung eingeladen, das verharmloste Stück anzuhören. Er soll es absegnen. Bartók weist das Ansinnen entschieden zurück. Der 50. Geburtstag geht vorbei, ohne daß Budapest sich in die Lage bringen konnte, ein Werk seines Komponisten aufzuführen.

Das wird den konservativen Kreisen ganz recht gewesen sein. Ein Kritiker, ein mutigerer Geist, erfaßt die Situation und schreibt in der Zeitschrift »Pesti Napló« am 29. März 1931, vier Tage nach Bartóks Geburtstag: »Wer wünschte im heutigen feierfreudigen Ungarn, einen Bartók zu feiern? Dieser Riese ist ein einsamer Eremit unter uns, und wir müssen seine Einsamkeit respektieren. Wenn wir dennoch das Wort ergreifen, kann unsere Stimme keine laute festliche Verkündigung, sondern nur die Interpretation dessen sein, was das Schweigen um den fünfzigjährigen Bartók erzählt. Wir können einen Künstler nicht preisen, zu dessen Ruhm wir nichts beigetragen haben, sagt dieses Schweigen. Wir können einen Künstler, dessen Geistesgaben wir nicht anzunehmen gewillt waren, nicht beschenken, sagt dieses Schweigen. Wir können den Künstler, vor dem wir uns verschlossen haben, nicht in seiner Einsamkeit stören, sagt dieses Schweigen. Wir können uns nicht mit einem Künstler brüsten, den wir uns, obwohl er für uns geboren wurde und für uns gelebt hat, nicht zu eigen machen. Bartók heute in Ungarn zu feiern wäre verfrüht. Wir müssen ihn uns erst erarbeiten und dann feiern. Wir dürfen ihm erst dann ein öffentliches Standbild errichten, wenn wir ihm in unserer Seele ein Standbild errichtet haben aus dem Verständnis und der Hingabe an seine Musik. Das haben wir in der bisherigen Laufbahn des fünfzigjährigen Bartók versäumt, doch es wäre an der Zeit, endlich damit zu beginnen: Vielleicht gelingt es uns in den nächsten zehn Jahren, das Versäumte nachzuholen. Bis dahin wäre jede Feier eine verlogene Komödie. Auch das sagt dieses Schweigen.«[10]

Der Hintergrund lag darin, daß in Ungarn sich immer weitere Kreise dem Faschismus anschlossen und politische Unsicherheit aufzukommen begann. So kam es zu einer weiteren Schaffenspause. Ruhm im Ausland, gehässige Diskriminierung in Ungarn ein Fremder in der Heimat, zu Hause in der Fremde.

Die Pause bedeutet jetzt allerdings kein vollständiges Schweigen. Bartók arbeitet weiter am »Mikrokosmos«. Das sind Übungsstücke für Klavier, mit denen er schon 1926 begonnen hatte. Sie enthalten Bartóks ganzes kompositorisches Spektrum, außer der letzten Phase. Es sind auch Übungsstücke für ihn als Komponisten. Er entdeckt neue Möglichkeiten an diesem Schulungswerk. Erst 1939 ist es abgeschlossen.

Die klassische Phase 1934–1939

1934 erfährt Bartók ausnahmsweise so etwas wie eine öffentliche Anerkennung. Auf Betreiben Dohnányis erhält er von der Akademie der Wissenschaften den Auftrag, seine Sammlung ungarischer Bauernlieder zur Herausgabe vorzubereiten.

Seitdem komponiert er wieder. Es sind jetzt kammermusikalische und sinfonische Werke klassischen Formats. Die früheren Härten des Stils haben sich gelöst. Gleichzeitig sind eine Kraft und Dichte da, wie sie sonst nur in Naturereignissen erlebbar sind.

Viele Werke in dieser Phase entstehen auf Bestellung, so die »Sonate für zwei Klaviere und Schlagzeug« und die »Musik für Saiteninstrumente, Schlagzeug und Celesta«, zu deren Uraufführung am 21. Januar 1937 in Basel aus vielen Ländern Verehrer und Kritiker der Musikpresse anreisten. Ein großes musikpädagogisches Werk entsteht, die »27 Kinder- und Frauenchöre«, ganz einfache, zarte Lieder, im Rahmen einer von Kodály ausgehenden Bewegung zur Erziehung der Kinder zum Gesang.

Ein weiteres Chorwerk dieser Periode ist »Aus vergangenen Zeiten« für dreistimmigen Männerchor. Ebenfalls Übungsstücke für Kinder sind die »44 Duos für 2 Violinen«. Fast jedes Übungsstück baut auf einem Bauernlied auf. Bartók wollte hier für Kinder Vortragsstücke schaffen, »in denen sich die ungekünstelte Einfachheit der Volksmusik und gleichzeitig deren melodische und rhythmische Besonderheiten vorfinden«. Man erkennt hier auch wieder das Ideal der Verbrüderung, wie es schon in der »Tanzsuite« formuliert war. Den übenden Kindern begegnen in den »44 Duos« außer ungarischen auch arabische, siebenbürgische, südslawische und rumänische Tänze. Es begegnet die Vielfalt der Welt, die durch das

Bewußtsein des Komponisten gegangen ist und dadurch ihre Einheit gefunden hat.

Bartók studiert in dieser Phase den mittelalterlichen Komponisten Palästrina und versucht einzudringen in das Wesen seiner Einfachheit.

1938 entstehen die »Kontraste«, die Bartók eigens für eine Amerikatournee mit dem ungarischen Geiger Josef Szigeti und Benny Goodman, dem Jazz-Klarinettisten, komponierte.

Die drei letzten Werke dieser Phase weisen schon auf die letzte Phase am Ende seines Lebens hin. Das 1938 entstandene Violinkonzert, das »Divertimento für Streichorchester« (1939) und das Streichquartett Nr. 6 (1939) lassen bereits eine Wärme und Milde hören, die dann Bartóks letzte Worte sein werden.

Die Schaffenspause ab etwa Anfang 1940 bis 1943 ergibt sich aus den widrigen Umständen, mit denen er nun zu kämpfen hat. Bartók wandert aus und begegnet in Amerika seiner Fremdheit bis in die alltäglichsten Verhältnisse hinein, ohne Rückhalt. Die Umstände der Übersiedlung, der Papierkrieg, der Nervenkrieg um das Gepäck, die finanziellen Sorgen, die Unzumutbarkeit der Wohnsituationen, in erster Linie aber das schmerzende Desinteresse der Amerikaner an seinem Werk – die amerikanischen Orchester lehnen es ganz einfach ab, seine Werke zu spielen – lassen nicht die innere Ruhe aufkommen, die er zum Komponieren jetzt bräuchte.

Die gelöste Phase 1943–1945

Schon geprägt durch die schwere Krankheit erreicht Bartók 1943 der Auftrag des Dirigenten der Bostoner Sinfoniker, ein Konzert zu schreiben. Er macht sich sofort an die Arbeit und schafft das »Konzert für Orchester«. Yehudi Menuhin bestellt ein Violinstück, und Bartók komponiert die »Sonate für Solovioline«, die an manchen Stellen an die Grenze des Spielbaren geht. Viel einfacher, klassischer, ist das »Dritte Klavierkonzert«. Er schreibt es heimlich, es soll eine Überraschung sein für seine Frau Ditta. Sie soll sich durch Auftritte damit Geld verdienen können. Noch am Krankenbett arbeitet er daran. Lapidar steht am Schluß, nach dem letzten Takt, für Bartók ganz ungewöhnlich, das Wort »Ende«. Und in der Tat war dies die letzte zu Ende geführte Komposition. Nur in der Instrumentierung fehlten noch die letzten 17 Takte. Tibor Serly hat sie später nachgeschaffen. Eine poetische Atmosphäre kennzeichnet das Stück. Bartók greift hier einfache klassische Formen wieder auf. Er verzichtet ganz auf groteske Dissonanzen. Seine Frau hat es nie öffentlich gespielt.

Alle drei Werke dieser Endphase sind eigenartig erhellt. So etwas wie Freude wird erstmalig hörbar in Bartóks Musik. Eine ruhige und zarte Haltung spricht sich aus.

Als er am 26. September 1945 stirbt, hat er noch vier weitere Aufträge vorliegen.

Das Neue

Belá Bartók war Großstädter. Er gehörte der bürgerlichen Schicht an, die er immer verachtete, und lebte und wirkte in dem großstädtischen Milieu, das er wegen seiner Naturferne und unorganischen, hektischen Betriebsamkeit immer wieder floh. Mit diesem Bewußtsein eines bürgerlichen Großstädters des 20. Jahrhunderts suchte er die uranfänglichen Quellen der Kultur, der musikalischen Kultur. Er fand sie unter Menschen, die in Einklang mit der Natur leben. Modernes Bewußtsein aber und »Natur« begegnen sich als Fremde. Sie sind nicht verwandt. Bartóks Bewußtsein hatte in keiner Weise teil an natürlichen Abläufen, und Natur, die natürliche Lebensweise der Bauern spielten sich ohne das überwache Bewußtsein ab, spielten sich mit einer Selbstverständlichkeit ab, die dem modernen großstädtischen Bewußtsein völlig fremd ist. In der »Natur« war Bartók fremd, und fremd war seinem Bewußtsein die »Natur«. Wo sie sich begegneten entstand das Neue, seine Musik.

Bartóks Musik *ist* nicht Natur, obwohl sie darauf gründet. Sie hat eine Natur, die durch ein sehr modernes, großstädtisches Bewußtsein gegangen ist. Dadurch wird sie verfremdet. Bartóks Musik ist höchst großstädtisch, sie ist nicht bäuerlich. Sie spricht von dem Ringen des modernen Bewußtseins um das Ursprüngliche. Dieses Ringen kann aber unmöglich auf die einfache Wiederherstellung des Ursprünglichen, »Natürlichen« hinauslaufen. Vielmehr entsteht in diesem Ringen das Neue, Ungewohnte, Nicht-Selbstverständliche, das In-Frage-Stellende, eine Ahnung von Zukunft.

Wir können den »Wunderbaren Mandarin« als ein Bild dieses Ringens nehmen. Die räuberische Großstadt (die Schurken), die unerlöste Natur (das Mädchen) und der Fremde, der *in der Großstadt* um das Naturhafte ringt (der Mandarin). Letztlich stirbt er. Er hat aber durch sein leidenschaftliches Ringen die Natur zu etwas Neuem hin erlöst, und das Mädchen öffnet sich dem Fremden. Etwas Versöhnliches, eben Weibliches ist stärker als die mörderische Großstadt. Der »Erfolg« des Ringens ist das Ringen selbst. Das ist eben diese Musik.

In Bartóks letzter Schaffensphase klingt das Thema des Versöhnlichen, Weiblichen wieder an. Wie ein Erlöster, nachdem er in der äußersten Fremde, in Amerika, Inbegriff der Großstadt, schließlich doch angenommen wurde, wie der Mandarin schließlich doch angenommen wird. Bartók konnte sich jetzt spontan anderen Menschen öffnen und konnte freundschaftlich auf fremde Menschen zugehen. Er wurde angenommen, da konnte er selbst annehmen. Im Zusammentreffen eines modernen Bewußtseins mit »Natur«, Quelle und Heimat, entfaltet sich das Fremde, Neue. Die haßerfüllte Ablehnung dieses Künstlers durch seine ungarische Umgebung hat hierin einen eigentlichen Grund: Das Neue stellt mich in Frage, paßt nicht in alte Schubladen, fordert mich. Das Altvertraute fordert mich nicht in meinem tiefsten Wesenskern heraus. Wohl aber das Neue. Das Neue ruft mich in meinem Innersten auf, und ich kann nicht mit meinem gewohnten Denken, Hören und Verhalten reagieren. Ich selbst, unabhängig von allen Bindungen, Eingebundenheiten, Rollen und liebgewordenen Meinungen, bin aufgerufen, wo das Neue hörbar wird.

Neben der breiten Front der bürgerlichen Empörer, die das Neue zu Recht fürchteten, weil es sie in Frage stellte, hat es immer auch eine kleine Gruppe von jungen Menschen gegeben, die

Bartóks Musik gewollt haben. Im Ausland schon früh, ab etwa 1918 auch in Ungarn, hat es eine kleine Gefolgschaft um Bartók gegeben, die diese Freiheit, in die das Neue uns einsetzt, ertragen konnte, vielleicht sogar suchte. Junge Menschen, geistig junge Menschen jeden Alters bildeten in Ungarn eine Art Gegenkultur, die freiheitliches, unkonventionelles Denken und eine unkonventionelle Kunst suchte. Bartók, der offiziellen Empfängen immer fernblieb, tauchte durchaus auf den Treffen der oppositionellen Kulturbewegungen auf, die einen privaten Charakter hatten.

Die Heimat und die Quelle der jungen Menschen, der geistig jungen Menschen ist das Neue. Für sie schafft Bartóks Musik durchaus Heimat.

Solch ein Springbrunnen in der Sonne ist mir so lieb geworden.
Er ist wie das Leben selbst: das funkelt und glitzert, es lebt.
Es weiß nicht weshalb. Aber es schießt hinauf, brausend, jauchzend
ins Licht, in die Sonne.

August Macke (1907)

August Macke
(1887–1914)

Einleitung

Die Beschäftigung mit dem Menschen August Macke[1] ist besonders geeignet zu zeigen, wie das Ich sich im Schicksal zu verwirklichen sucht, wenn dieses, so muß man vermuten, von vornherein auf eine kurze Dauer angelegt ist. Dabei werden Gesten sichtbar, die wieder einen ganzen gerafften Gestaltungswillen erkennen lassen. In einer besonderen Verdichtung kann man hier sehen, wie derselbe Gestaltungswille, der die Biographie ergreift, auch das künstlerische Werk des Betreffenden prägt. In diesem Sinn sollen hier einige Signaturen aufgezeigt werden, die Mackes kurzes Leben und sein umfängliches Schaffen gleichermaßen kennzeichnen.

Die Kindheit

August Macke, in Meschede, Nordrhein-Westfalen, am 3. Januar 1887 als Nachkömmling unter vier älteren Geschwistern geboren,

199

wurde von der Mutter sehr behütet erzogen. Auch die Schwestern, die ihn zunächst als Eindringling erlebten, erkoren sich ihn bald zum Kronprinzen und verwöhnten ihn entsprechend. Er war ein lebhafter, ja wilder Junge, seinem Freiheitsdrang waren kaum Grenzen gesetzt.

Die Familie hatte große finanzielle Sorgen. Der Vater, Ingenieur und Bauunternehmer von Beruf, war kein Geschäftsmann. Er befaßte sich lieber mit der Kunst als mit Geschäften. Manchmal bezog er den kleinen August in seine Kunstbetrachtungen mit ein, was dieser später als sehr feierliche Stunden erinnert.

Etwas Weltfremdes war um den melancholischen Vater; und August wurde in einem sorgenfreien Raum gehalten. Die finanziellen Sorgen zum Beispiel wurden verborgen vor dem Jungen, auch als er größer war. Sorglos und unbekümmert wuchs er auf.

Die Mutter führte eine Fremdenpension. August lernte dadurch viele Menschen kennen, was ihn sehr anregte. Seine und seiner Spielkameraden Lebhaftigkeit führten verschiedentlich zu schlimmen Unfällen, in denen zeichenhaft schon etwas anwesend ist vom frühen Tod Mackes selbst: Einmal drang ein Pfeil in seinen Schädelknochen ein. Fast erstickt wäre ein Junge, den er zu stark fesselte. Tröstend und pflegend war August monatelang an der Seite eines Spielkameraden zu finden, der im gemeinsamen Spiel beide Beine verloren hatte. Einer aus dieser wilden Horde war Lothar Erdmann, der Mackes Frau nach dessen Tode heiratete.

Die Begegnung mit Elisabeth Gerhardt

Schon in der Begegnung mit Elisabeth Gerhardt, seiner späteren Frau, zeigt sich ein merkwürdig unproblematischer Zug. Sie sahen sich ein Jahr lang täglich auf dem Schulweg. Elisabeths Bruder bestellte August dann eines Tages ins Haus, ihn zu malen. Schließlich saß Elisabeth dem jugendlichen Maler Modell. Es entstand hier keine »Beziehung« mit den üblichen Krisen und Neuanfängen. Völlig fraglos gehörte man zusammen.

Wie von langer Hand angekündigt erscheint diese Begegnung: Zehn Jahre bevor August und Elisabeth sich kennenlernten, studierten ein Onkel von Elisabeth und ein Verwandter der Familie Macke an der Münchner Kunstakademie und waren befreundet. Auf einer Ferienfahrt mit dem damals in Mode gekommenen Tandem besuchten sie sowohl die Familie von August als auch die von Elisabeth und machten mit den Kindern jeweils eine Spazierfahrt: eine erste unbewußte Berührung der Familien.

Von Anfang an bestand in der Verbindung zwischen August und Elisabeth eine selbstverständliche und unproblematische Rollenaufteilung: Augusts Schaffen war der Mittelpunkt der Begegnungen und des späteren Familienlebens. Elisabeth fügte sich da hinein ohne Kämpfe, aber auch ohne hausbackene Unterwürfigkeit. Auch hier scheint ein Zug in Mackes Biographie auf, der für sein Leben und für seine Kunst typisch ist: Es findet keine eigentliche Entwicklung statt im Sinne einer mehr oder weniger dramatischen Abfolge von Reifungsschritten, von Krisen, Erfolgen, Neuanfängen, Irrwegen und Höhepunkten. Das alles gibt es in der Begegnung von Elisabeth und August Macke nicht. Statt dessen eine Begegnung wie ein ruhiges Dahingleiten, ohne Widerstände, fraglos.

Elisabeth wurde sein hauptsächliches Modell, und sie verbrachten eine außerordentlich glückliche Zeit am Rhein, in der Natur, mit Künstlerfreunden. Elisabeth Erdmann-Macke hat die Jahre an seiner Seite lebendig und anschaulich erzählt. Am Weihnachtsabend 1908 verlobten sie sich. Weil Elisabeth bald schwanger wurde – zum Entsetzen der Verwandtschaft –, heirateten sie im Oktober 1909. Zwei Kinder wurden geboren: »Walterchen« (1910) und Wolfgang (1913).

Der Spaziergänger

Sorgenfrei und unproblematisch war nicht nur die Beziehung, sondern auch Mackes äußere Situation. Das Kunststudium ermöglichte ihm ein Freund des Vaters durch ein Stipendium. Elisabeth

Gerhardt konnte dann später durch ihren Anteil am väterlichen Vermögen den gesamten Lebensunterhalt bestreiten. Macke mußte nie dafür arbeiten oder um Geld bitten. Die zu jener Zeit typische Künstlerarmut kannte er nicht. Und obwohl er vom Verkauf seiner Bilder keineswegs leben konnte, führte er ein bürgerliches Leben.

Vieles arrangierte sich einfach. Für seine Kunststudienreisen fand er immer einen Mäzen, meist war es der Onkel von Elisabeth, Bernhard Koehler. Dieser finanzierte auch eine Reise nach Tunis, gemeinsam mit Paul Klee und Louis Moilliet, die für die drei Künstlerfreunde so entscheidend sein sollte. Sie kamen dort in der Villa von Dr. Jäggi, einem befreundeten Schweizer Arzt, unter. Kostenfrei war auch die Unterkunft der Familie Macke am Tegernsee. Man war eingeladen im Haus der befreundeten Familie Schmidtbonn.

Sorglosigkeit kennzeichnete das Schaffen Mackes in diesen Jahren. Im Kreis der Familie verbrachte er, dank einer treuen und immer mitreisenden Kinderfrau, ungestört durch den zwangsläufigen Alltag mit kleinen Kindern, eine »fast unwirklich schöne Zeit«.[2] Er nannte sein Malen ein »Durchfreuen der Natur«.

Das eigenartige Element der Nicht-Entwicklung, das in seiner Beziehung zu Elisabeth Gerhardt auffällt, findet sich auch in Mackes Wesen, soweit wir uns durch die verschiedenen Beschreibungen ein Bild machen können. Als Junge lebhaft, freiheitsliebend, immer zu Spaß aufgelegt, unbekümmert, finden wir ihn ebenso auch als Erwachsenen wieder. Humorvoll, etwas phlegmatisch, dabei aber hellwach; ausfüllend von Gestalt, dabei aber höchst beweglich und strotzend vor Gesundheit; er sang gern, spielte Klavier; ein andächtiges und genaues Verhältnis zur Natur eine starke Fähigkeit zum Mitleiden zeichneten ihn aus. Er war ein guter Erzähler; ein Mann mit Menschenkenntnis und von ruhiger Natürlichkeit. Das sind keine Züge, die sich allmählich, womöglich unter Ringen und inneren Kämpfen, herauskristallisiert hätten, sondern so war er von Anfang an. Solche Eigenschaften sind nicht im Lebensgang erarbeitet; das ist mitgegeben. So bietet auch sein Wesen das Bild des ruhigen Gleitens, des sorglosen Spazierengehens.

Auch sein handwerkliches Können reifte nicht langsam heran. Er suchte kaum, rasend schnell vielmehr probierte er verschiedenes, und in kurzer Zeit war der eigene Ausdruck da.

Aber auch die Andeutung des Gegenpols – etwas Melancholisches und Nachdenkliches – schwingt von Anfang mit, ist von Anfang an anwesend. Denn man darf sich Macke andererseits nicht als naive Frohnatur vorstellen: Er hatte auch einen Bezug zur Melancholie. Mit Ereignissen wie Krankheit, Grausamkeit, Tod konnte er nicht umgehen. So litt er sehr unter Krankheiten anderer Menschen; ging nie auf einen Friedhof. Durch diesen Zug bekommt der Charakter des ruhigen Gleitens eine Nuance des Reflexiven, des Innehaltens, des Nachdenklichen. Tief verbunden mit der Natur, aber nicht verloren an sie, sondern ihr nachsinnend. Dieser Zug seines Wesens läßt sich gut auch in seinen Bildern aufzeigen, wie weiter unten zu zeigen sein wird.

Schon als Kind, dann aber ab dem zwölften Lebensjahr in systematischer Weise, zeichnete und malte Macke unablässig im Gehen, Liegen, Stehen. Die Schule interessiert ihn nicht, er hatte immer nur seine Malerei im Kopf, zeichnete Porträts, machte Farbstudien. 1904 verließ er vorzeitig das Gymnasium, um sich an der Düsseldorfer Kunstakademie einzuschreiben. Enttäuscht, weil er dort nur Gipsbüsten abzeichnen sollte, wechselte er dann auf die Kunstgewerbeschule Oberkassel über. Zeitweise entwarf er Bühnendekorationen und Kostüme für das Düsseldorfer Theater, so daß er eine Stelle als Bühnenausstatter angeboten bekam. Auf Betreiben seiner späteren Frau aber blieb er schließlich bei der Malerei.

Ab dem Zeitpunkt seiner Heirat steigert und verdichtet sich sein Schaffen außerordentlich. Unablässig malte er, dabei aber nicht hektisch. Es ist, als ob die Schaffenskraft, die eigentlich für ein ganzes Leben ausreichen würde, sich in geraffter Weise in den gegebenen 27 Jahren verwirklichen wollte.

Todesahnung

Und dann scheint das ganz andere auf: der Tod. Im Oktober 1904 starb der Vater. August war danach stark verändert und litt monatelang. Es ist nicht nur Trauer um einen Verlust, sondern eine Betroffenheit, in der sich vielleicht schon ein erstes Ahnen des eigenen frühen Todes erkennen läßt.

1905 träumte Macke, daß ihn, in einer kriegsähnlichen Situation, eine Kugel durchbohrte, und er fiel. Während der Tunisreise 1914 hörte er zufällig ein Gespräch zwischen französischen Offizieren mit, die über den bevorstehenden Krieg Frankreich gegen Deutschland sprachen. Macke war betroffen darüber. Nach Darstellung seiner Frau überfiel ihn hier eine Vorahnung von etwas ihn persönlich betreffenden Endgültigem. Umgetrieben von Unruhe, malte er jetzt ohne Pause. Kurz nach seiner Rückkehr nach Bonn traf ihn die Nachricht vom Mord in Sarajevo. Er war zutiefst erschüttert, arbeitete fieberhaft, als ginge es um einen Wettlauf mit der Zeit. Am Abend, bevor er eingezogen wurde, sagte er zu Lothar Erdmann, dem Jugendfreund und langjährigen engsten Freund der Familie: »Also, ich vermache dir Lisbeth, die Kinder und alles.« Er wußte, daß er aus dem Krieg nicht wiederkehren würde. (Lothar Erdmann und Elisabeth Macke heiraten dann tatsächlich zwei Jahre später.)

Am 1. August 1914 wurde Macke eingezogen, eine Woche später rückte er aus. Er äußerte mehrfach, daß er keine Hoffnung habe, wiederzukommen. Am 23. August war die erste Feindberührung, am 24. August fand er sich unvermittelt im Feld neben Elisabeths Bruder wieder. Dieser berichtete über diese Begegnung:

»Bei einem kurzen Halt ohne Schatten überholten uns die 160er. Ich ging ein Stück mit August. Er war schwarz von Staub im Gesicht und war zum ersten Male traurig, nicht lachend, wie sonst immer. Er sah mich immerfort durchdringend an, dann gab er mir die Hand und ließ sie gar nicht mehr los. Ich sagte ›Was ist Dir heute? Du bist so anders.‹ Er griff in die Tasche und wollte mir einen Pack Briefe aufdrängen. ›Was soll das? Es sind doch Briefe an Dich?‹ ›Ich brauche sie doch nicht mehr.‹ Dann ließ er mich aus, und drehte sich noch einmal um und winkte, ohne noch ein Wort zu sagen.«

Am 26. September wurde August Macke in Perthes les Hurlus in das Bein und in den Kopf geschossen, stürzte und starb kurz darauf. Es ist, als verwirkliche sich jetzt eine Geste, die sich im Jugendalter schon angedeutet hatte, als bei lebhaftem Spiel sein Schädel von einem Pfeil durchbohrt worden war. August fiel hin, am Kopf getroffen, wie im Moment seines Todes 1914. Selbst der Beinschuß war als Ereignis schattenhaft schon da, indem er monatelang jenen Spielkameraden besuchte, betreute und tröstete, der beim wilden Spiel beide Beine verloren hatte.

Fassen wir zusammen: Mackes Biographie zeigt nicht eigentlich eine Entwicklung, sie enthält vielmehr Zustände, die schon früh angelegt sind:

1. Die Begegnung mit Elisabeth ist schon durch Verwandte vorgezeichnet und besteht dann in einem ruhigen lebensvollen, harmonischen Fließen.

2. Sein Wesen entfaltet sich offenbar nicht, es ist schon von vornherein da, ausgereift in seiner Art, Macke braucht sich nicht gegen Widerstände durch Krisen hindurch zu entwickeln.

3. Vorgezeichnet auch die Tunisreise: Elisabeth verbringt in ihrer Jugend während einer Tunisreise einen Urlaub in demselben Hotel, in dem Macke sich dann während seiner Tunisreise, die durch Paul Klee angeregt worden war, zehn Jahre später aufhielt.

4. Der Moment des Todes ist vorgezeichnet durch den erwähnten Unfall des jungen Macke bzw. den Unfall seines Freundes. In dem Todestraum 1905 »weiß« die Biographie sozusagen schon, wie sie 1914 enden wird.

Diese Biographie mutet wie ein Spaziergang in idyllischer Landschaft an, dem aber das spontane Hingegebensein an die Welt fehlt. Vielmehr enthält sie eine innehaltende Wendung, als ob sie sich bei aller Harmonie und Idylle doch ständig des nahen und schlimmen Endes bewußt sei, als trage sie eine Ahnung von dem ganz anderen ständig bei sich. Diese Biographie hat somit etwas *Unzeitliches*; man kann geradezu das Bild haben: sie versucht sich im Raume zu entfalten statt in der Zeit.

Das »Innehalten« in den Bildern

Nun kommt die eigentlich paradoxe biographische Geste des Innehaltens bei gleichzeitiger ruhig-fließender Bewegtheit schon recht
früh in Mackes Bildern zum Ausdruck. Macke malt zum Beispiel
ganze Serien von Bildern mit Spaziergängern. Es sind immer Spaziergänger, die anhalten, innehalten, ein Teil der Menschen geht
ruhig, promeniert in gezähmter Natur (Park), ein anderer Teil steht
still, blickt sinnend auf etwas, ist ins Gespräch vertieft. So zum Beispiel im »Großen hellen Spaziergang« (1913) oder »Sonniger Weg«
(1913) oder »Promenade« (1913), wo ein Teil der im Spaziergang
Innehaltenden sich über eine Mauer lehnt und da etwas ruhig anschaut, in »Sonniger Weg« scheint es charakteristischerweise ein
Fluß oder See zu sein. Spaziergänger auf anderen Bildern halten
dadurch inne, daß sie ins Gespräch versunken sind, so zum Beispiel
»Sonnenuntergang nach dem Regen« (1914); in der Skizze »Leute
an der Gartenmauer« (1913) liegt das Innehaltende, Reflexiv-Nach-
sinnende darin, daß einer im Gehen liest, so wie Macke selbst im
Gehen gezeichnet hat. Andere Spaziergänger zeigen das Innehaltende dadurch, daß sie vor einem Laden, meist Hutgeschäft, ste-
henbleiben (»Hutladen«, 1913; »Modegeschäft«, 1913).

Die Spaziergänger kommen von nirgendwo her und gehen nirgendwo hin. Das heißt, ihr Gang ist keine zielgerichtete Entwicklung, sie streben nicht irgendwo hin; vielmehr promenieren sie in
einem Park, also in einer künstlichen Idylle, spazieren in einem
Schonraum, in dem man freigehalten ist von Sorgen, von Stadtlärm
und Gefahren. Dies fällt zusammen mit jener Geste seiner Biographie, die sich ebenfalls in einer Art Schonraum entfaltete.

Das Innehaltende bei gleichzeitiger Bewegung kommt noch in
einem anderen thematischen Aspekt von Mackes Bildern zum
Ausdruck: einem reflexiven Moment. Die Gehenden bzw. Innehaltenden schauen oft das an, was sie selbst sind. Die Frauen vor
dem Hutladen schauen sinnend auf Hüte oder Kleider, wie sie
selbst sie tragen. Die Spaziergänger halten inne, nachblickend einer
gezähmten, unaufgeregten, sich ruhig und problemlos entfaltenden Natur. Diese thematische Geste ist auf die Spitze getrieben in

dem Bild »Frauen im Wald« (1914). Eine Frau sitzt rastend an einem Baum gelehnt und schaut mit ihren wie blinden Augen doch tiefsinnend etwas an oder in etwas hinein, vielleicht in sich selbst. Die dahinterstehende Frau, ebenfalls unklar im Ausdruck, scheint zunächst die vor ihr sitzende anzuschauen. Aber ist die Augenachse nicht so gerichtet, daß sie den Betrachter des Bildes anschaut? Also wer schaut eigentlich wen an? Schaut der Betrachter die Figur im Hintergrund an oder diese den Betrachter? So haben wir hier auf zwei Ebenen ein reflexives Innehalten, das schließlich auf eine andere Dimension übergeht und den Betrachter des Bildes mit einbezieht. Verstärkt wird dieses Erlebnis dadurch, daß die beiden Frauen wie die meisten Menschen, die Macke malt (außer bei Porträts) keinen persönlichen Gesichtsausdruck haben, das Gesicht ist frei wie eine Projektionsleinwand.

Die reflexive Geste, das Rückbezügliche, das Hineinreichen in eine andere Dimension durch Innehalten, finden wir besonders in den Zoobildern, so im Triptychon »Großer zoologischer Garten« (1913), »Kleiner zoologischer Garten in braun und gelb« (1912) und »Zoologischer Garten« (1912). Wer besichtigt hier wen? Wer ist im Käfig oder innerhalb der Umzäunung, und wer geht betrachtend umher? Die Tiere betrachten die Menschen mindestens ebenso aufmerksam wie die Menschen die Tiere, ja die Menschen scheinen eher etwas unbeteiligt vorüberzugehen, fragend beobachtet von den Tieren. Auch die Zäune und Gitter sind so angeordnet, daß man sie auf die Menschen ebenso beziehen kann wie auf die Tiere.

Und auch in den Zoobildern haben wir wieder die domestizierte Natur, den sorgenfreien Schonraum, die künstliche Idylle, aus der jeder Aspekt von Lebenskampf ferngehalten ist. Auf den meisten Bildern herrscht eine hergestellte Sorgenfreiheit. Hinter ihr ahnt man dunkel ein Unheil, etwas Bedrohliches, das von den Tieren dennoch ausgeht. Dies ist die Geste von Mackes Kindheit: Abgeschirmt aufgewachsen, sorglos spielend, und auch die Geste des Erwachsenen: keine finanziellen Probleme, keine Krankheiten. Doch wie von ferne ahnt er schon ein Verhängnis.

Die merkwürdige Abgewandtheit der Figuren, das teilweise Fehlen der Augen und des Gesichtsausdruckes zeigt eine letztendliche Unbeteiligtheit an den äußeren Ereignissen, die den Bildern eben nicht etwas Fröhlich-Unbeschwertes gibt, sondern etwas leicht Unheimliches.

Die Todesahnung im Werk

Schon vor der Tunisreise, besonders aber seit der Tunisreise tauchen Kreuze in Mackes Bildern auf. Zunächst fällt die merkwürdige Tatsache ins Auge, daß zum Beispiel auf vielen Tunis-Bildern, aber auch schon vorher, die dargestellte Szenerie wie durchkreuzt ist, wie durchgestrichen durch einen sehr auffälligen, meist etwas schrägen Balken am Bildrand (Beispiele: »Türkisches Café«, 1914; »Esel im Palmenhain«, 1914; »Beflaggte Kirche«, 1914; »Kinder am Brunnen«, 1914; etc.). In den meisten Bildern entsteht aber ein etwas schrägstehendes nicht-rechtwinkliges Kreuz; am eindeutigsten ist das bei den Bildern »Seiltänzer« (1914) »Tunesisches Hafenbild« (1914), »Landschaft bei Hammamet« (1914), »Zirkusszene« (1913/ 14), »Reiter in kubistischer Landschaft« (1912), Kompositionsskizze zum Gemälde »Seiltänzer« (1914) (hier ein rechtwinkliges schrägstehendes Kreuz); »Entwurf für eine Stickerei« (1914). Das meist nicht-rechtwinklige, immer schrägstehende Kreuz hat, typischerweise, folgende Form: ⊤ oder ✗ oder ⋎.

Es ist nicht nötig, hier zu interpretieren und etwa eine Gleichung aufzustellen: Kreuz = Tod. Man kommt viel direkter an das Wesentliche der Sache, wenn man sie rein als Phänomen und voraussetzungslos betrachtet. Oben war ja die Rede davon, daß diese Biographie, vielleicht weil sie »so wenig Zeit hat«, quasi ins Räumliche drängt. Das heißt, man kann erwarten, daß Gesten, die zunächst als zeitlich-sequentielle Entfaltung angelegt sind, in räumlich-gleichzeitiger Anordnung ihrer Elemente aufscheinen. Schauen wir uns deshalb einmal die räumliche, die geographische Entfaltung der Mackeschen Biographie an. Wenn wir zunächst diejenigen Orte oder Gegenden durch eine gerade Linie miteinander verbinden, in denen er gelebt hat, und wenn wir dies in der Reihenfolge tun, wie er die Orte tatsächlich nacheinander besucht hat, wenn wir also eine Linie ziehen von Meschede nach Köln/Bonn und von Düsseldorf zum Tegernsee, so erhalten wir dasselbe schrägstehende Kreuz, das auf den oben genannten Bildern sich zeigt. Verbinden wir weiterhin Meschede als Geburtsort mit der Gegend Frankreichs, in der Macke gefallen ist, und verbinden wir wieder Düsseldorf mit dem Tegernsee oder auch mit dem Thuner See, so erhalten wir wiederum das schrägstehende, nicht-rechtwinklige Kreuz. Die Orte Köln und Bonn, in denen er ja auch gelebt und gemalt hat, liegen dann auf der Linie Düsseldorf – Thuner See. Was könnte es nun mit dem schrägstehenden und nicht-rechtwinkligen Kreuz auf sich haben? Diese zeichenhafte Geste muß mit dem Todesahnungstraum 1905 bzw. mit dem tatsächlichen Todesvorgang zu tun haben, und auch mit dem Unfall, bei dem ein Pfeil den Schädelknochen des jungen Macke durchbohrte. Ein beim schnellen Gehen tödlich Getroffener (wie für Macke verbürgt, während seine Kompanie angriff) fällt, *indem er die Arme hochreißt*; ein In-sich-Zusammensacken ist unwahrscheinlich, der Körper macht vielmehr eine diffuse Abwehr- und haltsuchende Geste. Deshalb das Arm-Ausbreiten. Im Moment des Angeschossenseins, wenn der Körper gerade aus seiner Gehbewegung herausgerissen, aber noch nicht gefallen ist, bildet er ein solches schräges Kreuz. So zeigt Macke in den schrägstehenden Kreuzen, die geradezu zwanghaft in seinen Bildern auftauchen, genau den Augenblick des *Innehaltens seiner Biographie*, den Übertritt in die andere Dimension, den Moment der Rückkehr.

Die Figur des schrägen Kreuzes ist nicht die einzige Todesahnung. Macke »vermachte« Lothar Erdmann seine Familie, als er ins Feld ging. Wenige Tage vor seinem Tode gab er dem Schwager Briefe mit, die er ins Feld erhalten hatte. Und sein hektisches Arbeiten nach der Tunisreise kommt offenbar ebenso aus der Ahnung des frühen Todes wie das letzte Bild »Abschied«: Macke wählt hier, ganz ungewöhnlich für ihn, stumpfe Farben. Das Bild zeigt Menschen, die bedrückt beieinander stehen. Und noch in Details spiegelt sich ein (zunächst sicher unbewußtes) Vorwissen: In der »Selbstkarikatur« von 1907, einer eben hingeworfenen Skizze, schraffiert Macke, künstlerisch eigentlich unmotiviert, das linke Knie, streicht es durch.

So täuschen die hellen, klaren, freudigen Farben in Mackes Bildern leicht über ein bedrohliches Element in seinen Bildern hinweg.

Die »Notreife«

Bei der Geburt eines Menschen ist sein Ätherleib in dem Sinne jung, als er die Entfaltungsmöglichkeiten für das ganze Menschenleben normaler Dauer enthält. Bei frühem Tod, der im Schicksal angelegt ist, wird die Lebens- und Schaffenskraft auf eine kurze Lebensspanne zurückgestaut und konzentriert. Es kommt im Wesen und in der Schicksalsführung des Betreffenden zu übersprühender Lebendigkeit, Schaffenskraft und Schöpferkraft. Er erscheint dann als ein von früh an reifer, kraftvoller Mensch, der keine Entwicklung zeigt, der seine zeitlose Biographie eher als einen übersteigerten *Zustand* darlebt, früh vollendet. Die normalerweise für die zeitliche Lebensentfaltung gebrauchten Ätherkräfte sind frei für das Schöpferische. Sobald der Ätherleib von der körperlichen Entwicklung freigestellt ist, scheint er in derartig zusammengedrängter Weise wirksam zu werden, daß einige seiner Gesten sich in der gleichzeitigen Anordnung äußern: Die zeitlichen Abläufe werden so zusammengedrückt, daß etwas Räumliches entsteht; aus Zeitgesten werden Raumgesten. Die Lebensstufen breiten sich in einem raumhaften Tableau aus. Und wie in einer »Notreife« kranker Bäume, die noch schnell so viel Zweige, Äste und Blätter aus sich heraustreiben, wie nur irgend geht, entfalten solche Lebensläufe kurz vor dem Tod noch eine plötzliche und ungeheure Gewalt und Macht des Schöpferischen. Macke arbeitete seit der Tunisreise wie rasend. Während seine Bildproduktion (Gemälde, Aquarelle und Zeichnungen zusammen) über die Jahre seines Schaffens hin zunächst leicht anwächst, zeigt sie ab 1913 einen ruckartigen Anstieg; waren es bis dahin etwa 40 Arbeiten pro Jahr, so sind es im Jahr 1913 und im Jahr 1914 je 90! Der Ätherleib, aus dem die Schöpfungen nun hervorbrechen, drängt geradezu ins

Unzeitliche, ins Räumliche, ins Bildhafte, strebt in die andere Dimension, in die Unzeitlichkeit, in die Macke dann im 27. Lebensjahr tatsächlich zurückkehrt.

Anmerkungen und Literatur

Camille Claudel

1 F. Rottensteiner, Hrsg.: Das große Buch der Märchen, Sagen und Gespenster; cit. n. Hieber / Dreyer 1992.
2 Hieber / Dreyer, »Das Geheimnis der Hände«.
3 Paul Claudel: Ma soeur Camille. In: Katalog zur Ausstellung Camille Claudel im Musée Rodin, 1951.
4 Berger, 1990, S. 119
5 a. a. O., S. 120
6 Champigneulle, 1967
7 Berger, 1990, S. 120
8 a. a. O.
9 Paris, 1989, S. 93
10 Paris, 1989, S. 122
11 Paris, 1989, S. 88 f.
12 Berger, 1990, S. 119
13 H. Egli: Das Schlangensymbol. Geschichte – Märchen – Mythos. Olten 1982. H.-W. Schroeder: Der Mensch und das Böse. Stuttgart 1990²

Literatur:

R. Berger (Hrsg.): *Camille Claudel: Skulpturen, Gemälde, Zeichnungen.* Edition Stadtbaukunst. Berlin/Hamburg. 1990 (2. Aufl.).

B. Champigneulle: *Rodin.* Editions Aimery Somogy S. A. Paris 1967.

B. Hieber / S. Dreyer: *Das Geheimnis der Hände.* Verlag J. F. Schreiber. Esslingen 1992.

H. Ibsen: *Wenn wir Toten erwachen.* Kalisada: *Shakuntala. Ein indisches Schauspiel.* Reclam Leipzig, 1983.

S. Kuthy: *Camille Claudel – Auguste Rodin. Künstlerpaare, Künstlerfreunde.* Katalog Kunstmuseum Bern, 1985.

R.-M. Paris: *Camille Claudel (1864–1943).* S. Fischer, Frankfurt, 1989 (2. Aufl.).

A. Rivière: *Camille Claudel. Die Verbannte.* Verlag Neue Kritik, Frankfurt 1986.

Y. Taillandier: *Rodin.* Südwestverlag München 1977.

Alexej Jawlensky

1 Ritschl 1973, S. 5.
2 Luz 1921, S. 689.
3 Rosenbach 1985, S. 48.
4 Reiche 1921, S. 30.
5 Chiappini 1989, S. 215
6 Fäthke 1988, S. 38.
7 Weiler 1959, S. 26.
8 Altripp 1986, S. 13, und Weiler 1959, S. 72.
9 Weiler 1959; Zweite 1983; Schultze 1970).
10 Chiappini 1989
11 Zweite 1983
12 Jawlensky: Lebenserinnerungen. In: Weiler 1970, S. 95.
13 Ebd., S. 97.
14 Ebd., S. 99.
15 Ebd., S. 99.
16 Roditi 1957, S. 22.
17 Abgedruckt in Fäthke 1988, S. 34.
18 In: Chiappini 1989, S. 259.
19 Lebenserinnerungen, S. 108.
20 Ebd., S. 107.
21 Fähtke 1988, S. 64 ff., diskutiert ausführlich van Goghs Einfluß auf Jawlensky.
22 Lebenserinnerungen, S. 109.
23 ebd.
24 Scheyer 1920, S. 161.
25 Fäthke 1988, passim.
26 Weiler 1959, S. 72, und Altripp 1986, S. 13.
27 Goll 1976, S. 71.
28 Verkade 1931, S. 169 ff.
29 Rosenbach 1985, S. 34
30 M. L. Rohe in den Münchener Neuesten Nachrichten, zitiert in: Rosenbach 1985, S. 34.
31 Lebenserinnerungen, S. 115 f.
32 Ebd., S. 116.
33 Zweite 1983, S. 109.
34 Hans Arp, in: Chiappini 1989, S. 120 f.
35 Goll 1976.
36 Zweite 1983, S. 112.
37 Ebd., S. 113.
38 Brief 21.
39 Weiler 1959, S. 116.
40 Chiappini 1989, S. 170.

41 Rosenbach 1985, S. 59 f.
42 Zweite 1983, S. 116.
43 Ebd., S. 114.
44 Ebd., S. 114.
45 Ebd., S. 118 f.
46 Ebd., S. 117 f.
47 Weiler 1959, S. 51.
48 E. Erdmann-Macke, zitiert in: Rosenbach 1985, S. 26 f.
49 Pauli 1936, s. 264 f.
50 Fäthke 1988.
51 Weiler 1959, S. 53.
52 Rosenbach 1985, S. 24.
53 Zweite 1983, S. 55.
54 Weiler 1959, S. 116.
55 Altripp 1986, S. 14.
56 Zweite 1983, S. 114.
57 Lebenserinnerungen, S. 116.
58 Ebd.
59 Zweite 1983, S. 117.
60 Emmy Scheyer, Aufsatz 1920, S. 162.
61 Lebenserinnerungen, S. 109.
62 Emmy Scheyer, Aufsatz 1920, S. 164.
63 Leinz 1979, S. 69.
64 Bohm 1980.
65 Lebenserinnerungen, S. 112.
66 Weinreb 1981.
67 Bindel 1980.
68 Brenske 1967, S. 52, S. 69.
69 Ebd., S. 84, S. 86; Gerhard 1977, S. 48, S. 67, S. 104.
70 Beispiele in Brenske 1976, S. 40, S. 56, S. 109; Gerhard 1977, S. 193, S. 232;
    Lindenberg 1987, S. 25, S. 28.
71 Weiler 1959, S. 116.
72 Zweite 1983, S. 63.
73 Fäthke 1988, S. 33 f.
74 Fäthke 1988, S. 40.
75 Weiler 1959, S. 34.
76 Fäthke 1988.
77 Rosenbach 1985.
78 Weiler 1959, S. 116.
79 Fäthke 1988, S. 34.
80 Chiappini 1989, S. 259.

Literatur:

A. Altripp, *Mediationsbilder.* Mit einer Einführung von Frank Teichmann. Stuttgart 1986.

E. Bindel: *Die geistigen Grundlagen der Zahlen.* Stuttgart 1980.

W. Bohm: *Die Wurzeln der Kraft.* München 1980.

W. Bräutigam / P. Christian: *Psychosomatische Medizin.* Stuttgart 1975.

H. Brenske: *Ikonen.* München 1976.

R. Chiappini: *Alexej Jawlensky.* Mailand 1989 (Ausstellungskatalog Locarno und Emden).

M. Escherich: *Alexej von Jawlensky. Dem Meister zum 70. Geburtstag.* Wiesbaden 1934.

B. Fäthke: *Marianne Werefkin.* München 1988.

H. P. Gerhard: *Welt der Ikonen.* Recklinghausen 1976[6].

C. Goll: *Ich verzeihe keinem.* München 1976.

A. Jawlensky: Lebenserinnerungen. Manuskript nach Diktat, von Lisa Kümmel (Privatbesitz), abgedruckt in: Weiler 1970.

A. Jawlensky: Brief an Willibrord Verkade. In: *Das Kunstwerk,* 1948, 2. Jg., H 1/2, S. 47–54.

G. Leinz (Hg.): Ausstellungskatalog. Wasserburg 1979.

G. Leinz: Das Problem der Synthese. In: Ausstellungskatalog. Wasserburg 1979, S. 41–51.

W. Lindenberg: *Die heilige Ikone.* Stuttgart 1987.

W. A. Luz: Alexej von Jawlensky. Neue Bildnisse. In: Der Cicerone, 1921, XIII, Nr. 23, S. 684–689.

G. Pauli: *Erinnerungen aus sieben Jahrzehnten.* Tübingen 1936.

R. Reiche: Alexej von Jawlensky. In: *Feuer,* 1921, 3. Jg., Nr. 1, S. 27–30.

S. Ringboom: Kandinsky in München (Katalog). München 1982.

O. Ritschl: *Das Gesamtwerk 1919–1972.* Stuttgart 1973.

E. Roditi: Alexey von Jawlensky. In: Arts, 1957, 31, S. 20–27.

D. Rosenbach: *Alexej von Jawlensky Leben und druckgraphisches Werk.* Hannover 1985.

E. E. Scheyer: Alexey von Jawlensky. In: *Das Kunstblatt,* 1920, 4, Nr. 6, S. 161–171.

J. Schultze: *Alexej Jawlensky.* Köln 1970.

R. Templeton: Das Bauen der Hütte in der Springflut des Imaginativen. Wassily Kandinsky an der Schwelle des Übersinnlichen. In: *Die Drei,* 1989, 7/8, S. 519–534.

C. Weiler: *Alexej Jawlensky.* Köln 1959.

W. Verkade: *Der Antrieb ins Vollkommene. Erinnerungen eines Malermönchs.* Freiburg 1931.

C. Weiler: *Alexej Jawlensky. Köpfe, Gesichter, Meditationen.* Hanau 1970.

F. Weinreb: *Die Symbolik der Bibelsprache.* Bern 1981.

A. Zweite: *Alexej Jawlensky 1964–1941.* München 1983.

Belá Bartók

1 Lindlar 1981, S. 117.
2 Alle Zitate aus Ujfalussy 1973.
3 Lindlar 1981, S. 59.
4 Übersetzung Ujfalussy, S. 279.
5 Szabolcsi 1957, S. 299
6 Zielinski, 1989, S. 213
7 Ph. 416865-1 Plattentext.
8 Yehudi Menuhin, Unvollendete Reise, München 1976, S. 178–183.
9 Ujfalussy, 1973, S. 315.
10 Ebd., S. 299.

Literatur:

F. Bónis: *Belá Bartók. Sein Leben in Bilddokumenten.* Budapest 1981².
E. Helm: *Bartók.* Reinbek bei Hamburg 1965.
H. Lindlar (Hrsg.): *Belá Bartók. Dokumente, Interpretationen, Programme.* Duisburg 1981.
B. Szabolcsi: *Belá Bartók. Sein Leben und Werk.* Gyoma, Ungarn, 1988.
J. Ujfalussy: *Belá Bartók.* Budapest 1973.
T. A. Zielinski: *Bartók Leben. Werk, Klangwelt.* München 1989.

August Macke

1 Erweiterte Fassung des Artikels »August Macke. Gesten seiner Biographie in seiner Kunst« in: Die Drei, 1989,1; S. 36–43.
2 E. Erdmann-Macke: *Erinnerungen an August Macke.* Frankfurt 1987.
3 E. Erdmann-Macke, a.a.O.

Literatur:

August Macke Gemälde, Aquarelle, Zeichnungen. Hrsg. E.-G. Güse. München 1986. *Katalog zur Ausstellung Retrospektive.* 100. Geburtstag. Münster/Bonn/München.
Elisabeth Erdmann-Macke: *Erinnerungen an August Macke.* Frankfurt 1987.

MATHIAS WAIS
Biographiearbeit und Lebensberatung
Krisen und Entwicklungschancen des Erwachsenen
2. Auflage, 392 Seiten, Pappband

Als Mitarbeiter einer Beratungsstelle für Kinder, Jugendliche und Erwachsene schöpft Mathias Wais aus einem reichen Erfahrungsschatz. Anhand von Fallbeispielen läßt er den Leser an der Aufarbeitung von Lebensproblemen teilhaben, wie sie täglich und überall auftauchen. Schmerzliche Erlebnisse, äußere Widerstände, Erschütterungen und Schicksalsschläge wie auch innere Lebenskrisen: alles das wird in diesem Ratgeber behandelt. Er gibt dadurch Hilfen, sich im anschauenden Denken zu üben und dieses auf die eigene Biographie mit ihren Problemen und Krisen anzuwenden.

Aus dem Inhalt:
DER ERWACHSENE IN DER ENTWICKLUNG. Was ist heute eine Biographie? Biographiearbeit oder Psychotherapie? Wege zum Ich. Der »Sinn« des Lebens. Begegnung, Trennung. Wenn die Kinder größer werden. Die Suche nach dem Spirituellen. GESETZMÄSSIGKEITEN DER ENTWICKLUNG. Biographische Rhythmen. Die Mondknoten. Die Jahrsiebte. Die Lebensmitte. Entwicklung – Veränderung – Wachstum – Reifung. WEGE DES FRAUSEINS, WEGE DES MANNSEINS. Die Chancen der körperlichen Begegnung. Zur biographischen Situation der Frauen. Probleme und Chancen des Alleinerziehens. EHE. Vor der Ehe. Ehe heute – ein Übungsfeld. Der überpersönliche Aspekt der Ehe. Der biographische Zusammenhang des Ehebruchs. INDIVIDUUM UND FAMILIE. Spannungsfeld Familie – Beruf. Wie kann die Zukunft der Familie aussehen? FRAGEN ÜBER DIE GRENZEN DES MENSCHLICHEN LEBENS HINAUS. Gesichtspunkte zu Karma und Wiedergeburt. Der Engel in der Biographie. Die Begegnung mit dem Tode.

Urachhaus

MICHAIL A. ČECHOV
Leben und Begegnungen

Autobiographische Schriften
Aus dem Russischen von Thomas Kleinbub,
herausgegeben, kommentiert und mit einem Nachwort
von Wolfgang Veit
360 Seiten, 50 Abbildungen, Register, Klappenbroschur

Nach der deutschen Erstausgabe der theaterpädagogischen Schulungs-
schrift »Die Kunst des Schauspielers« folgen nun die biographischen
Schriften aus den Jahren 1928 und 1946. Ein bewegtes und bewegendes
Leben des russischen Schauspielers, Regisseurs und Lehrers wird sichtbar. Dieses biographisch und theatergeschichtlich bedeutsame Dokument, das nochmals Čechovs Theaterästhetik entwirft, zeigt zugleich
ein symptomatisches Zeitschicksal.

Michail A. Čechov, Enkel des Dramatikers und Erzählers Anton P.
Čechov, gelangt schon früh zur Welt des Theaters. 1912 wird er an
Stanislavskijs Theater (MChAT) engagiert, wo er auf die Avantgarde
der modernen Bühne trifft: auf Nemirovič-Dančenko, Vachtangov,
Mejerchol'd, Suleržiskij u. a. Entscheidend wird die Begegnung mit
Andrej Belyi. Čechov beschäftigt sich mit fernöstlichen okkulten
Schriften und dem Werk Rudolf Steiners.

Die Jahre 1912 bis 1928 bringen künstlerische Erfolge, aber auch Auseinandersetzungen mit Künstlerkollegen und den politischen Macht-
habern (Stalin). 1928 beginnen die bitteren Jahre des Exils, Jahre frucht-
barer eigenständiger Arbeit und methodischer Grundlagenforschung.
Berlin, Wien, Paris, das Baltikum, England sind die Stationen des Exi-
lanten; von 1938 bis zu seinem Tode arbeitet er in den USA, in New
York und Hollywood. »Weltstars« wie Yul Brynner, Marilyn Monroe,
Martin Ritt, Ingrid Bergman gehörten zu seinen Schülern.

Urachhaus

PAWEL FLORENSKI
Meinen Kindern

Erinnerungen an eine Jugend im Kaukasus
Aus dem Russischen und mit einem Nachwort von Friz Mierau
37 Seiten, 16 Abbildungen, kartoniert

In der jüngeren russischen Geisesgeschichte gilt Pawel Florenskis Werk als das Bedeutendste, was auf dem Gebiet der russischen Mystik und Theologie ... entstanden ist. Dabei war Florenski zunächst Naturwissenschaftler und Mathematiker, und noch als Priester war er zugleich Wissenschaftler in der elektronischen Industrie und schrieb nicht nur über die Grundlegung der religiösen Erfahrung, sondern auch ein Standardwerk der Elektrotechnik. Die Spannung zwischen östlichem und westlichem, zwischen materialistischem und metaphysischem Denken bestimmen sein Werk; in der Orienierung an der ganzheitlichen Erfahrung des Menschen folgt er dem Vorbild Goethes. Um die Endeckung und Wiederbelebung »realer Gegenwart« geht es auch in Florenskis Kindheitserinnerungen, nun aber in der poetischen Form biographischer Aufzeichnungen, der Beschreibung kindlicher Erlebnisse und unschuldiger Erfahrungen in dem naturwüchsigen Land zwischen Kaukasus und Schwarzmeer. Aus den Eindrücken von Natur und Kultur dieses Landes drängen sich dem Kind Fragen nach dem Grund der Erscheinungen auf – Fragen, wie sie die Erwachsenen weder verstehen noch überhaupt annehmen können. Zu Beginn des 20. Jahrhunderts erlebt der jugendliche Pawel Florenski, daß es darauf ankommen wird, die Kluft zwischen äußerer Erscheinung und innerer Gewißheit zu überbrücken und die Frage nach dem Wesen der Welt aus der Wunderwelt des Kindes in die bewuße Erfahrung der Erwachsenenwelt zu retten.

Urachhaus

RENATE RIEMECK
Ich bin ein Mensch für mich

Aus einem unbequemen Leben
2. Auflage, 228 Seiten, 25 Abbildungen, gebunden

Unangepaßte Schülerin und Studentin im Dritten Reich, jüngste Professorin der Bundesrepublik, wenig später erstes Opfer eines staatlichen Berufsverbots wegen unerwünschter politischer Aktivitäten, als Vormund von Ulrike Meinhof erneut in der Schußlinie der Obrigkeit, Anthroposophin von Jugend an – das sind einige Stationen in der Biographie einer ungewöhnlichen Frau, die im Nachkriegsdeutschland wegen ihrer unbeugsamen Aufrichtigkeit zu einer moralischen Institution geworden war. Ihre Lebenserinnerungen sind ein historisch aufschlußreiches und menschlich bewegendes Zeitdokument.

IRENE JOHANSON
Christuswirken in der Biographie

2. Auflage, 216 Seiten, kartoniert

Die Rhythmen des Lebenslaufs, seine Knotenpunkte und Krisen werden hier als Stationen möglicher Christus-Erfahrungen geschildert und zu den christlichen Sakramenten in Beziehung gesetzt.

Urachhaus

HEIDELORE KLUGE

Cato Bontjes van Beek: Ich will nur eins sein, und das ist ein Mensch

Das kurze Leben einer Widerstandskämpferin 1920 – 1943
Mit einem Vorwort von Lew Kopelew
120 Seiten, 6 Abbildungen, kartoniert

Sie warf keine Bomben, übte keine Gewalt aus und betrieb keine Sabotage. Ihre einzige Waffe war das Wort: Immer wieder wies sie in Flugblättern auf die Unrechtstaten des Nazi-Regimes hin – bis sie verhaftet wurde. 1943 wurde sie in Plötzensee hingerichtet. Sie war 22 Jahre alt: Cato Bontjes van Beek.

Aus Zeitdokumenten, Briefen und Interviews mit Familienangehörigen hat die Autorin das Leben einer jungen Frau entstehen lassen, die Lebensfreude, Nachdenklichkeit und Zivilcourage in ihrer Person vereint. Cato kämpfte für ein menschlicheres Leben und wurde von einer unmenschlichen Gesetzgebung zum Tode verurteilt. Noch im Angesicht des Todes hat sie ihre Zuversicht bewahrt. Darin liegt ihre beispielhafte Größe.

Hauptschauplätze dieses kurzen Lebens sind das idyllische Künstler- und Bauerndorf Fischerhude und das weltstädtische, von politischen Kräften und Gegenkräften beherrschte Berlin. Quell ihrer Kraft sind das Heimatdorf, die Familie, die Religion, die Musik und die Literatur. In Catos Briefen klingen neben dem Optimismus noch viele andere Eigenschaften an: Phantasie und Wißbegierde, Naturliebe und Menschlichkeit.

Cato erlangte nie die Bekanntheit der Geschwister Scholl oder der Männer des 20. Juli. Aber gerade deshalb ist ihre Geschichte exemplarisch – für den Widerstand, der damals von vielen Unbekannten geleistet wurde, aber auch als Beispiel für Wachheit und Unerschrockenheit in unserer Zeit. Sie kann über das mit ihrem Namen verbundene Erinnern an die Unmenschlichkeit des nationalsozialistischen Regimes hinaus durch ihre humane und mutige Handlungsweise ein Leitbild für junge Menschen sein.

Urachhaus

WLADIMIR LINDENBERG
Das Leben betrachten

Ich weiß, daß es ein Auftrag ist
Gespräche mit Christine Rackuff
144 Seiten, 8 Abbildungen, kartoniert

Wladimir Lindenberg, Arzt und Schriftsteller aus altem russischen Adelsgeschlecht, mit 91 Jahren heute fast blind und querschnittsgelähmt im Rollstuhl sitzend, empfängt immer noch Patienten, kocht für seine Freunde nach alten russischen Rezepten und bewirtet Künstler, Politiker und fürstliche Häupter aus dem europäischen Adel. Stunden mit ihm sind geprägt von Weisheit und warmer Menschlichkeit. Die Demut, mit der er seine Leiden trägt, wird durchstrahlt von einer unendlichen Güte, die er dem anderen entgegenbringt. Wladimir Lindenberg ist ein Weiser, der mit dem Herzen sieht und beschreibt.

Das Buch entstand aus Gesprächen im Anschluß an Rundfunksendungen, die die Journalistin Christine Rackuff mit ihm gemacht und die sie als wahre Sternstunden erlebt hatte. Auf leise angerührte Fragen stellt Lindenberg seine Betrachtungen über das Leben an. Es ist der Blick eines uralten Menschen ohne irdische Zukunft auf die Dinge, die ihm begegnet sind. Es ist eine Rückschau, ein gedankliches Resümee über die Welt, in der er 91 Jahre lang »liebend gelebt« hat. Sein Wissen um die geheime Vermittlung von Lebensereignissen läßt das Leben in einem tieferen Sinn für ihn leicht und einfach erscheinen. Sein lebenslanges Ringen um geistige Vollkommenheit und seine Hingabe an andere Menschen durch seine ärztliche Tätigkeit ließen in ihm ein Wissen reifen, das zugleich von Bescheidenheit und Zurückhaltung geprägt ist. Dieses selbstverständliche, aber so schwer zu erwerbende Wissen leuchtet aus den Erinnerungen und Bekenntnissen eines Menschen, der sich treffend einen heiteren Leidenden nennt. Mit diesem Buch läßt er uns daran teilhaben.

Urachhaus